文秘专业规划教材编委会

主　任　唐　静

副主任　杨　光　　李　坚　　刁力人　　卢俊杰
　　　　　肖于波　　赵　莹　　李　莉　　姜　爽
　　　　　刘明鑫　　孙　义　　李　璐　　白　静
　　　　　陈晓峰　　牛占卉　　戴卫东　　杨　海
　　　　　耿玉霞　　马　科　　谢志刚　　刘庆君
　　　　　张玉福　　王林峰　　贾洪芳　　吴肖淮

编　委　杨颖红　　刘满福　　韩雪峰　　曹文启
　　　　　何　强　　汪　溢　　邱　旸　　李红艳
　　　　　郁　影　　李裕琢　　李卉妍　　林世光
　　　　　刘崇林　　韩　枫　　黄永强　　杨　雷
　　　　　戴环宇　　张莉莉　　张　偶　　李贵强
　　　　　王　俊　　张云娜　　王守鹏

21世纪公共管理学应用型本科规划教材

文秘系列

公共关系学

Public Relatio

刘崇林 邢淑清 主　编

王林峰 张　钊
姜桂红 王　芳 副主编
　　　　谢志刚

图书在版编目(CIP)数据

公共关系学/刘崇林,邢淑清主编. —北京:北京大学出版社,2012.5
(21世纪公共管理学应用型本科规划教材·文秘系列)
ISBN 978-7-301-20061-2

Ⅰ. ①公… Ⅱ. ①刘… ②邢… Ⅲ. ①公共关系学-高等学校-教材 Ⅳ. ①C912.3

中国版本图书馆 CIP 数据核字(2012)第 006915 号

书　　　名：公共关系学
著作责任者：刘崇林　邢淑清　主编
责 任 编 辑：高桂芳(pkuggf@126.com)
标 准 书 号：ISBN 978-7-301-20061-2/C·0731
出 版 发 行：北京大学出版社
地　　　址：北京市海淀区成府路 205 号　100871
网　　　址：http://www.pup.cn　电子邮箱：ss@pup.pku.edu.cn
电　　　话：邮购部 62752015　发行部 62750672　编辑部 62753121
　　　　　　出版部 62754962
印　　　刷　者：北京富生印刷厂
经　　　销　者：新华书店
　　　　　　730 毫米×980 毫米　16 开本　16.75 印张　290 千字
　　　　　　2012 年 5 月第 1 版　2017 年 5 月第 4 次印刷
定　　　价：30.00 元

未经许可,不得以任何方式复制或抄袭本书之部分或全部内容。
版权所有,侵权必究
举报电话:010-62752024　电子邮箱:fd@pup.pku.edu.cn

总　　序

　　现代社会，文秘专业是一门社会各界有着广泛需求的专业。无论是企事业单位还是行政机关，也无论是国有、集体还是民营企业，尤其是中外合资企业或外商独资企业，对于文秘人员的需求越来越旺盛。秘书职业化的趋势愈来愈明显，其社会地位在不断提高，服务领域也越来越广。社会各界在扩大秘书需求的同时也对秘书的素质和能力提出了更高更新的要求，这就对高校传统的文秘专业办学模式和教学方法提出了新的挑战。为了赢得挑战，加快发展，确保文秘专业教育与社会岗位需求相适应，就必须加强文秘专业的教材建设。教材好比剧本，没有好的剧本，焉能演出一场好戏。

　　为此，我们组织了全国20多所高等院校文秘专业教学第一线的骨干教师，从事教改与教研工作的专家、学者，秘书职业资格证书社会培训机构的资深人士，在进行了广泛深入的调查研究的基础上，成立了"新编公共行政与公共管理学系列教材·文秘专业"编委会。我们会同北京大学出版社的有关编辑，从当前教学实际需要出发，充分考虑就业与市场需求，同时又与国家职业资格证书考试相衔接，制定了编辑出版这套文秘专业系列规划教材的指导思想、总体原则、编写体例、编写格式及具体要求。

　　我们编辑出版的这套文秘专业系列规划教材的培养目标是：适应社会主义现代化建设和经济发展与构建和谐社会的需要，具有较高的现代秘书素质与能力和国际视野，又具备管理、经济、法律、商务和外语等多方面的知识，德、智、体、美全面发展，以信息技术为沟通的主要手段，掌握文秘基本理论与文秘业务操作，拥有较强的书面和口头表达能力的复合型、应用型文秘人才。

　　这套系列规划教材教学的基本要求是：使学生系统地掌握文秘岗位必需和

够用的基本理论,包括秘书学、应用文写作、办公室管理、档案管理、会务组织、公共关系、人力资源管理、企业管理、法律和外语等基础知识;系统地掌握和具备文秘岗位所需的专业技能,主要包括文书写作与处理、办公室事务管理、档案的收集及管理、会议组织和服务、商务沟通与谈判等技能;同时,根据社会各界对秘书人才的需求变化及就业的岗位(群)特点,拓宽培养方向,改革课程设置,从单纯的行政文秘向复合型的商务文秘、涉外文秘、信息技术管理文秘转化。本着"宽口径,厚基础"的原则,改革和创新文秘人才培养模式。

全套教材暂设置18本:《秘书学》《文书与档案管理》《新编应用写作》《综合秘书实务》《速录》《管理学原理》《人力资源管理与企业文化》《公共关系学》《市场营销》《电子商务》《消费心理学》《商务谈判》《广告策划》《会展策划与预算》《法律与法规》《大学语文》《大学英语》《计算机应用基础》。我们编辑出版的这套教材是开放的,不是封闭的,要随着教学实践的需要和课程改革的变化而变化,以适应和满足当前及今后教学的需要。今后,我们还将陆续编辑出版文秘专业新的主干课程的教材。本套教材是大学生走向社会,实现零距离上岗不可多得的教科书,同时也适合作为社会力量办学机构与人才培训机构的培训用书,还可供社会各界从事文秘专业工作的人员参考阅读。

与以往传统教材相比,本套教材具有鲜明的特色:

首先,充分反映了当代文秘专业理论研究与实践应用的最新成果,融汇了国家最新颁布的相关政策和法律法规。突出体现应用性理论教育和实践技能教育相结合的特色,构建"文厚、技湛、商慧"型人才培养新模式,从而使教材体系有效地反映了知识、能力、素质相结合。整个教材体系结构严谨,层次分明,具有鲜明的时代性、创新性和前瞻性。

其次,在内容和体系上切合高等院校文秘专业的教学实际,符合培养目标与秘书工作岗位的要求,系列完整,布局合理。本套教材采用了富有弹性的模块式内容结构,设置了"基础理论"、"模拟实训"、"习题解答"三大模块。每个模块既是教材的有机组成部分,本身又是相对完整而又开放的单位。对知识与能力进行有目的的综合、融合和整合,便于组织教学,既具有综合性又具有针对性。

最后,目标是为了培养既有大学程度的文化基础和专业理论知识,又有较强实践能力的应用型、复合型人才。本套教材同时兼顾理论知识和实践知识,既选编"必需、够用"的理论内容,又融入足够的实训内容。突出重点和难点,精选基础、核心的内容,把培养学生动手能力、实践能力和可持续发展能力放在突出地位,促进学生技能的提高,增强了应用性和实践性。

在编写过程中,编者借鉴和吸收了国内外专家学者的最新科研成果,同时也参阅了大量相关书籍和资料,在此谨向原作者表示深深的谢意!

由于编者水平有限,加之时间仓促,疏漏之处在所难免,恳请专家、同行和广大读者批评指正,以便再版时修订完善。

唐 静

2009 年 10 月

前 言

"公共关系学"是高等院校开设的公共必修课,也是工商管理、市场营销、行政管理、公共事业管理、新闻传播、国际贸易、房地产经营管理、乡镇管理等专业的主干课程。它是一门涉及传播学、新闻学、社会学、社会心理学、管理学、经济学、广告学等学科的综合性、交叉性学科,以公共关系的客观现象和活动规律为研究对象,研究组织与公众之间传播与沟通的行为、规律和方法,并以建立社会组织与公众之间良好的沟通关系,在公众心目中树立社会组织的良好形象为主线贯穿始终。相比较而言,这门课程的理论难度不大,实践性却很强,需要学生在真正掌握本学科基础理论的前提下,密切联系实际,一方面培养自己的现代公关意识;另一方面,也要把所学到的公共关系理论运用到工作实践与社会实践中去。

本课程的教学目的,是使学生了解和掌握公共关系学的基本知识、基本概念、基本理论和技能、方法,解决公关实际工作中的具体问题。培养适应现代社会生活,符合社会主义市场经济和现代化建设需要的实用型、复合型人才。

在本书的编写过程中,我们本着系统性和全面性相结合、实用性和可操作性相结合的原则,力求全面、系统、准确地阐述公共关系学的基本原理和实务,在原理的阐述和案例的列举中注重联系实际,使之既忠实于学科原貌,又通俗易懂;由浅入深,循序渐进。使学生更深刻地领会所讲授的概念、原理、技术方法与特点,亲身感受实际工作中的环境与困难,提高其分析问题和解决问题的能力。

在体例编排上,每章以"本章提要、本章学习目标、案例导入"开篇,正文结束后,又设置了"案例分析、本章小结、复习思考题"。目的是锻炼学生思考问题的能力，拓宽学生的知识视野，强化师生、学生之间的互动交流。培养学生正确的学习态度和学习方法，活跃其思维，发掘其潜能。总体来看，本教材试图在体例上打破常规，注重实际操作的教学和练习，为全面提高学生的实际操作能力作了积极的探索和努力。

本书是"新编公共行政与公共管理学系列教材·文秘专业"教材之一，既可作为高等院校工商管理、经济管理、市场营销、物流管理、旅游管理、国际商务、公共管理、行政管理、文秘等相关专业的本科教材，也可作为专升本、高职高专、成人教育、自学考试、中级职称考试等的教材，覆盖面广，可以满足多方面教学的需要。

本书由刘崇林（辽宁大学）、邢淑清（沈阳师范大学职业技术学院）担任主编。王林峰（辽宁科技大学）、张钊（辽宁经济管理干部学院）、姜桂红（沈阳职业技术学院）、王芳（辽宁经济管理干部学院）、谢志刚（沈阳职业技术学院）担任副主编。

具体编写分工是：第一章由刘崇林编写；第二章由邢淑清编写；第三章由张钊编写；第四章由王芳编写；第五章、第六章由姜桂红、谢志刚编写；第七章由刘崇林编写；第八章由邢淑清编写；第九章由王林峰编写；第十章由邢淑清编写；第十一章刘崇林由编写。全书由刘崇林、邢淑清统稿。王林峰拟定了本书的编写大纲和样章等立项材料的初稿，刘崇林、邢淑清对其进行了再三的修改、调整、完善和审定。

本书是集体智慧的结晶，是大家共同的劳动成果。在此谨对上述全体人员及其付出的辛苦努力表示衷心的感谢！

在本书的编写过程中，我们拜读了国内外许多专家、学者的著作，并借鉴了其中部分内容，在此谨向他（她）们表示深深的感谢和敬意！编者受时间和水平所限，书中难免会有错误和纰漏，敬请专家和读者不吝指正，以便再版时进一步修改和完善。

编 者
2011 年 10 月

目　　录

第一章　绪论　/1

　　本章提要　/1

　　本章学习目标　/1

　　案例导入　/1

　　第一节　公共关系的概念、要素和特征　/2

　　第二节　公共关系的发展　/7

　　第三节　公共关系学的研究对象、方法和意义　/17

　　案例分析　/19

　　本章小结　/19

　　复习思考题　/20

第二章　公共关系的职能与原则　/21

　　本章提要　/21

　　本章学习目标　/21

　　案例导入　/21

　　第一节　公共关系的职能　/22

　　第二节　公共关系的原则　/32

　　案例分析　/36

　　本章小结　/37

　　复习思考题　/37

第三章 公共关系的主体 /38

本章提要 /38

本章学习目标 /38

案例导入 /38

第一节 社会组织 /39

第二节 公共关系组织机构 /42

第三节 公共关系人员 /45

案例分析 /52

本章小结 /53

复习思考题 /53

第四章 公共关系的客体 /54

本章提要 /54

本章学习目标 /54

案例导入 /54

第一节 公众及其分类 /55

第二节 内部公共关系的协调 /58

第三节 外部公共关系的协调 /62

案例分析 /71

本章小结 /71

复习思考题 /72

第五章 公共关系的传播 /73

本章提要 /73

本章学习目标 /73

案例导入 /74

第一节 公关传播概述 /74

第二节 人际传播 /82

第三节 大众传播 /86

案例分析 /95

本章小结 /95

复习思考题 /96

第六章 公共关系的工作程序 /97

本章提要 /97

本章学习目标 /97

案例导入 /97

第一节 公共关系调查 /98

第二节 公共关系计划 /106

第三节 公共关系计划的实施 /113

第四节 公共关系效果评估 /118

案例分析 /122

本章小结 /122

复习思考题 /123

第七章 公共关系实务 /124

本章提要 /124

本章学习目标 /124

案例导入 /124

第一节 主体型公共关系 /125

第二节 功能型公共关系 /135

第三节 危机事件 /141

第四节 公共关系谈判 /143

案例分析 /150

本章小结 /150

复习思考题 /151

第八章 公共关系专题活动 /152

本章提要 /152

本章学习目标 /152

案例导入 /152

第一节 公共关系专题活动概述 /153

第二节 记者招待会 /157

第三节 展览会 /162

第四节 赞助活动 /167

第五节 庆典活动与仪式 /170

第六节 联谊活动 /178

案例分析 /182

本章小结 /183

复习思考题 /184

第九章 公共关系写作 /185
本章提要 /185
本章学习目标 /185
案例导入 /185
第一节 公共关系写作概述 /186
第二节 公共关系应用文写作 /188
案例分析 /198
本章小结 /198
复习思考题 /198

第十章 公共关系语言艺术 /199
本章提要 /199
本章学习目标 /199
案例导入 /199
第一节 公共关系语言艺术概述 /200
第二节 公共关系语言艺术的原则 /208
第三节 公共关系语言艺术的类型 /210
第四节 公共关系语言艺术的方法 /215
第五节 公共关系活动中的非自然语言 /219
第六节 跨文化沟通中的语言 /229
案例分析 /233
本章小结 /234
复习思考题 /234

第十一章 公共关系交际与礼仪 /235
本章提要 /235
本章学习目标 /235
案例导入 /235
第一节 公共关系交际 /236
第二节 公共关系礼仪 /243
案例分析 /251
本章小结 /251
复习思考题 /252

参考文献 /253

第一章　绪　论

本章提要

本章重点讲解公共关系的概念、要素和特征;公共关系的产生和发展;公共关系学的研究对象、方法和意义等基础知识,为以后学习各章具体的公共关系知识奠定基础。

本章学习目标

- 熟悉公共关系的工作对象与任务;
- 掌握公共关系的概念;公共关系的要素、本质属性及特征;公共关系的发展阶段和发展动力;公共关系学的研究对象、研究方法及研究范畴。

案例导入

一 枚 纽 扣[①]

1991年,湖北美尔雅公司总经理罗日炎先生收到一封来自美国纽约的投诉信,信中指责美尔雅西服质量差。总经理立即吩咐公司销售部给这位美国消费者回信,表示要调查原因,并且赔礼道歉。信发出一个多月后,不见回音。总经理决心把问题搞清楚,他带一名推销员直飞纽约,几经周折,找到了这位消费者。当那位消费者得知美尔雅公司总经理特意来调查情况、赔偿经济损失

---

① 资料来源:http://tianfubaren.blog.163.com,有改动。

时,十分感动,也显得有点尴尬地说:"你们太认真了。"原来这位消费者花400美元买了一套美尔雅高级西服,回家后发现少了一枚扣子,于是一气之下写了这封投诉信。这位美国消费者深为美尔雅公司的认真态度所感动,他当即以"读者来信"的形式给纽约《消费者时报》投稿,盛赞中国美尔雅公司讲究信誉的行为。来信刊登后,纽约的其他报刊也竞相转载,美尔雅一下轰动了纽约城。随后,仅在一个月的时间里,美尔雅就收到了5张来自纽约的订货单。

请问:
1. 从公共关系的角度分析,美尔雅公司的这种做法为什么受到社会好评?
2. 该案例说明美尔雅公司的经营管理者具有哪些公共关系观念?

第一节 公共关系的概念、要素和特征

一、公共关系的概念

1. 公共关系

"公共关系"的英文是"Public Relations",缩写为PR。"Public"既可译为"公共的",又可译为"公众的"。"Relations"则译为"关系"、"交往"等。综合两个英语词汇的内涵和特点来看,"Public Relations"是指组织机构与公众环境之间的沟通与传播关系,因此译为"公共关系"或"公众关系"较为贴切。

"公共关系"一词首次出现在1807年美国总统托马斯·杰斐逊的国会演说中。

经过多年的发展,"公共关系"已经成为一门相对独立的学科。而作为一门科学的"公共关系"产生于19世纪末20世纪初的美国,这是因为"公共关系"的产生与发展受到社会经济、政治、文化以及传播技术等因素的制约。

2. 公共关系的基本含义

组织机构通过有效的公共关系活动,改善自己的公共关系状态,旨在达到组织自身顺利发展的目的。因此,我们给"公共关系"的定义是:公共关系是一个社会组织与其社会公众之间建立的全部关系的总和。公共关系是以社会组织为主体、以社会公众为客体、为树立组织的良好形象,运用传播手段,以实现同公众的双向交流的管理活动与组织行为规范。它发挥着管理职能,开展着传播活动。社会组织通过有效的管理,旨在谋求组织内部的凝聚力与组织对外部公众的吸引力;通过双向的信息沟通,旨在争取社会公众的谅解、支持与爱戴,

谋求组织与公众双方的利益得以实现。

要理解公共关系的基本含义，需要从以下四个方面进行分析：

（1）公共关系以社会组织为主体，主要研究组织与组织内外有关公众建立的各种关系。

（2）公共关系的目的是谋求组织与其有关公众之间建立良好的关系，为组织创造一个良好的社会关系环境，推进组织事业的发展。

（3）公共关系对于社会组织有两层涵义：一是指社会组织与内外公众相处关系的状况；二是指为搞好与有关公众的关系所采取的方针、策略和行为。

（4）社会组织与公众建立良好关系的唯一手段是通过双向的信息传播，而不能采取其他手段，如行政命令、经济制裁或者物质引诱等。

二、公共关系的工作对象与任务

1. 公共关系的工作对象

公共关系的工作对象是各种类型的社会公众。公众这一概念特指公共关系工作对象的总和，即与公共关系主体利益相关并相互影响和相互作用的个人、群体或组织。

这里必须明确公众的基本涵义：首先，公众是公共关系主体开展传播、沟通活动的对象的总称；其次，公众是相对特定组织而存在的；再次，公众是因共同的利益、问题等而联结起来并与特定组织发生联系或相互作用的个人、群体或组织的总合；最后，公众是客观存在的。

2. 公共关系的工作任务

（1）处理好员工关系是组织内部公共关系工作的重点。

员工关系是社会组织与其内部员工公众之间的关系。员工公众亦称职工公众，是一个社会组织在人事上的全部构成人员。员工是组织赖以生存的细胞，组织的方针、计划和措施都要通过员工才能实现。员工又是组织与外部公众接触的触角，不仅代表组织形象，而且直接影响外部公众。因此，公共关系的首要任务是处理好员工关系，增强组织内部的凝聚力和向心力，充分发挥员工的积极性、创造性，以保证组织任务的完成。

（2）外部公众是公共关系工作的重点。

外部公众是指社会组织之外的一切与组织发生相互联系、相互影响、相互作用的公众。外部公众是组织赖以生存和发展的重要条件。社会组织处理好与外部公众的关系十分重要。首先，这有利于争取外部公众的理解、信任和支持，为企业更好地完成任务创造必要的条件；其次，这有利于为企业的发展创造良好的外部环境,建立和维系良好的横向关系,在需要的时候能得到各方面的支持和帮助;再次,这有利于树立组织的良好形象,不断提高组织的知名度和美誉度。

(3) 正确处理企业与顾客之间的关系。

外部公众是企业公共关系的重点,而顾客又是外部公众中的重点。在市场经济条件下,失去顾客,企业就不能生存,更谈不上发展。因此,公共关系工作人员在开展外部公共关系时,首先必须注重处理好顾客关系。要建立良好的顾客关系,必须遵守"顾客至上"的原则:① 努力为顾客提供优质产品或优质服务;② 尽力为顾客提供完善的售后服务;③ 大力做好组织与顾客之间的双向沟通;④ 全力妥善处理顾客投诉等对组织不利的问题。

三、公共关系的要素

社会组织、公众、传播沟通是构成公共关系现象和活动的最基本的要素,也是公共关系学中三个最基本的概念。这三个要素既有独自的功能,又相互影响、相互促进,形成一种整体效应,使组织保持良好的公共关系状态,并树立积极的社会形象。

1. 社会组织——公共关系的主体

社会组织,简称组织,是指人们有计划、有目的、有系统地建立起来的一种社会机构;它是为实现特定目标,按照一定的规范建立起来的社会团体,如政治组织、经济组织、军事组织、文化团体以及民间组织等具体机构。

公共关系是一种组织活动,而不是个人行为。因此,组织是公关活动的主体,是公关的实施者、承担者。我们在理解公共关系时,特别要注意,不要把一些个人的行为也说成是公共关系。如某公司总裁以个人名义向野生动物基金会捐款,这是个人行为,而不是公共关系;但当他以公司的名义捐这笔款时,我们便可把这种行为理解为一种旨在提高组织(公司)的知名度和美誉度、扩大组织影响的公共关系行为。公共关系活动涉及组织的整体目标,追求的是组织的整体形象与整体的公关效应。在公共关系的三要素中,社会组织是公共关系活动的发起者,是公共关系活动的主体,没有社会组织就没有公共关系。从传播沟通主体的角度看,社会组织的公共关系活动是一个有目的、有计划、受控制的持久过程。组织要管理或控制好自己的传播沟通行为,就必须建立一定的管理或控制系统,设置公关职能机构和配备公关专业人员。

2. 公众——公共关系的客体

公众是社会组织开展各项公共关系工作的活动对象,亦是社会组织传播沟通的对象,是公共关系活动中的客体。公众总是与特定的公共关系主体相关,与社会组织的传播沟通行为相关。组织运行过程中涉及的个体公众、群体公众、组织公众,共同构成了社会组织的公众环境。组织的传播沟通活动,就是针对这个公众环境进行的。离开了公众,组织的传播沟通就无所指向,活动本身也就失去了意义。

公共关系活动是社会组织与公众之间通过传播沟通活动相互影响、相互制约的过程,作为公共关系对象的公众并不是完全被动,更不是随意被摆布的,其观点、意见、态度和行为在公共关系过程中处于不断运动变化中。社会组织也越来越认识到自身的存在与发展离不开公众的认可与支持,公众是组织事业成功的决定性因素,因此,公众的权威性已日益受到重视。

3. 传播沟通——公共关系的介体

传播沟通是连接社会组织与公众的纽带和桥梁,是公共关系的介体。英语中"Communication"一词既可译为"传播",也可译为"沟通",有时就译为"传播沟通"。传播沟通是人类社会中信息的传播、接收、交流和分享,即运用一定的符号,通过一定的媒介,将信息传递给对方,对方接收到信息后引起一定的反应,并以一定的信息形式反馈回来;通过双向的交流,双方逐渐达到分享信息、相互了解、形成共识的目的。

传播沟通既是社会组织与公众的联结方式,又是公共关系基本特征的具体体现。离开了"传播沟通",公共关系的概念就无法界定。公共关系的运行机制与活动过程,就是运用各种传播媒介和沟通手段,在社会组织与公众之间建立起有效的双向联系和交流,分享信息,增进了解,达成共识,促成合作。运用现代社会的各种传播沟通手段,建立和完善组织与公众之间的良好关系,塑造符合公众理想的组织形象,就是公共关系活动的实质性内容。

总之,公共关系三要素中,社会组织是公共关系活动的发起者,是公共关系活动的主体,没有社会组织就没有公共关系;传播沟通是公共关系活动的手段和媒体,没有传播也就没有公共关系;公众是公共关系的对象,公共关系是针对对象来做的,没有对象也就没有公共关系。在三要素中,社会组织具有主导性,传播沟通具有效能性,公众具有权威性。协调三要素之间的关系,是公共关系活动的基本规律。

四、公共关系的本质属性

"传播沟通"是贯串整个公共关系的一条基线,是现代公共关系理论的精髓,是公共关系的本质属性。这可以从以下三个角度来理解:

（1）公共关系的"关系"性质。公共关系作为一种社会关系，特指组织与公众之间的传播沟通关系，即组织与公众环境之间的信息交流关系。任何组织与社会之间都存在着各种不同性质的社会关系，公共关系不是包罗万象的，它不能替代组织其他具体的社会关系。因为公共关系本身并不是组织的经济行为、政治行为或行政行为的直接产物，而是组织传播沟通行为的直接产物。公共关系不同于其他具体的社会关系，但又渗透其中，与组织各种具体的社会关系相伴随。组织的经济活动、政治活动以及文化活动等，都需要争取公众和舆论的理解和支持，都有赖于良好的公共关系去达到某种经济、政治或文化的目标。公共关系只是渗透在组织其他具体的社会关系中的一种信息传播与沟通的关系。

（2）公共关系的"职能"性质。公共关系作为一种管理职能，是对组织与社会公众之间传播沟通的目标、资源、对象、手段、过程和效果等基本要素的管理，即传播管理。这种管理是以优化公众环境，树立组织形象为宗旨的。公共关系作为一种管理职能，它的管理对象是"信息"、"关系"、"舆论"、"形象"这些无形的资产；它的管理手段是现代信息社会的传播沟通手段；它的管理目标是调整组织与社会公众之间的关系，提升组织无形资产的价值，从而使组织的整体资产增值。公共关系的对象、手段和目标均不同于其他组织职能，是一种独特的管理领域。这个管理领域反映了现代信息社会中管理学发展的一个趋势：日益重视信息资源、关系资源、形象资源和传播资源。

（3）公共关系的"学科"性质。公共关系作为一门综合性的应用学科，是一门以传播学和管理学为主要依托的传播管理学或组织传播学，既是现代传播学发展的一个应用分支，也是现代管理学的一个构成部分。公共关系学是现代传播学在组织行政管理和经营管理中的应用和发展，是管理学科与传播学科相结合的产物。它专门研究组织管理过程中的公众传播沟通问题；或者说，用现代传播学的理论和方法来研究和处理组织的公众关系和公众形象问题。把公共关系学定位在"传播管理"，符合该学科的基本性质。传播学是公共关系学的基础学科之一，公共关系学则是传播学的一个应用分支。

五、公共关系的特征

公共关系的基本特征，概括起来有以下六个方面：

（1）以公众为对象。公共关系是一定的社会组织与其相关的社会公众之间的相互关系。社会组织必须着眼于自己的公众，才能生存和发展。公共关系活动的策划者和实施者必须始终坚持以公众利益为导向。

（2）以美誉为目标。塑造形象是公共关系的核心问题。塑造组织形象的基本目标有两个，即知名度和美誉度。所谓知名度是指一个组织被公众知道、了解的程度，以及社会影响的广度和深度。所谓美誉度是指一个组织获得公众信任、赞美的程度，以及社会影响的美、丑、好、坏。在公众中树立组织的美好形象是公共关系活动的根本目的。

（3）以互惠为原则。公共关系是以一定的利益为基础的。一个社会组织在发展过程中要得到相关组织和公众的长久支持与合作，就要奉行互惠原则，既要实现本组织目标，又要让公众得益。

（4）以长远为方针。一个社会组织要想给公众留下不可磨灭的组织形象，必须经过长期的、有计划、有目的的艰苦努力。

（5）以真诚为信条。以事实为基础是公共关系活动必须切实遵循的基本原则之一。社会组织必须为自己塑造一个诚实的形象，才能取信于公众。精诚所至，金石为开，真诚能产生最大的说服力。唯有真诚，才能赢得合作。

（6）以沟通为手段。没有沟通，主客体之间的关系就不会存在，社会组织的良好形象也无从产生，互惠互利也不可能实现。要将公共关系的目标和计划付诸实施必须进行双向沟通；只有双向沟通的过程，才是公共关系的完整过程。

第二节　公共关系的发展

一、公共关系的发展阶段

公共关系作为一种社会现象和社会活动，其历史渊源流长，它经历了无意识的公共关系时期、自觉的公共关系时期和科学的公共关系时期。

1. 无意识的公共关系时期

无意识的公共关系时期始于人类社会的商品生产，末于资本主义社会的初级阶段。在这一历史时期，人们不自觉地从事着各种具有公共关系性质的活动，但这些活动一般都局限于很小的范围内。

在古印度、古希腊、古罗马、古埃及以及古代中国就有形式不同的公共关系活动的早期形态。这些活动和思想无疑为现代公共关系提供了思想基础。早在2300年前，古希腊著名学者亚里士多德在其《修辞学》一书中就强调指出传播者的可信性，认为要使用动感情的呼吁影响听众。西方一些学者认为，这是人类历史上最早的公关著作。

在古代，特别是奴隶社会和封建社会，近似于公共关系的社会行为和思想，不仅在当时人们的政治生活和经济生活中得到相当程度的发展,而且在人们的日常交往中也得到较为集中的体现。

首先,在政治生活中,一些比较开明的帝王、统治者或政治活动家,已经懂得如何运用诱导、劝说、宣传等手段来影响民众的态度和社会舆论,尽可能地在民众当中树立自己良好的形象,以便稳固自己的统治,或达到某种特定的政治目的。在古希腊,据说整个社会都很推崇沟通技术,一些深谙沟通技术的演说家往往因此而被推选为首领。据记载,古罗马的恺撒大帝就是一位沟通技术的精通者,面对即将来临的战争,他通过散发各种传单来开展大规模的宣传活动,以便获得民众的支持。他为了标榜和宣传自己,甚至还专门写了一本记载他的功绩的纪实性著作《高卢战记》。这本书曾被西方一些著名的公关专家称为"第一流的公共关系著作"。

其次,在经济生活中,尤其是在商业活动中,人们也都自觉不自觉地运用各种传播手段和沟通技巧来宣传自己,树立自己的良好声誉和形象,以便招徕顾客或者实现自己的经济目标。中国古时酒店门前的招牌"酒店门前三尺布,过来过往寻主顾",以及广为流传的"和气生财"的古代经商准则等,都是朦胧的公共关系意识的体现。

此外,在人们的日常交往中,自觉的公共关系意识和思想也得到一定程度的体现。孔子在《论语》中说:"有朋自远方来,不亦乐乎!"这是以交友为乐;孟子说:"天时不如地利,地利不如人和",这里所说的"人和"是指人与人之间的谐调关系。孟子把"人和"放在首位,恰恰同现代公关活动遵循的基本原则和追求的美好目标相一致,所以,有人把公共关系称为一种追求"人和"的艺术。

当然,从严格意义上讲,无论古代中国或外国,都只有类似于现代公共关系的某些思想或活动,这些活动还带有一定的自发性和盲目性。由于缺乏主体意识,这些活动和思想还称不上真正意义上的公共关系,而是处于一种蒙昧状态。

2. 自觉的公共关系时期

自觉的公共关系时期始于19世纪中叶以后,以农业为主导的美国经济正处于向工业经济转型的起步阶段,集团利益比较简单,人民自给自足,而且相对独立,当时更多的人生活在农场里。正是在这一为资本主义工业经济的发展提供准备的阶段,客观上形成了对公共关系的需求。这种需求主要表现为对外传播事业的兴起,即一些利益集团需要通过传播形成一定的影响力,从而迫切要求有为之服务的手段,由此报刊宣传活动应运而生。

19世纪30年代,在美国报刊史上由《纽约太阳报》领头掀起了一场以大众读者为对象,大量印发通俗化报刊的"便士报运动",这给那些急于宣传自己、为自己制造神话的公司、组织以可乘之机。当时,不少公司和财团雇佣专门人员炮制煽动性新闻,为自己作夸大和虚假的宣传。而报刊则为了迎合下层读者的心理,也乐于接受发表。这种配合产生了当时的报刊宣传代理活动。其中最具代表性的人物就是菲尼尔斯·巴纳姆(Phines T. Barnum)。

菲尼尔斯·巴纳姆因制造舆论宣传,推动马戏演出而闻名于世。巴纳姆的信条是"凡宣传都是好事"。他是一家马戏团的老板,利用报纸为自己的马戏团制造过不少神话。诸如:马戏团里有一位名叫海斯的黑人女奴,161岁,曾在100年前养育过美国第一位总统乔治·华盛顿;马戏团里有一位矮小的汤姆将军,他当年曾率领一批侏儒,赶着马车去觐见过维多利亚女王等等离奇的故事。人们抱着好奇心纷纷到马戏团一探究竟,结果马戏团的票房收入猛增。当这种骗局被揭穿之后,报刊宣传活动就受到了人们的批评。因此,在公共关系发展史上,这一时期又被称为"公众被愚弄的时期"、"反公共关系的时期"或"公共关系的黑暗时期"。后来,人们以此为鉴,明确了在公共关系活动中必须奉行诚实、公正和维护公众利益的原则和精神。

1882年,美国律师、文官制度倡导者多尔曼·伊顿在耶鲁大学法学院发表题为《公共关系与法律职业的责任》的演讲。在这篇演讲中,他首次使用了"公共关系"这一概念。1897年,美国铁路协会编写的《铁路文献年鉴》第一次正式使用了"公共关系"这一名词。

总之,这一时期是公众被愚弄、被欺骗、被诅咒的时期,在公共关系的历史上成为一个不光彩的时期;这一时期的公共关系活动已带有一定的组织性和较为明确的目的性。也就是说,公共关系已经不再局限于政治活动和思想宣传活动,而是逐渐与谋利愿望结合起来,它为公共关系在其后的迅猛发展奠定了基础。

3. 科学的公共关系时期

科学的公共关系时期分为三个阶段,即单向宣传阶段,公众导向阶段和双向沟通阶段。

(1) 单向宣传阶段。

19世纪末到20世纪20年代,公共关系活动主要表现在传播工作上,而这种传播具有单向性,强调通过宣传对社会造成影响,而不去注意公众的反应。代表人物艾维·李在其《共同原则宣言》中提出实事求是、"说真话"的思想,为科学公共关系的产生奠定了理论基础;1903年,艾维·李在纽约开办了第一家公共关系事务所,专门从事公关宣传活动。这标志着公共关系作为一门职业正式产生。艾维·李被后人尊为"现代公共关系之父"。

19世纪下半叶,美国的资本主义经济由自由竞争向垄断集中,全国3/5的经济命脉都掌握在垄断巨头手中。这些垄断巨头分布在铁路、矿山、石油、金融等领域,为了自己的利益,不惜牟取暴利,损害公众的利益,无视社会道德,引起社会公众的强烈不满。各个阶层和集团之间的利益冲突日益尖锐,整个社会都充满了对工商巨头的敌意。在此情况下,终于爆发了以揭露工商企业的丑闻和阴暗面为主题的新闻揭丑运动——一些有责任心的记者专门收集、报道工商巨头的丑闻。这一运动在现代新闻史上被称为"揭丑运动",也叫"扒粪运动"。

在1903—1912年近十年的时间里,各种报刊上发表的此类文章达两千多篇,从而使许多大企业和资本家声名狼藉。垄断财团最初试图使用高压手段来平息舆论。起先,他们对新闻界进行恫吓,提出要起诉,说新闻界犯了诽谤罪;继而,又以不在参与揭丑运动的报刊上登广告相威胁。当这些都未奏效时,他们又变换手法,以贿赂为武器,一些大财团和大公司公开雇用记者创办自己的报刊,仿效19世纪报刊宣传活动的手法,杜撰有利于工商巨子们耸人听闻的神话和"新闻",遮掩自己公司和企业中出现的种种问题,结果适得其反,公众对垄断财团的敌意反而与日俱增。于是,以"说真话","讲实情"来获得公众信任的主张被提了出来,并越来越得到工商界一些开明人士的赞同,"象牙塔"被"玻璃屋"所取代。艾维·李就是"说真话"的社会思潮的主要代表人物。

(2)公众导向阶段。

20世纪20年代以后,公共关系活动有了强烈的"公众导向",即以公众为中心,投公众所好,顺应公众的意志进行舆论传播,并按照公众意愿开展生产经营活动。

美国学者爱德华·伯奈斯以其杰出的研究,成为公共关系学的创始人,使公共关系进入科学化阶段。爱德华·伯奈斯是奥地利籍的美国人,他的妻子多丽丝·弗雷奇曼也是一位著名的公共关系专家,两人共同经营着爱德华·伯奈斯公共关系咨询公司,为许多大公司、政府机构及美国总统提供咨询。直到1965年,他才退出公共关系咨询工作第一线。

爱德华·伯奈斯十分注重公共关系理论的研究,于1923年出版了《公众舆论之形成》,这是第一部研究公共关系理论的专著,因而被视为公共关系发展史上的一个里程碑。在这本书中,他对公共关系的实践进行了系统研究,使之形成一整套理论。他提出了"投公众所好"的根本原则,主张一个企业或组织在决策之前,应首先了解公众喜好什么、需要什么,在确定公众的价值取向以后,再有目的地从事宣传工作,以便迎合公众的需要。爱德华·伯奈斯的思想比艾维·李前进了一步,不仅是在事情发生后去对公众说真话,而且要求企业通过公众调查,根据公众的态度开展公关工作。同时,他将艾维·李的活动与1897年美国《铁路文献年鉴》中出现的"公共关系"一词结合起来,使这一词语有了科学的含义,并在社会上流行开来。从此,公共关系正式从新闻领域分离出来,成为一门独立而又系统的管理科学。1928年,他出版了《舆论》一书。1952年,他又编写了一本教材《公共关系学》,对公共关系理论进行了更为系统、详尽的阐述和发挥。

（3）双向沟通阶段。

二战以后,以卡特利普、森特和杰夫金斯为代表的一大批公共关系专家和大师,在理论和实践上把公共关系推向一个新的历史发展阶段。

在前人研究的基础上,美国学者卡特利普和森特在1952年出版的《有效公共关系》一书中提出了一种公共关系新模式,即"双向平衡"模式。在他们看来,公共关系的最终目的,是要在组织与公众之间建立一种良好和谐的关系。这就要求一方面必须把组织的想法和信息传播给公众,另一方面又必须把公众的想法与信息反馈给组织。惟其如此,一个组织才能求得双向沟通和对称平衡的最佳生存和发展的环境。《有效公共关系》一书被世界公关界奉为"公关圣经"。

弗兰克·杰夫金斯是英国著名的公共关系专家,曾任英国公共关系协会顾问,还曾在伦托基尔公司从事公共关系工作。1968年,他开办了公共关系学校,讲授公共关系、广告学和市场学等方面的课程。他不仅实践经验丰富,而且学识渊博,在许多方面都颇有建树,主要著作有《广告学》、《市场学、广告学和公共关系辞典》、《有效的公共关系设计》、《公共关系学》等。这些著作丰富和发展了公共关系理论,促进了当代公关事业的发展。

与此同时,公共关系实务活动在全世界不同国家和地区也得到突飞猛进的发展。1955年,国际公共关系协会在英国伦敦正式成立,这标志着公共关系作为一门世界性的行业开始独立存在。公共关系的教育事业也有了相应的发展。至今为止,美国已有400多所大学开设了公共关系课程。

总之,公共关系在其历史发展过程中日趋成熟和不断完善。严格说来,20世纪50年代以后,公共关系的面貌才发生了巨大的变化,才真正走上科学化、职业化和规范化的发展道路。

二、现代公共关系在国内外的发展及基本趋势

1. 公共关系在中国的传播与发展

现代公共关系思想和公共关系实践进入中国,应以20世纪60年代公共关系登陆我国香港、台湾地区为发端,而内地则到20世纪80年代初才开始引进。

随着我国改革开放的不断深入,特别是经济体制改革后市场经济的蓬勃发展,我国内地掀起了一股学习公共关系、研究公共关系和从事公共关系的热潮。综观中国公关发展史,我们发现,公共关系作为一种新的经营管理和技术传入中国后,呈现出由南向北、由东向西、由服务行业向工业企业、由外资企业向国有企业、由企业组织向政府组织逐步发展的格局,而且发展过程也呈现出明显的阶段性。

(1) 引进萌芽时期。

1980年,深圳、珠海、汕头、厦门被定为经济特区。公共关系作为一种经营管理技术,首先在这些开放城市的合资企业中出现。

1980年,深圳蛇口华森建筑设计顾问公司成立,这是我国第一家公共关系性质的专业公司。1982年,深圳竹园宾馆(深圳与香港合资)成立公共关系部;1983年,北京长城饭店(中外合资)成立公共关系部;1984年,广州中国大酒店、花园酒店、东方宾馆、白天鹅宾馆等设立公共关系部。广东电视台以这批宾馆、饭店的公共关系活动为背景拍摄了电视连续剧《公关小姐》。该剧在全国的上映,对于普及公共关系知识,扩大公共关系影响起到了重要作用。

(2) 迅速兴起时期。

1985年,世界上影响最大的两家公共关系公司——伟达公司和博雅公司先后进入我国。同年8月,博雅公司与中国新华社所属的中国新闻发展公司签订协议,共同为在我国从事贸易的外国机构提供公共关系服务。中国新闻发展公司为此成立了中国环球公共关系公司,这是我国第一家以"公共关系"直接命名的公共关系公司。1986年1月,中山大学在广州成立了我国第一个公共关系研究会;同年11月,我国第一个省级公共关系协会——上海市公共关系协会成立。1987年5月,全国权威性的公共关系社团组织——中国公共关系协会在北京正式成立。

1985年1月,深圳市总工会率先创办了公共关系培训班,开我国公共关系教育之先河。同年6月,北京大学研究生院举办公共关系讲座。1985年9月,深圳大学首先增设了公共关系专业。此后,中山大学、国际关系学院等近百所大学相继开设公共关系课程,从而使公共关系这种全新的思想观念和理论知识在高等学校得到迅速传播和普及。

1986年11月,中国社会科学院新闻研究所公共关系课题组编著的《公共关系学概论》率先问世;同年12月,王乐夫、廖为建等人编写的《公共关系学》出版;同时,英国著名公共关系专家弗兰克·杰夫金斯的《公共关系学》被译成中文出版。1988年1月,中国第一家公共关系专业报纸——《公共关系报》在杭州创刊,面向全国发行。1989年1月,中国第一份公共关系杂志——《公共关系》在西安创刊,面向国内外发行,在我国理论界掀起了一股研究公共关系的热潮。

(3) 稳步发展时期。

从90年代初开始,公共关系在我国进入了稳步发展时期,主要表现在公关学术活动正常有序开展、公关专业教育逐渐走向成熟、公关理论研究贴近中国现实、公关实践活动取得明显成效、公关专门职业正式得到承认等几个方面。

1991年4月,中国国际公共关系协会在北京成立。

1997年11月15日,中国公共关系职业审定委员会成立,为公共关系从业人员确定了"公关员"的名称,并正式列入《中国职业大典》,标志着国家已正式承认公共关系的职业并制定了公关员的国家职业标准和考核规范。

1998年,根据劳动部的要求,中国公共关系职业审定委员会在广泛听取各方意见的基础上,就公共关系职业的名称、定义、工作描述、技能标准及鉴定规范进行了充分的论证,并报经人事部和劳动部批准,将公共关系职业定义为:公共关系职业人员是专门从事组织机构信息传播、关系协调、形象管理、咨询策划实施和实务的工作人员。其名称分为:公关员和高级公关员。

1999年12月,经过国家劳动和社会保障部批准,广东省劳动厅举行了我国首次初级"公关员"职业上岗培训和上岗考试,标志着中国的公共关系正式步入职业化的阶段。

2000年在全国推开公关员的职业上岗考试,标志着我国的公共关系开始走向职业化和行业化的道路。

2001年,中国加入世界贸易组织(WTO),这不仅为中国的现代化建设带来了机遇与挑战,同时也为公共关系在中国的发展带来了新的契机。这不仅需要我国的公共关系专家、学者适应形势的需要,不断创新符合我国具体国情的公共关系理论;也需要公共关系从业人员不断提高自身素质,努力开创适合我国现代化建设的公共关系事业的新局面。

2010年中国国际公共关系大会于7月1日至3日在北京隆重举办。本届大会以"创新中的责任"为主题,这是继2008年第十八届世界公共关系大会之后的又一次行业盛会,是公共关系行业在面临新的时代使命、倡导社会责任与绿色发展的背景下召开的一次规格最高、规模最大的综合性论坛会议。

2. 公共关系在国外的传播与发展

20世纪20年代后,公共关系首先在美国,继而在国际范围内得到迅速发展。

1920年至第二次世界大战期间,随着世界科技进步、商品经济的发展,公共关系作为一种现代经营思想迅速传播开来。

第二次世界大战以后,公共关系随着商品经济的发展、社会分工和专业化的推进,日益成为一种现代管理方法和专门职业,美国是世界公共关系事业最发达的国家之一。

1948年美国全国公共关系协会(PRSA)宣告成立。

1955年国际公共关系联合会(IPRA)在英国正式宣告成立。

公共关系活动的领域逐渐由工商界(企业界)扩展到政府、教育、军队、教会等领域。尤其在政治领域得到政府领导人的高度重视。如美国总统富兰克林·罗斯福在全球经济危机之后推行新政时,考虑较多的一个问题就是"如何拉近与民众的距离,让民众更能接受、理解他的主张"。那时候还没有电视这一媒介,而报纸对民众的文化水平有一定的要求。于是他明智地选取电台作为信息传播的媒介,利用电台连续12周,每周一次播出"炉边谈话"节目。民众通过电台听到总统亲切的谈话,感受到了总统的真诚,同时从娓娓动听的话语当中自觉地接受了总统关于"新政"的一系列措施。后来电子媒介越来越先进,美国各届总统竞选当中,这些媒介又被充分地运用开来。

公共关系事业不断发展,公共关系的专业机构、社团不断增多,从业人员也急剧增加,公共关系的职业培训和专业教育逐步深入并形成一定规模。

随着社会经济的稳步发展,工商企业数目不断增多,相互竞争越来越激烈,需要处理和协调的关系越来越复杂。数目众多的公关公司如雨后春笋般应运而生,使公关从业人员越来越多。据1938年美国《商业周刊》发表的一篇公关报告估计,当时全美有5 000多名公关人员,250家公关公司,全美国最大的公司中有20%设有公关部;而到1960年,公关从业人员猛增至10万人,公关公司多达1 350家,75%的大公司设有公关部;到了80年代,公关从业人员已超过15万人,公关公司有2 000家以上。

公共关系学的教育也顺应这一形势在大学逐渐扩展开来。仍然以美国为例,20世纪40年代只有30所高校开设该课程;到60年代,有280多所院校提供各种不同的公共关系课程教学;到90年代初,数目增至400多所,有60多所大学设置了公关专业并授予学士学位。其中,有37所可同时授予学士和硕士学位,有13所大学可同时授予学士、硕士和博士学位。

公关的地域发展也日益广泛,如欧洲的德国、意大利,美洲的墨西哥,大洋洲的澳大利亚,以及亚洲的日本也逐渐发展起来。

3. 现代公共关系发展的基本趋势

现代公共关系在全球的普及和发展,是社会进步的重要标志,也是公共关系得以完善的必然趋势。中国有着占世界五分之一的人口,在世界政治、经济领域中有着举足轻重的作用。中国的公共关系水平对世界公共关系的发展产生着巨大的支持和推动作用。中国公共关系的发展趋势表现为:公关市场趋向国际化;公关实务趋向专业化、职业化;公关手段数字化;公关逐步进入组织管理的战略层面;公关教育规模不断扩大;公关人才市场逐渐形成并完善;公关领域进一步拓宽。

国际公共关系是伴随着国际政治与经济交往的增长而逐渐发展起来的。国际公共关系活动的开展,是在国际领域中进行的,它要求活动主体必须具备全球意识,适应国际经济发展的需要,充分利用国际上关注的主题,以体现活动者的战略思想和远大抱负。国际公共关系发展趋势表现为:环境公共关系越来越引起人们的高度重视;问题管理与危机公关已全面推向社会;金融公共关系的发展日益成为公共关系的重要内容。

综观现代公共关系的发展趋势,主要有以下几个方面:

(1) 公共关系活动范围全球化。随着全球化的信息交流,跨国公司持续发展,公共关系活动范围不断扩大,开展全球化的公共关系趋势已渐成气候。

(2) 公共关系主体的品牌化。职业化导致竞争,复杂的竞争对公共关系从业者提出了更高的要求,必然促使公共关系主体的品牌化。分散的、个人的智慧技能已不能满足社会与市场的需求,公关人员的素质必须提高,操作手段与技术要现代化,思想观念要符合新潮流。所以,公共关系以职业化为基础,在竞争中形成品牌化服务,成为历史的必然。

(3) 公共关系传播渠道的网络化。互联网络的迅速发展,使公关业务的网络化成为大势所趋。网络媒介与传统媒介相比(这里指报纸、杂志、广播、电视等大众媒介)有较多的优势,受众不仅能及时反馈,还可以充当传播者,使信息量大大增加,公众有可能了解更多的信息,参与社会互动或传播。网络不需要通过新闻媒介就可直接向公众传播新闻成为可能,这是一个极为重要的革命。因此,运用适当的网络公关对组织和公众来说是一笔巨大的财富。网络即时互动的特性,使网络公关还具有创建组织与公众"一对一"亲和关系的优势。

(4) 公共关系实务运作整合化。随着公共关系实践的深入,人们越来越发现零散的、单个的、局部的公共关系活动是远远不够的,实践呼唤一种整合化的公关运作。公共关系策划的出现,打开了公共关系理论建设的新视角,既深化了公共关系理论的内涵,又扩展了公共关系学科的外延,开拓了公共关系的发展空间。它使公共关系在组织的各种职能之间互相协调和配合,共同为塑造组织整体形象而服务。公共关系实务运作整合化,必然对公共关系理论的整合化提出要求。公共关系理论是一门吸纳了社会科学、人文科学甚至自然科学的交叉性、边缘性学科,具有整合的特征。同时,公共关系既是一门科学,也是一门艺术,还是一种文化。卓越的公共关系应能将科学与艺术结合起来,使其更具有人文色彩而深入人心。

三、公共关系兴起和发展的一般社会历史条件和发展动力

(1) 商品经济的繁荣是公共关系产生的经济基础。商品经济与公共关系同时产生,因为,商品经济要求商品自由流通,自由竞争,等价交换,这必然带来不同部门、不同地区、乃至不同国家之间的经济往来,从而产生了企业、部门、地区和国家之间的经济联系的客观要求。这种经济联系即为公共关系作为一种社会现象和社会活动的开始,所以商品经济社会势必需要公共关系。在市场经济的背景下,能否争取市场、争取顾客、争取公众支持,成为企业生死攸关的关键,这直接促成了公共关系的兴起和发展。

(2) 民主政治的发展是公共关系产生的政治前提。民主政治是与专制政治相对而言的。民主政治消除了以高压手段来维持自己的统治,以种种方式来取得民众的信任和支持,实质上这也是公共关系的客观要求。在民主政治条件下,民众逐渐觉醒,并自觉团结起来,组织起来,成为政治生活中不可忽视的政治力量。民主政治取代专制政治,必然促进公共关系的产生和发展。

(3) 大众传播技术是公共关系得以发展的物质技术条件。在自然经济社会中,落后的经济生活与科技水平,只能产生落后的交往沟通工具。在资本主义大工业时代,日益精细的社会化大分工,使人们之间、组织之间的纵横关系与相互沟通依赖日趋重要并得到加强,成为社会组织生存发展的基本条件。各种形式的传播沟通技术与理论也就在这样的社会背景下迅速发展起来了,为人们进行大规模的交往提供了可能,并为公共关系的发展提供了必要的技术与方法。由此可见,传播技术和与传播有关的信息通信技术、控制技术的出现,为现代公共关系的形成与发展提供了重要的物质技术支持。

(4) 文化心理由"理性"转向"人性"是公共关系得以产生和发展的思想文化条件。机械唯理主义的管理,促使阶级矛盾与劳资矛盾日趋激化,孕育着社会危机与动荡,孕育着社会文化意识的嬗变。在严峻的现实面前,人们逐渐意识到纯理性文化的局限,于是人文主义重新抬头。大众传播的发展,社会化大生产的发展,也对尊重个人隐私但又互不相关的这种过于狭隘的传统文化形成冲击,使社会生活、社会交往更趋开明化、开放化。这种尊重人性、尊重个人感情和尊严的、人文的、开放的文化,正是公共关系赖以滋生及成长的精神源泉。

(5)科技革命是现代公共关系发展的根本动力。随着生产力的不断发展,人类近代史上相继出现了几次较大的科技革命。第一次科技革命以蒸汽机的发明为标志,促使人类社会由农业社会向工业社会转变;第二次科技革命以电力技术的发展为标志,促进了交通运输事业的飞速发展;而第三次科技革命则以信息技术的发展为标志。总之,科学技术每前进一步,不但改善了公共关系的物质技术条件,使其影响力不断向纵深发展,而且带来了人们生活方式和思想观念的巨大变革。公共关系不但是组织向公众传递其信息,同时,又通过收集公众反馈的信息,不断对公共关系政策、方法进行调整。从这一层面上讲,公共关系也必须与时俱进,它只有通过不断调整以适应社会大变革的需求,方能成为一棵长青之树永盛不衰。正因为科学技术不断地向前发展,引起了社会变革,从而最终推动了公共关系不断向前发展。

第三节 公共关系学的研究对象、方法和意义

一、公共关系学的研究对象

作为一门学科,公共关系学的研究对象从总体上看,包括所有的公共关系的社会现象和活动规律。社会组织运用传播手段处理其与各类公众的关系的行为和活动规律可以具体化为三个方面:一是作为社会组织管理职能的公众关系的现象和规律。二是作为社会组织与其公众间信息传播活动的公共关系的现象和规律。三是作为处理与各类具体公众的关系的公共关系的现象和规律。

二、公共关系学的研究方法

学习和研究公共关系学,要遵循实践第一的研究方法,做到理论联系实际;要坚持一切从客观事实出发的研究方法,牢牢掌握基本原理;要坚持系统观察与分析的研究方法,解剖分析公关案例;要提倡"洋为中用"的研究方法,做到博采众长、为我所用。

具体来说,要掌握以下几种主要方法:(1)唯物辩证法是公共关系学最根本的研究方法,唯物辩证法的方法论原理为公共关系学的研究提供了科学的指导。这些基本方法包括:一切从实际出发的方法、矛盾分析法、归纳与演绎辩证统一法、逻辑与历史一致法、分析与综合统一法、从抽象到具体的方法、社会存

在背景分析法、生产方式状况分析法、经济基础与上层建筑关系分析法、个人与社会关系分析法、历史动力分析法等。公共关系学应当善于运用这些方法论原理,从纷繁复杂的公共关系现实中抓住本质和规律的东西,形成较高层次的公共关系学的一般原理和工作法则。(2)个案分析提炼法。公共关系学的诞生时间还不长,与很多传统学科相比它还相当年轻。特别是在我国,公共关系学的研究才刚刚起步,它的很多理论还不成熟。这就要求公关理论研究必须善于从实践中来,把一次次具体的公关活动作为案例,对其开展的原因、发展的过程、内在机制、产生的效应等进行定性和定量的总结提炼。这样,一方面可以形成工作经验,另一方面可以形成学术理论的水滴,汇入公共关系学的理论海洋中去。(3)参与实践法。个案分析法主要强调从实践中提炼公关理论;参与实践法则主要是说应当不断地将已取得的公关理论成果放到实践中去接受实践的检验、筛选,在实践中深化和发展理论。由此不断地从实践中来,到实践中去,中国特色公共关系理论体系的形成就一定会更快、更好。(4)参考借鉴法。"他山之石,可以攻玉。"公共关系学在其成长过程中,不仅可以学习、借鉴国外的先进经验和研究方法,而且可以从其他相关学科,如社会学、管理学、传播学、市场学、广告学、宣传学等学科中汲取营养,参考它们的理论成果、研究方法,再加以改造,形成自己的理论特点。

三、学习和研究公共关系学的意义

学习和研究公共关系学的现实意义可以从以下五个方面来认识:

(1)适应对外开放的需要。对外开放需要加强中国与外部世界的双向沟通,尤其是在当今全球经济一体化的大背景下,一方面要了解世界,一方面要向世界传播自己;对外开放使形象管理的问题日益突出,需要树立公关意识和加强公关管理;对外开放需要按国际惯例办事,特别是在我国加入世界贸易组织(WTO)后,学习和运用公共关系有利于完善和规范组织的行为。

(2)适应体制改革的需要。体制改革促进了横向联系的发展,使组织的社会关系日益复杂,给组织的关系状态(社会关系和舆论)和行为方式带来了新的变化,因此需要应用公共关系加强组织的社会沟通和社会协调。

(3)适应市场经济发展的需要。市场经济带来了大范围的分工协作关系和激烈的市场竞争,企业组织需要运用公共关系来拓展合作关系,加强竞争能力,树立企业及其产品的知名度、美誉度,促进经济效益和社会效益。

(4)适应现代信息社会的需要。现代信息传播技术和沟通方法的发展,促进了社会交往观念和交往行为的变化。特别是大众传播的发展使公众舆论的作用日益增强,从而使组织形象管理的问题日益突出,需要运用公关手段来了解舆论,引导舆论,改善组织的生存、发展环境。

(5) 适应社会稳定的需要。我国的改革开放和市场经济的发展需要安定团结的政治局面,因此需要加强社会的公共关系工作,增强政府和公众之间的双向沟通,增强领导者和被领导者之间的理解、信任和合作,形成和谐的社会气氛。

案例分析

麦当劳的成功之处①

麦当劳是当今世界最成功的快餐连锁企业,现在平均每13个小时就有一家新餐厅在地球的某个地方开业。北京第一家麦当劳餐厅店于1992年4月23日开业。麦当劳食物原料的标准极高,比如:面包圈,切口不均匀不用;奶浆的温度超过4°C退货;一片牛肉要经过40多项质量检查;生菜从冷藏室拿到配料台上超过1分钟便废弃;炸出的薯条7分钟未卖出去就扔掉。而且,麦当劳十分重视餐厅的卫生,玻璃窗、餐桌、餐椅都十分干净,同时服务生一见到顾客就微笑,让顾客觉得十分亲切。

问题:

1. 为什么麦当劳对原料的要求很严格?
2. 麦当劳为什么很受顾客的欢迎?
3. 分析麦当劳的成功之处,结合公共关系有关知识谈谈如何处理好顾客关系。

本章小结

本章讲述了公共关系的概念、要素和特征;公共关系的产生和发展;公共关系学的研究对象、方法和意义等基本知识。应掌握的知识点如下:

1. 公共关系的概念;
2. 公共关系的要素、本质属性及特征;
3. 公共关系的发展阶段、公共关系兴起和发展的一般社会历史条件和发展

---

① 资料来源:http://wenwen.soso.com,有改动。

动力；

4. 公共关系学的研究对象、研究方法及研究范畴。

复习思考题

1. 现代公共关系在国内外的发展趋势是什么？
2. 简要回答学习和研究公共关系学的意义。
3. 简要回答公共关系的概念。
4. 公共关系的要素、本质属性及特征是什么？
5. 简要回答公共关系的发展阶段、公共关系兴起和发展的一般社会历史条件和发展动力。

第二章　公共关系的职能与原则

本章提要

本章讲述公共关系的职能与原则,以及与之相关的基础知识。

本章学习目标

● 熟悉公共关系的整体一致原则、诚实守信原则、开拓创新原则、以公众研究为依据原则、立足长远的原则。

● 掌握公共关系的职能;公共关系的如下原则:实事求是原则、真实性原则、平等互惠原则;全员公关原则、科学指导原则。

案例导入

由一张照片引发的……①

1964年,《中国画报》的封面刊出这样一张照片:大庆油田的"铁人"王进喜头戴狗皮帽,身穿厚棉袄,顶着鹅毛大雪,手握钻机刹把,眺望远方。在他背后,远处错落地矗立着星星点点的高大井架。

当时,由于各种原因,大庆油田的具体情况是保密的。然而,这张由官方对外公开发布的极其普通的宣传中国工人阶级伟大精神的照片,在日本三菱重工财团信息专家的手里变成了极为重要的经济信息,揭开了大庆油田的秘密。其

---

① 资料来源:http://www.nbd.com.cn,有改动。

一,根据对照片的分析,可以断定大庆油田的大致位置在中国东北的北部。其依据是:唯有中国东北的北部寒冷地区,采油工人才必须戴大狗皮帽和穿厚棉袄。又根据有关"铁人"事迹的介绍,王进喜和工人们靠肩扛将百吨设备运到油田,表明油田离铁路线不远。据此,他们便轻而易举地标出大庆油田的大致方位。其二,根据对照片的分析,可以推断出大庆油田的大致储量和产量。其依据是:从照片中王进喜所站钻台上手柄的架势,可推算出油井的直径是多少;从王进喜所站钻台油井与他背后的油井之间的距离和密度,可基本推算出油田的大致储量和产量。根据新闻报道王进喜出席了第三届全国人民代表大会,可以肯定油田已出油。其三,根据中国当时的技术水准、能力以及中国对石油的需求,中国必定要大量引进采油设备。

于是,三菱重工财团迅即集中有关专家和人员,在对所获信息进行剖析和处理之后,全面设计出适合中国大庆油田的采油设备,做好充分的夺标准备。果然,不久中国政府向世界市场寻求石油开采设备,三菱重工财团以最快的速度和最符合中国要求的设备获得中国的巨额订单,赚了一笔可观的利润。此时,西方石油工业大国都目瞪口呆,还没回过味来。

公共关系具有信息收集、信息管理的职能。这个案例表明,信息管理已经成为公共关系工作的一项重要职能。

第一节 公共关系的职能

公共关系职能是指组织运用各种传播、沟通的手段去影响公众的观点、态度和行为,争取公众舆论的理解和支持,为组织的生存和发展创造良好的社会环境。

公共关系职能从其运行所发挥作用的表现形态来看,主要有三大类:一类是管理性职能;一类是传播性职能;一类是决策性职能。

公共关系的管理职能是社会组织对各类与公共关系相关的要素所实施的教育引导、协调沟通以及规划控制等各项职能。

公共关系的传播职能是指在公共关系活动中通过传播工作的实施与运行所能发挥出的有利于组织发展的效用。其主要内容包括:采集信息,监测环境;组织宣传,创造气氛;交往沟通,协调关系;教育引导,服务社会。

公共关系的决策职能是指在公共关系活动中通过对重大活动的策划、管理与实施,对组织决策所能发挥的服务、指导与促进的效用。其主要内容包括:咨询建议,决策参谋;发现问题,加强管理;防患未然,危机管理;创造效益,寻求发展。

公共关系可以在多方面发挥作用,从而决定了公共关系的职能极其广泛而复杂。一般说来,公共关系应该具备以下五方面的基本职能:

一、收集信息,监测环境

现代社会,随着知识经济的崛起,信息已日益成为经济发展不可或缺的重要战略资源。组织的生存和发展离不开特定的环境,而环境是由一切与组织有关的信息因素所构成。公共关系在组织的经营管理活动中,首先要发挥信息情报的收集、整理、分析、评估的作用,充当组织的耳目,"眼观六路,耳听八方"。作为组织的预警系统,对于与组织有关的社会环境和公众舆论环境保持高度的敏感性,特别是对环境中潜在的问题和危机及时发出预报,以便组织能及时调整自己的政策和行为。

(一) 收集信息

从公共关系工作的角度来分析,应当收集组织形象信息、产品(服务)信息,组织运行状态及发展趋势信息。

1. 收集信息的内容

(1)组织自身形象信息。即公众对社会组织在运行中所显示的行为特征和精神面貌的反应。组织形象信息一般包括这样一些具体内容:第一,公众对领导机构的评价。第二,公众对组织管理水平的评价。第三,公众对于组织内部一般工作人员的评价。第四,公众对组织环境特征的评价。(2)组织产品形象信息。产品形象与社会组织生存命运直接相关,所以,公关人员要十分注意了解本组织的产品在公众心目中的形象。这方面的信息包括消费公众对产品(服务)的价格、质量、性能、品种款式、商标、包装、用途等方面的反应,以及对围绕产品所进行的服务时间、服务方式和服务质量的反应。(3)组织运行状态及其发展趋势信息。组织运行状况及发展趋势的信息,对于组织及时调整运行机制极为重要。公关的工作内容就是对社会组织运行所要涉及的关系状态及其变化进行专门的信息处理,在此基础上研究社会组织形象及其变化趋势,并做出相应的调整。(4)各类公众信息,如:本组织的职工、股东、消费者、政府、社区、媒介、竞争者、协作者及有关社会团体方面的信息。(5)社会环境信息,就是与本组织生存发展有关的政治、法律、文化、社会舆论等方面的状况,及其变化、发展趋势的信息。

2. 收集信息的制度

（1）建立健全组织的信访制度。信访制度建立的关键是要有一套合理的有关信件来访的接收或接待、问题处理、信息反馈的制度。（2）建立与有关组织的信息交流制度，如：与业务主管部门、新闻媒介、协作对象、竞争对象、社会团体等建立较为稳固的经常性的信息交流关系。（3）建立对大众传播媒介的监测制度。对于与本组织机构的业务经营活动关系最为密切的几种主要媒介进行定时监测，并对其发布的有关资料进行收集。（4）建立公共关系的调研制度。要定期对本组织各类公众的利益、产品服务、经营管理、环境保护、政府关系、媒介关系等进行自查或调研，还要为开展公共关系活动、制订公关计划的需要，不定期地对本组织的舆论环境、企业形象、产品形象、领导人形象、公关活动的效果进行较深入的调研。（5）建立公共关系的预测制度。定期或不定期地对影响本组织生存和发展的政治、经济、文化、科技、时尚等因素的变化及影响进行预测。同时，也要对组织的发展、各类公众态度的变化等进行预测。（6）建立健全科学的公共关系档案制度。建立公关档案的关键在于对各类信息资料的科学分类和有一套对资料使用的科学管理程序。

3. 收集信息的原则

（1）信息的准确性。信息的准确性主要是看它能否真实客观地反映环境的实际情况，看我们是否能对其性质、类别有科学的认识。（2）信息的时效性。信息是有时效的，信息的滞后不仅可能使信息变得一文不值，而且常常会导致组织由于过时的信息而处处被动，甚至造成失误。（3）信息的可比性。如果信息不可比，其使用就可能受到限制，或根本无法使用。因此，在搜集信息时要注意调整其范围、方法和指标体系，尽可能使搜集到的各种信息有一定的可转换或统一的标准，这样才能提高信息的效用和使用价值。（4）信息的适应性。一般来讲，搜集信息是为决策服务的。因此，要注意根据组织在各个时期的具体需要，有的放矢地集中力量搜集对决策有价值的信息。信息如果能适应这种需要，其价值就高。（5）信息的经济性。对信息的搜集是公关投资的重要方面，但是，每个社会组织对公关的投资是很有限的，如何以最低廉的价格获取高价值的信息是应考虑的问题。除了有特殊目的之外，一般情况下，应在信息搜集的代价和信息的价值上有合理的比例。

（二）监测环境

组织是社会的有机组成部分，组织的生存与发展要受到各种因素的制约和影响，因此，系统地、长期地、科学地监测各种环境因素的变化，就成为公关的一项重要职能。公关环境是一个由多因素构成的开放系统，具有明显的不确定性、可变性和复杂性。要对公关环境进行监测,必须依靠公共关系的调研活动,准确地把握当前情况下公共关系环境的构成情况、性质特点、包容能力、干扰大小,以便制定出与当前公共关系环境相吻合的公共关系运作方案和行动策略;另一方面,可以监测公关环境的变化情况,有效把握公关环境变化的内容、变化的方向、变化的速率、变化的特点,以便制定出与未来公关环境相适应的公关战略规划和行动计划。公关监测,就是通过对信息资源的采集、处理和反馈,对公关主体和客体的行为态度做出监视和预测,是对信息资源的一种开发管理和利用。这种监测可以分为对内监测和对外监测。

1. 对内监测

对内监测是指公共关系对其主体(即社会组织)的监测作用。公共关系工作人员通过不断采集、处理和反馈社会组织内部与外部的各种变化和最新信息,对社会组织运行状态和组织目标实现的可行性进行监测。公共关系的对内监测运用的是控制论中的反馈原理及其方法。所谓反馈,就是把系统的输出通过一定的通道再返回输入端,从而对系统的输入和再输出施加影响的作用过程。正反馈是使输入对输出的影响增加,而负反馈是使输入对输出的影响减少;正反馈是促使系统解体的因素,负反馈是维持系统稳定的因素。公共关系监测发挥的是社会组织的负反馈作用。公关人员把通过采集而掌握的最新信息源源不断地输送到决策层那里,以使组织做出相应的反应,采取必要的措施,让组织的运行与公众的要求一致起来,这样就减少了公众信息的输入对社会组织输出的影响,使社会组织的运行维持在相对平衡稳定的过程中,最终保证组织目标的实现。对社会组织内某一行为的监测,往往通过多次反复才能完成。

2. 对外监测

对外监测是指公共关系对其客体(即公众)对于社会组织的态度的监测作用。它通过各种信息传播媒介,不断地把握有关社会组织的信息及其走向,监视和预测公众的态度及其变化方向,其目的是使社会组织在其运行过程中,能预先采取必要的对策。公关对外监测作用,犹如"侦察兵"的作用,能及时而又敏锐地捕捉到社会组织外部环境存在的各种隐患,当公众意向发生变化时,做到心中有数,及时应对。社会组织的监测范围很广,必须重点监测,这个重点主要是大众传播媒介。公关要监测大众传播媒介传播的信息,要注意当前与社会组织直接有关的各种信息,更要注意今后可能会对社会组织产生影响的信息。

二、咨询建议,形象管理

公共关系咨询建议,指公共关系专业人员向组织领导提供有关公众方面的可靠情况说明和意见。公关人员从社会公众和整体环境的角度评价决策的社会影响和社会后果,可以使决策更加有效,更加科学化。在组织的决策过程中,公关部门以提供咨询建议的方式,成为决策者的"智囊机构",起到参谋作用。

(一)咨询建议

(1)公众的一般情况咨询。这类咨询主要提供社会组织公关状态的一般情况说明。如内部员工的归属感,本组织在社会上的认知度、美誉度,消费公众对组织产品的反应,新闻媒介对本组织的社会舆论,同行对本组织的评估等。这类咨询是任何组织公关部门经常性的工作。

(2)公众的专门性情况咨询建议。这是指社会组织拟举办某个专题活动,公关专业人员提供与该活动直接有关的情况说明和意见,以使专题活动更有效地开展。如社会组织拟举办新闻发布会,公关人员应提供新闻媒介的近期宣传动向,新闻记者对本组织的了解程度,以及安排邀请名单,会场的布置等等。

(3)公众心理变化和趋势咨询。由于社会环境的变化,公众的心理状态也随之发生变化,这种变化对社会组织的运行影响极大。公众心理变化以及变化趋势的咨询,是公关人员在长期观察和积累的基础上形成的。这类咨询常常能富有成效地为社会组织长期战略规划的制订和变更提供可靠的根据。

(二)形象管理

与一般的咨询建议不同,公关职能在组织管理上所发挥的咨询建议作用,更侧重于组织形象管理政策,制订组织和产品的形象管理计划。社会组织的形象是指它在运行过程中显示的行为特征和精神面貌,包括组织的内在气质和外观形象两个方面。所谓内在气质,指社会组织在运行中对现实环境诸因素发生或改变关系时所表现出的基本态度、价值指向及社会公德水平,如服务态度、待人处事的基本行为准则、售后服务水平等,我们把内在气质比喻为社会组织的"软件"。所谓外观形象,是社会组织在实现工作目标时所显示的能力识别标记,如产品质量、知名度、市场占有率、技术力量、人员素质等,把它比喻为社会组织的"硬件"。

当社会组织的内在气质与外观形象相一致时,社会组织的形象比较平衡,而且这种一致性是高水平的,它所体现的就是良好的组织形象。所以,不仅要注重组织内在气质的修炼,而且要注重外观形象的塑造,要注重"CIS管理"。这种管理始终是一种动态的,伴随着社会组织的运行,向着良性发展。当社会组织形象发生恶性变化时,要做好危机管理。公共关系在组织机构创建时,是形象的"设计者";在组织机构运行时,是形象的"维护者";在组织机构出现危机时,是形象的"矫正者"。

三、协调关系,柔性管理

现代社会组织机构的运行机制受到两大制度的制约:社会民主制度和现代企业制度。这两种制度都有明显的强制性,维持组织机构日常运转的是法律基础上的具体的管理制度,这些管理制度具有很强的刚性。这种刚性强化了组织运行中出现的摩擦和冲突,增加了组织秩序出现失衡的可能性。所以,社会组织通过沟通协调,广交朋友,发展关系,减少摩擦,缓和各种社会冲突,使公关工作成为组织运转的润滑剂、缓冲剂,为组织生存、发展创造"人和"的环境。

(一) 协调关系

(1) 内部关系的协调。首先,以目标为核心,在管理层与员工关系协调中充当中间人:管理层的目标是否为员工所认同,员工的行为是否与管理层的目标保持一致;通过与员工进行细致的持之以恒的有效沟通,在组织与员工之间搭起相互理解和沟通的桥梁。其次,在部门与部门关系协调中充当管理的接口:在不同部门之间出现"权力真空"的情况下,依靠良好的公共关系补位,这是"全员公关"的一个重要组成部分;在"权力重叠"的情况下,则要依靠良好的公共关系去理顺关系,化解矛盾。

(2) 外部关系的协调。外部公众类型不一,成分来源复杂,这就是组织不可避免地要与外部公众发生程度不同的利益关联和冲突。一旦发生了冲突和纠纷,则积极与各方面取得联系,进行协调磋商,消除疑虑,缓解矛盾,不断维持和巩固彼此间的合作关系,促进良好的外部环境的形成。

无论是内部关系的协调还是外部关系的协调,公共关系可以通过利益协调、态度协调和行为协调来实现。利益协调是基础,目标协调是利益协调的指标化、具体化,态度协调是行为协调的先导,行为协调是最终目的。

社会组织与相关公众之所以能形成经常的联系,根本原因是存在着利益上的互补。促进互补互利关系的顺利实现,就需要社会组织自觉、经常进行自身和公众利益关系的调整、调节。搞好利益协调,首先要认清各自的利益需求;其次要把握相互利益的结合点;最后调整利益目标,促进互助互利。

在公共关系的协调中,态度协调具有重要地位。态度协调是行为协调的先导,态度协调搞好了,逆意公众、边缘公众就可以转化为顺意公众,从而形成组织与公众的良好合作。态度协调是公共关系协调的关键。事前的态度协调,往往是公共关系协调的秘诀。

行为协调是公共关系协调的实际步骤和最终归宿。行为协调的主要目的,是社会组织的潜在公众、知晓公众变为行动公众,是使已经建立互助关系的组织与公众的合作行为更加密切和巩固,使已经出现的矛盾和冲突等不协调的行为得以转化,从而最终完成公共关系协调的工作和最终达到公共关系协调的状态。只有搞好行为协调,社会组织与公众的互助合作才能得到落实,社会组织与公众的良好关系才能真正形成,公共关系协调的全部努力才能圆满成功,社会组织与公众环境的良性互动才能充分体现。

(二) 柔性管理

社会组织的整体运行,在现代社会中比以往更复杂、更脆弱,如某一环节出了问题,就将影响整个运行状态,而且,社会各方面都需要缓冲、润滑和协调,公共关系承担了这个社会责任。同时,公共关系又是一种社会组织自我调节、自我保护的有效机制。

社会组织与公众关系的维系,从根本上说是由经济因素决定的,但是其关系的协调又不仅仅取决于经济因素。公共关系不同于行政命令,也不同于经济因素的激励,它是通过信息交流来沟通社会组织成员的心理情感,从而使组织成员团结起来。公共关系在协调内外关系时不是用经济手段、政治手段、法律手段、行政手段,而是通过道德手段、心理手段、礼仪手段进行柔性调节。通过信息传播来调节与公众的关系,以达到关系的协调和平衡。通过积极的措施,使组织机构的生存、发展环境达到最优化。

公共关系是现代社会的一种文化现象。从静态来看,公共关系是一种观念、态度、思想和思潮;从动态来看,公共关系是一种文化管理的实践形式。柔性管理的本质是文化管理。

正如哈罗博士所说,公共关系是一种独特的管理职能。它协助建立及维持一个组织与其公众之间的相互传播、了解、接受与合作的渠道;参与问题和纠纷的处理;协助管理部门了解舆论并做出反应;强调管理部门为公众利益服务的责任;协助管理部门顺应并有效地利用变化环境,担任早期预警系统角色,协助预测未来趋势;并以研究工作及健全与合乎逻辑的传播技术作为其主要工具。所以我们说公关体现的是一种软管理、一种柔性管理的特征。

四、宣传引导,传播推广

公共关系在组织管理中的一个主要职能,就是有效地制造舆论,强化舆论和引导舆论,及时地传播推广与组织有关的信息,赢得社会公众对组织的信任与好感,从而不断地提高组织的认知度、美誉度,为组织创造有利于自身生存与发展的环境和时机。

（一）宣传引导

组织的生存发展离不开具体的环境,这个环境是指有历史传统、宗教信仰、民族文化、生活习俗、社会心理等人文要素组成的软环境,或称民意环境。民意环境是个变量,它是无形的,有时还是无法感知的,但它的能量是巨大的。孟子说民意是水,"水能载舟,亦能覆舟"。要营造某种对组织机构的生存发展有利的民意环境,主要依靠公共关系的宣传引导,引导公众的评价和意见。

（1）培育公众对组织机构的认同感。任何组织的使命和宗旨,运营过程中的方针、政策和行动,只有获得内外公众的认同才会有民意基础,才会产生效果。这些方针、政策和行动的科学性需要检验,检验的标准就离不开公众的认同,离不开民意。但在有些情况下,被实践证明正确的东西,也未必获得公众的广泛认同,这就需要公共关系的加倍努力。例如"白色污染"已经被证明对生态环境会造成严重破坏,但是,一项旨在减少城市"白色污染"的菜篮子替换塑料袋的计划却未必获得市民的广泛赞同,毕竟,塑料袋为市民提供了比菜篮子更直接的便利。更重要的民意来自组织机构内部。首先,一个企业最重要的使命之一就是培育员工士气。如果员工感到受重视,得到尊重和赏识,那么他们也会同样地对待顾客;如果一个公司赢得了员工的忠诚感,它同样也会赢得顾客的忠诚感。其次,公共关系是全体成员的公共关系。从生产优质产品、提供优质服务到宣传引导公众舆论,离不开组织全体成员共同和持久的努力。要使这种努力变成一种自觉的、主动的甚至习惯的行为,必须增强组织全体成员的公共关系意识,使组织从最高领导到一般办事人员都养成自觉珍惜组织良好形象和声誉的职业素质。即便是一个电话、一封回信,都应考虑到对组织形象和声誉的影响。

（2）引导公众朝着正确的目标行动。"民意不可侮,民意不可违",这是被历史和现实反复证明了的。公关大师伯纳斯"一切投公众所好"的信条已成为公关工作的宝典,但是在市场不尽完善的今天,民意是否百分之百正确,这需要探讨。尤其当公众以无数个体的形式向你提出要求的时候。所以,教育和引导公众将成为公共关系的一项重要职能。

（二）传播推广

一个组织要获得公众的理解和信任,取得公众的支持与合作,需要不断地向公众宣传组织的政策,解释组织的行为,增加组织的透明度。随着组织与外界交往日益密切,对外联络和应酬交际的任务越来越重。同时,组织与外部的各种摩擦也随之增加,需要进行协调。传播推广,必然立足于提高传播的效果。为此,公共关系人员应做到:

（1）根据组织发展的不同阶段、面临的不同问题，确定不同的任务，宣传不同的内容。在组织创建阶段，宣传工作的主要任务是争取建立公众对组织良好的印象，使组织具有吸引力。这时公关人员应善于造声势，先声夺人，使其不同凡响。为此，要建立自己特有的风格，选择自己特有的形象进行传播。在组织发展阶段，公共关系传播工作的重点应放在保持和维护组织的形象和声誉，巩固既有的成就上，并且要再接再厉，进一步扩大自己的影响面。

（2）要善于选择适当的媒介作为传播的手段和途径。需要进行广泛宣传的内容，通常主要利用大众传播媒介，如报纸、电台、电视、杂志以及电影等。为此，公关人员应和新闻界保持密切的联系，注意各新闻机构的特点，及时提供组织的信息。需要进行选择性宣传的内容，可使用专门的传播渠道，如印发印刷材料、试用样品等。需要个别影响的，可利用个体交往中的口头传播，如亲属交谈、会晤等形式。总之，公共关系传播的方式很多，各有其特点，公共关系人员应根据实际情况，选择适当的传播形式。

（3）研究受众特点是传播推广的重要基础。早期的传播学研究者认为，大众传播像子弹，而受众则像靶子，处在消极被动的地位，只要被某种信息"射中"了，就会接受这种信息。但以后人们发现，大众传播对单个人而言，产生的效果是"有限的"或"适度的"，它取决于受众的个人特征，如文化程度、信仰、职业、性别、年龄、爱好及心理因素等；受众对传播信息并不是简单的接受，而是进行选择和再加工的。据此，在传播推广时，必须研究受众接受信息的心理规律，以达到最佳的传播效果。

（4）公关的传播不仅依赖于大众传播媒介，而且还必须依赖各种社会交往的手段。这里的社会交往指的是一个多层的动态结构，包括人际、群际、区际，以及国际交往，通过这种多层次、多角度的社会交往，社会组织可以更好地获取信息，沟通感情，建立与公众的友谊。在交往的过程中，公关人员首先应该确立组织交往的目标，不仅是交换信息，主要是改善双方关系；其次，选择统一或相近的编码、译码系统，使得双方对语义有共同的理解；再次，公关人员要明确这是角色交往活动，交往者代表着各自的组织，遵循一定的交往规范。

五、防患未然，危机处理

（一）防患未然

公关工作要做到洞察一切，见微知著。当组织与客观环境出现某些失调的征兆时，能及时发现，迅速采取对策，予以防止。当组织处于稳定发展的状态时，及早制订出防范措施，达到未雨绸缪的目的。

通过不断的信息采集、处理和反馈,对组织运行状态和组织目标实现的可能性进行监测。未雨绸缪,察征兆于清萍之末,防祸患与未然之中。对于一切可能发生的隐患要非常敏感,以便把问题发生的可能性消灭在萌芽状态之中。这就要求组织具有忧患意识,在常规性工作中要注意调查研究,查漏补缺,及早发现或捕捉那些可能引起纠纷的苗头和可能发生事故的隐患,制定多种可供选择的行动方案,以应不测。只有做到对可能发生的问题,早预警、早筹划、早动手,及时发现问题,找出问题的症结和根源,才能把问题解决得更好。

防患于未然的方法有:(1)在组织内部实施有效的管理手段,建立系统、完备的管理思路,形成严谨、有序的管理模式。(2)在组织外部做好与社会各界的沟通、协调工作,创造一个良好的外部关系环境。

(二)危机处理

危机处理包括两方面的涵义:一是处理公共关系危机,二是用公共关系的策略和方法来处理危机。危机处理是危机管理的核心内容,它既要求在思想上重视,也强调在行动上妥善处理。所以,它涉及危机处理的基本原则、对策和措施等内容。

组织危机是组织生存发展的大敌,处理不好往往给组织造成重大损失,甚至断送组织的"生命",因而,组织公共关系将危机处理作为公共关系的主要职能和工作重点之一,我们一般称作危机公关。

危机处理的基本原则:一是积极性原则;二是主动性原则;三是及时性原则;四是冷静性原则;五是真实性原则;六是责任性原则;七是善后性原则;八是灵活性原则。

危机处理的对策包括总对策和具体对策:总的对策:重视事实,迅速调查,妥善处理,做好善后工作,再造组织形象。

具体对策:根据不同的公众对象分别采取不同的对策。

第一,对上级有关部门。及时请示汇报,及时报告事态的发展,求得上级部门的指导。对外回答敏感问题之前,须向上级部门请示报告,严格按照统一的口径对外发布信息。

第二,对企业内部员工。迅速而准确地把事件的发生和将采取的对策告知员工,使大家齐心协力,共渡难关。

第三,对受害者。认真了解受损情况,实事求是地承担责任,并诚恳道歉。冷静地倾听受害者的意见,对受害者的要求给予重视。给受害人以同情和安慰,避免出现为自我辩护的言行,保持与受害者的联系。

第四,对新闻界。主动与新闻界取得联系,向新闻界提供事实真相和相关信息,表明自己的态度,取得谅解,争取新闻界的合作。公开宣布发布新闻的时间,并按照规定的时间发布新闻,在部分事实结果没有明朗之前,不信口开河,盲目加以评论。充分利用新闻媒介与公众沟通,引导和控制舆论局势。如果有关危机的新闻报道与事实不符,应及时予以指出并要求更正,但应保持冷静和理性的态度。及时对新闻界的合作表示感谢。

危机处理的措施主要有:第一,立即调查情况,制订计划以控制事态的发展;第二,迅速反应,把握主动,积极沟通,有效管理信息的进与出;第三,当组织与公众的看法不一致、难以调解时,必须靠权威发表意见;第四,做好善后工作,尽快挽回声誉。

危机处理的程序是:(1)承认危机;(2)充分认识负效应;(3)建立危机处理的特别班子和团队;(4)沟通联络相关公众;(5)与传媒保持联系;(6)慎重处理危机;(7)总结经验与教训,为以后提供借鉴。

关于危机公关的详细内容我们将在公共关系实务这一章中作进一步阐述。

第二节 公共关系的原则

公共关系既是一门科学,又是一门艺术。因此,要成功地开展公共关系活动不仅要掌握一定的公共关系原理、方法和技巧,而且还必须遵循一定的基本原则。公共关系的基本原则是指社会组织在开展公共关系活动中必须遵循的准则和所要达到的基本要求。公共关系的实践证明,社会组织要有效地开展公共关系活动,必须始终坚持和遵循以下基本原则:

一、实事求是原则

(1)全面掌握事实是关键。掌握客观、真实的情况是组织进行预测、决策的关键,全面掌握有关事实对公共关系活动的开展具有决定性的作用。这就要求公关人员在调查、了解有关事实时,既不能文过饰非,报喜不报忧,也不能偏听偏信,抱有先入之见,必须尊重事实,如实报告,必须杜绝主观随意性,以避免将不准确的信息传递到决策层,导致决策偏差。所以,公关人员必须从事实的广度、深度全面把握客观事实。总之,事实不但在本质上决定了公共关系的存在,而且还从掌握它的质与量两方面决定了公共关系的开展水平。因此,全面掌握客观事实是关键。

(2)实事求是地传播是根本。公共关系活动的一项主要工作就是传播信息:一方面将组织的信息向其公众传播,另一方面,将公众的信息反馈给组织,从而使双方相互适应,相互了解。传播信息并不难,难就难在如何实事求是地传播信息,因为信息传播的结果对组织与公众都有利害关系。因此,一方面,要实事求是地传播事实;另一方面,是将不利的影响降到最低。我们强调在信息传播时应遵循实事求是的原则,并不是要人们机械、呆板地执行,而是灵活、辩证地掌握它、贯彻它。这就要求公关人员不仅要有高尚的职业道德情操,而且要具备相应的传播技术水平。

二、真实性原则

真实性原则是指组织在开展公关活动时,必须建立在组织良好行为和掌握事实的基础之上,向公众如实传递有关组织的信息,同时向组织决策者如实传递有关公众的信息。公关是建立信誉、塑造形象的艺术,又是以事实为依据的科学。公关不能"制造",只能"塑造"良好的形象,这种塑造所用的材料就是事实。所以说,真实是公共关系的基本原则,也是对公关人员最起码的道德要求。隐瞒、歪曲、推诿是公共关系的大敌,坦诚、亲切、负责的态度是公共关系成功的要诀。

三、平等互惠原则

平等互惠原则是指公关活动要兼顾组织与公众的双方利益,在平等的地位上使双方互利互惠。平等互利,就是既讲"利己",又讲"利他"。公共关系是在不违反法律和道德的前提下,让别人先得益,最后对自己也有利。平等互惠原则不能片面地理解为简单对等的原则。平等互惠原则的基点,就是要把公众利益作为首要因素来考虑,把能否满足公众利益作为衡量公关效果的重要尺度。任何组织都要对公众与社会负责。成功的公共关系活动应以组织利益与公众利益的统一为宗旨,满足社会效益。

四、整体一致原则

整体一致原则是指社会组织在开展公共关系活动时,要站在"社会"的高度,对由活动可能产生的对社会经济效益、社会生态效益及社会精神文明建设等几方面的影响综合起来统一考虑,使诸方面均符合公众的长期利益和根本利益。在社会文明不断发展的今天,越来越多的社会组织认识到坚持社会整体效益的重要性,主动贯彻整体一致思想,严格按整体一致原则办事,在社会上产生了积极影响。

五、诚实守信原则

诚实,即忠诚老实,就是忠于事物的本来面貌,不隐瞒自己的真实思想,不掩饰自己的真实感情,不说谎,不作假,不为不可告人的目的而欺瞒别人。守信,就是讲信用,讲信誉,信守承诺,忠实于自己承担的义务,答应了别人的事一定要去做。忠诚地履行自己承担的义务是每一个现代公民应有的职业品质。良好的公共关系建立在组织与公众相互信任的基础之上,而信任的前提是双方以诚相待,实事求是。有人认为,公共关系是"耍嘴皮"的职业,只要能说会道,能吹会编就行。恰恰相反,胡编乱吹不但降低自己的信誉,而且损害组织的形象。

六、开拓创新原则

以不断创新为灵魂,公共关系工作必须研究公众心理,满足公众求新、求异、求变的心理特征,才能取得预期的效果。如果一味重复经典战略,或者长期运用一种公关方法,必然会引起公众的感觉疲劳,事倍功半,甚至会引起公众的反感,产生负效果。因此,公关人员在开展公共关系活动时,要具有开拓创新的意识,不断推出新形式、新内容,运用新方法、新手段。思维创新是决定性的创新,思维的创新必须遵循科学的策划规律。作为策划思维的主体——人脑,在进行策划思维时要有明确的目的,有一定的价值模式和知识储备。我们认识事物、策划公关活动时,容易用僵化的视角来认识事物,而当我们将视角多元化、全方位观察事物时,新的创意思路将会产生。方法创新是提高工作效率的保证,干任何事情都要讲究方法,有了好的方法,就将事半功倍,反之,事倍功半。公共关系是一项挑战性极强的事业,有时与各种各样的人打交道,其工作自然也就更重视方法问题,以情感人、以理服人、以利动人,正是工作方法创新的具体表现。内容创新是公关活力所在,公关工作面临的是多层次、多变化的公众,如何适应多种变化,不断调整或变更有关工作项目内容,也是公共关系的一个重要课题。创新的出发点与归宿点是满足公众的需求。公关活动内容必须适应公众需求的变化,反映出社会变化发展的时代特征,公关才有活力,才能健康持续地向前发展。

七、全员公关原则

全员公关是指组织公关工作的开展,不仅要依靠专职公关机构和公关人员的不懈努力,而且有赖于组织各部门和全体员工的配合,要求组织的全体成员注意树立公共关系观念,都要关注并参与公关工作,都要为公关工作作贡献。通过对全体成员的公关教育和培训,提高公关意识,形成浓厚的公关氛围,使组织全体成员积极参加公关活动,并按照公关的要求开展工作。全员公关必须体现在组织最高领导层的行为上,在公关中流传着一句话:"公共关系的动力来自上层"。全员公关必须依靠全体组织成员的配合,树立组织形象,依靠全体员工的工作和努力。全员公关要求组织的公关工作具有整体协调性,要使组织全体成员形成合力推动公关工作。全员公关要求在组织内部形成浓厚的公共关系观念。

八、科学指导原则

现代组织的公共关系活动,必须借助于科学的理论和方法。首先,需要用科学的方法,在量的层次上考察组织与环境相互作用、相互影响的过程,考察公众的构成及其变化,从而获得各种具体的材料和数据。其次,还要十分重视人文主义方法,注重定性研究,因为公关活动是与人打交道的,人具有主体性。科学主义对描述公共关系的表象有重要作用,但公共关系的深层结构必须由人文主义来解释。新学科、新理论、新学派的发展促进了公共关系的科学化进程,使公共关系逐步从艺术走向科学,再走向艺术与科学的有机结合。

九、以公众研究为依据原则

公共关系的对象是公众,公共关系事实上就是公众关系,离开了公众,公共关系就成了无本之木、无源之水。因此,公共关系工作要以公众研究为依据。从公众与组织的横向联系来研究公众,要研究公众的范围、公众的类型、公众的数量、公众的活跃程度等。从公众的变化过程来研究公众,公众具有可变性特点,对公众的研究应该采取动态研究的方法。从非公众—潜在公众—知晓公众—行动公众这一线索来把握公众的变化。在公共关系工作中减少盲目性,使公共关系更加有成效。与公众所面临的问题相结合来研究公众,公众是与组织发生相互作用并面临共同问题和共同利益的社会群体。注重研究问题和研究公众相结合,才能既解决问题,又协调组织与公众之间的关系。

十、立足长远的原则

开展公共关系工作是一种战略行为,追求的是长远目标,不能急功近利。立足长远要注意以下三个方面:(1)从长远着眼,追求社会效益。组织为了适应变化着的公众评价标准,必须进行长期、持久、艰苦的公关工作。我们既不能把它当成一种权宜之计,也不能把它当成推销产品和服务的一般策略,而是要从长远着眼,追求社会效益,塑造组织的良好形象。(2)注重公关效果的积累。无论是塑造组织形象,还是开展公关专题活动,即便是公关日常工作,其效果都不是一朝一夕、一时一事所能显现的。(3)注重公关工作的系统性和连续性。这就要求我们在制订公关工作规划、策划公关专题活动时,必须确立公关目标体系。

案例分析

顾客争座时,肯德基该怎么办?[①]

一位女顾客用所携带物品占座位后去排队购买套餐时,座位被一位男顾客坐住而发生争执。先是两位顾客因争座发生口角,尽管已引起其他顾客的注意,但都未太在意。由于餐厅的员工未能及时平息两人的争端,两人争吵上升到大喊大叫,店内所有顾客都开始关注事态,邻座的顾客则停止用餐,离座回避,带小孩的家长担心事态危险和小孩受到粗话影响,开始领着小孩离店。最后,二人由争吵上升到斗殴,男顾客大打出手,殴伤女顾客后离店,别的顾客也纷纷离座外逃和远远地看热闹。女顾客非常气愤,当即要求肯德基餐厅对此事负责,并加以赔偿。

到此时,其影响面还局限于人际范围,如果餐厅经理能满足顾客的要求,女顾客就不至于向报社投诉。但餐厅经理表示"这是顾客之间的事情,肯德基不应该负责",从而拒绝了女顾客的要求。女顾客打电话向《南昌晚报》和《江南都市报》投诉。两报立即派出记者到场采访。女顾客陈述了事件的经过并坚持自己的要求,餐厅经理在接受采访时对女顾客被殴表示同情和遗憾,但是认为餐厅没有责任,不能做出道歉和赔偿。两报很快对此事作了报道,结果引起众多市民的议论和有关法律专家的关注。

事后,根据《消费者权益保护法》,肯德基被认为对此事负有部分责任,向女顾客公开道歉,并赔偿了部分医药费,两报对此也都作了后续报道。

问题:

1. 从公共关系角度来看,顾客争座,肯德基到底该不该管?
2. 通过这一事件,我们应该汲取哪些教训?

[①] 资料来源:http://5csx.blog.163.com,有改动。

本章小结

本章讲述了公共关系的职能和原则,以及与之相关的基础知识。应掌握的知识点如下:

1. 公共关系的职能。
2. 公共关系的原则。

复习思考题

1. 简要回答公共关系的职能。
2. 简要回答公共关系的原则。

第三章 公共关系的主体

本章提要

公共关系的主体是社会组织,是专门从事公共关系工作的具体机构。它是公共关系工作的组织保障,也是公共关系人员的工作场所。公共关系的组织机构在公共关系工作中,处于基础地位,并起着组织、领导、策划、实施、监督、检查和保障作用,这也是公共关系作为一种新型职业的具体表现。

本章学习目标

- 了解公共关系组织机构的基本概念,把握公共关系机构的设置原则;
- 能够准确地理解对公共关系从业人员的素质要求;
- 初步具备组建公共关系组织机构的能力;
- 掌握公共关系人员所需要的能力要求。

案例导入

企业应重视搞好内部员工关系[①]

日前在报上读到一篇《工人读书可获加薪》的报道:宝钢集团一钢公司出台了《关于鼓励员工学习文化技术和钻研业务的若干规定》。规定指出:职工通过非全日制普通学校学习并取得证书,岗位专业对口的,根据学历高低,每月将获

---

① 资料来源:http://cache.baidu.com,有改动。

得100元至500元不等的岗位津贴。据报道,此规定出台后,原来企业的教育经费大大突破,公司已决定将这笔开支列入工资总成本,并成为企业的一项长效措施。宝钢公司的领导表示,资金再紧张,职工的教育经费一定要确保。

无独有偶。另据报道,从2001年6月底开始,江苏阳光集团一百多个销售员全部学习MBA工商硕士课程,由复旦大学教授开课。同时,集团举办的文化升级培训、机电一体化培训全面展开,计算机软件设计班也在筹办之中。"三年之内,操作工要达到大专以上水平,管理人员要达到本科以上水平",这是阳光集团的近期培训目标。

问题:

1. 通过阅读这则案例你有什么收获?
2. 你所在单位或企业对员工关系重视吗?应该给单位或企业领导什么样的建议?

第一节 社会组织

一、社会组织的概念和特征

1. 竞争时代社会组织需要公共关系

什么是公共关系主体?对这一问题不同的研究者有不同的表述。我们从事物(系统)内部矛盾斗争和互相影响的角度给"公共关系主体"下这样一个定义:公共关系主体是主动开展公关活动,在同客体(公众)互动、互促、互联的关系网中,向公关客体(公众)积极地、有目的地施加影响,从而获得社会效益和经济效益,提高其美誉度和知名度的社会组织或团体。简言之,社会组织是公共关系的主体。

社会组织之所以能成为公共关系主体,是因为竞争时代社会组织需要公共关系:(1)沟通内部关系,谋求内部员工支持与合作,共建和谐凝聚的团队,更需要公共关系的科学和艺术。(2)在激烈竞争的时代要运用公共关系来发展生产、发展经济、发展事业扩大影响。(3)他们随时都要协调与公众的关系,改善周围环境、树立自身形象、提高自己的信誉。在这些方面,社会组织必然处在主动地位,它们必须仰仗于公众的认可,才有希望发展。

2. 一个合格公关主体必须具备的条件

(1)公关主体必须具有强烈的公关意识。公关主体的公关意识是从组织整体的立场出发,为组织生存和发展而主动同各方面进行沟通、协调、理顺、改善多种关系的意识,它同见利忘义、极端个人主义的意识无缘。公关意识既考虑组织自身的利益及生存、发展,也同时考虑其他社会组织的生存与发展。公关意识不是自我封闭的观念,而是开放、改革的观念。

(2) 公关意识的主要内涵有以下几个方面:① 对公共关系主体的认识,即对自身主体地位的认识,包括整体意识和形象意识。整体意识亦即集体意识、合力意识。形象意识则是组织在内部和外部公众中的美誉度。② 对公共关系客体的认识,主要包括社会意识和公众意识。社会意识主要包括对社会环境四个方面的认识:一是社会关注的热点,二是国家法律、政策规范,三是国民的道德、价值观,四是社会潜在的市场需求。③ 对公共关系主体与客体的关系认识,包括开放意识和互惠意识。开放意识既包括对外"放"的意识,也含向内"引"的意识。例如"招商引资"就体现了公共关系"放"和"引"的关系。④ 对公共关系过程的认识,包括传播意识、服务意识,主要是指公共关系过程中的思想观念。公共关系中主体影响客体的过程就是通过传播和服务来进行的。传播是为了服务,服务是一种特殊的传播。⑤ 对公共关系动力的认识,包括危机意识、成就意识、环境意识。危机意识实质上是对组织生存与发展的忧患意识。成就意识则能使人气势大增,信心百倍,不断地向事业的高峰挺进。

(3) 公关主体必须建设一支高素质的公共关系人才队伍。公关工作对组织而言是一项繁杂且极为重要的工作,因为它所追求的是企业组织的"人和"环境,塑造着组织的良好形象。公关主体一般应配备两类人员:一类是从事调查研究、分析判断、计划组织的人员;另一类是行动人员。第一类人员应具有专业调查的理论知识、较高的分析能力和政策水平、较宽广的视野和战略眼光。第二类人员包括宣传资料设计师、接待人员、组织内部刊物的编辑人员等等。

(4) 公关主体能够经常开展科学有效的公关活动。公关主体的工作千头万绪、包罗万象,它是社会组织的"形象设计师",更是"智囊"、"营养师"、"心理咨询师"。公关活动主要分为三类:日常工作、定期活动和专题活动。

3. 社会组织的概念

社会组织是指人们有计划、有组织地建立起来的具有特定社会目标、执行一定社会职能、具有独立法人地位的社会机构。例如工商企业、政府、机关、医院、学校等都是社会组织。

根据社会组织的定义,社会组织必须具备如下要素:(1) 具有特定的目标。任何一个社会组织都有其特定的组织目标,这个目标代表了一个社会组织存在的意义和奋斗的方向,组织目标是社会组织形成的重要条件之一。(2) 具有一定数量的成员。社会组织需要由一定数量的、较为稳定的、具有某种资格的组织成员构成。(3)具有规范性的规章制度。社会组织为了实现其目标,发挥其功能,必须制定出一套全体成员活动的准则和规范。(4)具有明确的管理体系。每个社会组织都有一个权力中心,权力中心又根据组织自身的需要,把权力划分为若干层次和部分。从领导和被领导的关系来看,一般要分成决策层、行政管理层和执行层三个层次,每层所拥有的权力也划分明确,各有侧重。(5)具备一定的物质条件。社会组织要开展活动,需要有一定的物质条件,如资金、场所、工具等。没有这些必要的物质条件,社会组织的活动就无法进行下去。

二、社会组织的类型

在我国,一般是按社会生活的基本领域,把社会组织划分成以下几种基本类型:

(1)经济组织。这类组织是为经济利益而组建的,其特点是从事经济活动,具有经济职能。经济组织是最基本的社会组织,它担负着向人们提供衣、食、住、行和文化娱乐等物质生活资料的任务,它要实现其所有者和经营者的经济利益。经济组织所担负的公共关系任务就是要树立一个良好的生产经营者形象,争取各类公众的支持,以便不断增强自己的竞争力。它包括工商企业、金融组织、交通运输组织、服务性组织等。

(2)政治组织。这类组织是为某种政治目的而组建的。政治组织包括政党组织、国家政权组织、武装力量组织和司法机关等等。它代表着占统治地位的阶级的利益和意志,为其提出奋斗目标,制订方针政策,组织社会的经济文化建设,保卫国家政权,处理与他国的关系。政治组织所要履行的公共关系任务是,力争在人民心目中树立一个良好的领导者、管理者、保卫者和服务者的形象,以便得到广大人民的拥护、理解和支持,完成其政治职能。它包括政党、工会、共青团、妇联、人民团体等。

(3)公益组织。这类组织是为了社会公益事业而组建的。它包括政府机关、军事机关、公安机关、公共事业单位、科研单位、学校、医院、消防队等。

(4)群众组织。这类组织是由具有共同志趣的个体组织起来的群体。群众组织的任务是,广泛团结社会各阶层、各领域的人民群众,代表他们的利益,了解他们的意愿,反映他们的需求,组织他们开展多种社会活动。群众组织的公共关系任务是,在群众心目中树立自己是社会利益和群众利益的忠实捍卫者的形象,求得社会各方和人民群众的支持,日益扩大群众组织活动的规模和范围,帮助搞好社会主义现代化建设。它包括群众性协会、团体、学术性组织等。

(5) 宗教组织。这类组织是由具有共同信仰的人们组织起来的。宗教组织的公共关系任务是,在信教群众和宗教界人士心目中树立一种宽厚谦和的组织形象,与不同的信仰和平共处,争取得到信教群众和宗教界人士的拥护和爱戴。它包括佛教协会、道教协会、天主教爱国会等。

第二节 公共关系组织机构

公共关系组织机构,是专门从事公共关系工作的社会组织、团体及部门,包括公共关系公司、公共关系社团和社会组织内部设立的公共关系部门。

一、公共关系部

公共关系部是社会组织中专门从事公共关系工作的内部职能机构。公共关系发展至今,社会组织内部设立公共关系部已相当普遍。

1. 性质

公共关系部在组织中处于"中介"和"边缘"位置,是一个重要的职能部门。

2. 类型

根据组织对公共关系工作的重视程度不同,公共关系部在组织中主要有三种类型:(1) 部门所属型。公共关系部隶属于组织中的某一职能部门,如办公室、经营部、广告部、接待室等,并由所在部门负责人兼任公共关系部负责人。(2) 部门并列型。将公共关系部视为与其他职能部门并列的独立职能部门,各负其责。(3) 总经理直接领导型。公共关系部与组织最高决策层直接建立联系,其负责人由组织的最高决策人兼任。此种类型的公共关系部可参与组织的最高决策,具有一定的权威性。

3. 工作内容

(1) 从事组织内部关系的协调。即协调员工关系、干群关系、部门关系、股东关系等。具体工作包括:利用各种内部媒介与员工沟通,搜集员工的各种意见和组织内部信息;教育、引导全体员工的公关意识;编辑、出版内部刊物;参加组织内部其他重要部门的会议;为组织领导层提供决策方案;定期培训公共关系工作人员等。(2) 从事组织外部关系的协调。即协调媒介关系、顾客关系、政府关系、社区关系等。具体工作包括:协调并维持好与新闻媒介、出版机构的合作关系;加强与政府有关部门的紧密联系;经常与消费者进行沟通、互动;负责与社区的联系;开展对外礼宾接待工作等。(3) 从事专业技术工作。即组织安排与组织有关的庆典活动、记者招待会、参观活动、展览活动;安排组织领导人与新闻媒介的接触;开展广告业务;负责图片、摄影、录音等技术性工作;开展舆论调查、意见研究、民意测验等。

二、公共关系公司

1. 性质

公共关系公司又称公共关系咨询公司、公共关系顾问公司,是指由各具专长的公共关系专家组成,专门为各种社会组织提供公共关系咨询、从事公共关系活动的有偿服务机构。公关公司是独立于组织之外的公关机构,其产生条件、工作内容与公关部是一致的,只不过是在体制上有所不同,更客观、超脱一点,也可以说它是雇主的"院外公关部"。

2. 类型

公共关系公司种类繁多,根据其业务范围不同,可划分为综合性公共关系公司和专业性公共关系公司。根据其组织方式不同,可划分为中外合资公司、中外合作公司、有限责任公司、私营公共关系公司等。根据公司活动区域不同,可划分为跨国经营公共关系公司、跨地区经营公共关系公司、地方性公共关系公司等。

一般来说,综合性公共关系公司的专业人才较齐全,技术手段较先进,业务范围较全面,经济实力较雄厚,能为客户提供全面的公共关系服务。

专业性公共关系公司的经营规模和业务范围较综合性公共关系公司小,主要有两种类型:一是专门为特定行业提供公共关系服务,如专为工商企业、旅游服务企业提供服务;另一类专门为客户提供某个方面的公共关系服务,如专门为企业收集信息、制作视听材料、制作公关广告等。

3. 工作内容

公共关系公司根据客户的需要开展工作,并按照一定的标准收取费用,其主要服务内容包括以下几个方面:(1)公共关系咨询。为客户作形象调查、形象设计、决策咨询、公共关系诊断等。(2)为客户收集、汇编有关情报资料,如市场动态和政治、经济、文化、科技等社会情报资料。(3)组织有关的市场营销、促销活动,包括承办产品推广会、贸易展览会、展销会等。(4)协助客户与有关公众联络沟通,建立和维持良好关系。(5)为客户制订近期和远期的公共关系目标。(6)为客户制订公共关系计划,并组织实施,评估公共关系活动效果。(7)进行公共关系培训。(8)为客户策划、组织各种公共关系活动,如剪彩仪式、庆典活动、联谊活动、赞助活动等。(9)为客户策划新闻传播,如制造新闻、撰写新闻稿件、选择新闻媒介、组织新闻发布会等。(10)一般性公共关系服务,如设计、编制、印刷各种文字宣传资料,发放纪念品,制作视听材料等。

三、公共关系社团

1. 性质

公共关系社团泛指社会上自发组织起来,从事公共关系理论研究,开展公共关系实务活动的群众组织或社会团体。如公共关系协会、学会、研究会、专业委员会等。

1986年1月,我国成立了第一个公共关系民间团体——广东地区公共关系俱乐部,随后有24个省、自治区、直辖市陆续成立了公共关系协会(或学会)。1987年5月,中国公共关系协会成立。1991年4月,中国国际公共关系协会成立,标志着我国公共关系发展进入一个全新的时代。

2. 类型

目前,我国的公共关系社团主要有以下类型:(1)综合型社团,主要指不同地区的公共关系协会。此类社团多为民办官(政府部门)助,其职能是服务、指导、协调、监督各级公共关系活动。(2)学术型社团,主要指公共关系学会、研究会、研究所等学术团体。此类社团通过举办研讨会、学术交流会,总结公共关系活动的经验,研究公共关系理论及发展趋势,为公共关系实践提供理论指导。(3)行业型社团,指某些行业内部设立的公共关系组织。行业型公共关系社团可根据本行业的特点有针对性地开展公共关系工作,能从组织上保证公共关系在某一行业的深入发展,公共关系的行业化在国际上已成为一种发展趋势。(4)联谊型社团,指以联谊为主的公共关系社团。这类社团名称各异,有公共关系俱乐部、公共关系沙龙等,一般没有固定的活动方式,也没有严密的组织机构及严格的会员条例。(5)媒介型社团,是指通过创办报纸、杂志等传播媒介,并以此为依托建立的公共关系社团。此类社团直接利用媒介探讨公共关系理论。

3. 工作内容

公共关系社团是一种社会团体,其工作内容不同于公共关系部和公共关系公司。具体工作内容如下:(1)联络会员和社团。公共关系社团应与其会员建立经常性联系,并与海内外其他公共关系社团建立横向协作关系。(2)制定规范。制定和宣传公共关系职业道德标准、行为准则,并检查其执行情况。(3)专业培训。培训公共关系专业人员。(4)出版公共关系书刊,宣传普及公共关系专业知识。(5)开展公共关系咨询服务工作。(6)维护公共关系从业人员的基本权益。

第三节　公共关系人员

劳动与社会保障部为公共关系人员所下的定义是：专门从事组织机构公众信息传播、关系协调与形象管理事务的调查、咨询、策划和实施的人员。

公关人员应具备较好的心理素质，有良好的知识结构和实用的能力技巧，并要具备很好的职业道德，这样才能成为一个合格的公关人员。

一、公共关系人员的基本素质

1. 公共关系人员的心理素质

根据公关工作的实际需要，公关人员必须具备以下心理素质：(1)追求卓越、渴望成功的心理。(2)易于投入、热情工作的心理。(3)自信。(4)开放乐观。

2. 公共关系人员的知识素质

公关人员的知识素质是指其知识结构与水平。通常要求公关人员具备的知识结构包括：(1)公共关系的基础理论知识。(2)公共关系的基本实务知识。(3)与公共关系密切相关的学科知识。(4)与对象相关的特定的公共关系知识。

3. 公共关系人员的能力素质

随着中国加入世界竞争和人才素质培养的需要，我们将公关人员的能力素质分解为八个方面：(1)较强的文字和口头表达能力。(2)健全的思维能力。(3)良好的创造能力与学习能力。(4)较强的组织谋划能力。(5)信息采集、处理能力与知识管理能力。(6)善于与他人交往的能力。(7)自控、自制和处理危机的应变能力。(8)正确掌握政策、法规、理论的能力。

4. 公共关系人员的情绪智商

所谓情商，指的是个人对自己情绪的把握和控制，对他人情绪的揣摩驾驭，以及对人生的乐观程度和面临挫折的承受能力。

情绪智商包括以下内容：(1)认识自身的情绪。(2)妥善管理情绪。(3)自我激励。(4)认知他人的情绪。(5)人际关系的管理。

5. 公共关系人员的职业道德准则

早在1923年，爱德华·伯奈斯在他的第一本公关专著中就提出了公关从业人员的职业道德。在众多公关组织制定的职业准则中，《国际公共关系道德准则》的影响最大。很多国家的公关组织都采用该准则，或以此为范例作些变动,以适应自己国家的需要。

1989年9月27日,我国省、市公共关系组织第二次联席会议提出了《〈中国公共关系职业道德准则〉草拟及实施方案》。虽然还有待于进一步完善,但它的诞生无疑是中国公共关系事业发展史上的一件大事。

该职业道德准则包括以下内容:(1) 每个公共关系从业人员必须使自己的公共关系实践和理论符合我国的宪法、法律和社会公认的道德规范,必须铭记他自身的一举一动都将影响到社会公众对这种职业的总体评价。(2) 在任何情况下,公共关系从业人员必须做到全心全意为我国的社会主义事业服务,都应该考虑到有关各方的利益,首先应该考虑社会公众的利益,同时也应该考虑到自己所在组织的利益。(3) 公共关系从业人员在进行公共关系活动时,力求真实、准确、公正和对公众负责。(4) 从事各种专门公共关系的专职人员应该在借鉴、钻研和实践的基础上努力提高各自的公共关系业务水平。(5) 公共关系教育工作者应该以一种严肃、认真、诚实的态度对待公共关系高等教育和普及教育。(6) 公共关系从业人员不得参与不道德、不诚实或有损于本职业尊严的行为。(7) 公共关系从业人员不得为了个体利益故意传播虚假的或使人误解的信息。(8) 每个公共关系从业人员不应该有意损害其他公共关系从业人员的信誉和公共关系实务,但是如果有证据证明其他公共关系从业人员有不道德、不守法或不公正行为,包括违反准则的行为,应该向自己所属的公共关系组织如实反映。(9) 公共关系从业人员不得借用公共关系名义从事任何有损公共关系信誉的活动。(10) 公共关系从业人员不得利用贿赂和其他不正当手段来影响传播媒介人员真实、客观的报道。(11) 公共关系从业人员在国内外公共关系实务中应该严守国家和各自组织的有关秘密。

劳动与社会保障部在《公关员》1999年职业标准"职业道德"中的相关规定是:① 奉公守法,遵守公德;② 敬业爱岗,忠于职责;③ 坚持原则,处事公正;④ 求真务实,高效勤奋;⑤ 顾全大局,严守机密;⑥ 维护信誉,光大形象;⑦ 服务公众,贡献社会;⑧ 精研业务,锐意创新。

二、公共关系人员的培养

(一) 公关意识与素质培养

公共关系意识是现代人为人处世的观念和原则,体现了公共关系工作者综合性的职业意识。

1. 塑造形象意识

塑造形象意识是公共关系意识的核心,现代企业都十分重视企业形象,良好的企业形象是一个企业的无形资产。公共关系意识强的人懂得组织形象对其生存和发展的重要价值,视其为组织的生命,特别是在产品越来越同质化的现代社会,企业间的竞争已经不仅仅是价格、技术含量等单个条件的竞争,而是企业综合实力的较量,而综合实力的直观印象就是企业形象。所以,企业家把塑造组织形象当作头等大事。以塑造组织形象为天职的公共关系,无论从组织利益出发,还是从职业本身的性质出发,都必须加强塑造组织形象意识的培养。

2. 信息意识

为了塑造并保持组织的良好形象,就必须在组织与内外公众之间构架一个信息交流的网络。这个信息网络能否充分发挥作用,就在于操作这个信息网络的人的信息意识如何。信息意识强,就能快捷、准确地搜集内外公众对组织的意见、要求,并把它们完整地输送给决策层,由决策层根据组织的总体目标做出相应的改正或调整。如此,就能够使组织与各类公众的关系始终处于沟通之中,随时掌握环境变化,创造出有利于组织生存和发展的良好氛围。

3. 真诚、互惠意识

真诚、互惠是人际交往和组织之间交往的基本原则。那种弄虚作假,以强凌弱的卑劣竞争手段已逐渐被市场规律的大浪所淘汰。只有真诚才能赢得朋友、获得信任,只有具备互惠的诚意才能得到实惠。

4. 创新意识

一个组织通过与众不同的方法,取得了出奇制胜的社会效益和经济效益,这就是创造精神发挥作用的结果。在市场竞争环境中,一切因循守旧的思维定式注定是要失败的。企业领导人和公关人员如果在工作实践中多观察、勤思考,就会常常迸发出创造性的思想火花,牢牢地抓住它,加以完善,运用于实践,就会产生出人意料的效果。

5. 名牌战略意识

企业创名气、产品树名牌是企业生存发展的必由之路,但创名气、树名牌的工作不是一蹴而就、立竿见影的事。必须经过公众的反复考验、比较后,才会得到认可和关注。名牌、名厂一旦创造成功,就等于得到了一笔巨额财富。那些老字号名店和名牌产品,如同仁堂药店、王麻子剪刀,虽经数百年变迁,至今仍魅力四射,顾客盈门,原因就在于此。然而创名厂、名店、名牌的过程,是全体员工持之以恒、艰苦奋斗的过程,在这一漫长过程中,如果缺乏名牌战略意识和高瞻远瞩的眼光与胸襟,就难免三心二意,为了眼前利益而放弃长远目标,使创名牌之举半途而废。

(二) 无障碍沟通、无隔阂共处

1. 真诚是人际沟通的基础

世界上没有不可沟通的人,就看你有无沟通的诚意和沟通的技巧。公共关系人际沟通的第一原则就是以真诚为信条。俗话说,"精诚所至,金石为开"。真诚能打开金石,能消融坚冰,还有怎样紧闭的心灵打不开呢?所以,具有以真诚为信条的公关意识,能突破人际沟通的一切障碍,顺利地走进他人心里。

2. 寻求共识是人际沟通的艺术

人们的性格千差万别,思维方式、语言方式、行为方式都有自己的特点,因此人际交往时,注意用双方容易接受的方式,才可能取得成功。如果不考虑对方,只管用自己的方式与他人交往,即便满怀善意,也难免不碰钉子。此外,注意在交往的形式和内容上的共识,这是交往的艺术。公共关系要求人们努力培养自己敏锐的观察力和善解人意的品格。具备了这样的能力和品格,就会掌握寻求共识的交往艺术。

(三) 良好的心理素质培养

心理素质是公关人员基本素质的基础。公共关系对人的心理素质有以下基本要求:

1. 自信的心理

俗话说,"自知者明、自信者强"。充满自信的人敢于面对挑战,敢于追求卓越,敢于超越。不自信的形象是卑微、平庸的。当然,自信不是盲目自负,而是建立在周密调查、全面掌控情况的基础上。

2. 热情的心理

公关工作是一种需要满腔热情去投入的工作。因为其行业特点决定,没有时限、范围的规定和固定的服务对象,需要公关工作者全身心地投入。没有热情,对人对事提不起兴趣的人做不好公关工作,再则,热情能激发智慧的火花,产生想象力和创造力。

3. 开放的心理

(1) 思想解放、不保守,善于接受新事物、新知识、新的思维方式和生活方式;(2) 心胸开阔,宽容大度,善于求同存异,化敌为友,寻求共识。

(四) 合理的知识结构和能力结构培养

1. 公共关系知识结构

公共关系的知识结构由三个互相关联的层次组成。(1) 核心层,包括基本理论知识和基本实务知识。基本理论涉及公关的基本概念、要素、原则、职能、程序、对象、机构、传播等。实务知识则涉及公关调研、策划、实施、评估、评价、公众分析、社交礼仪、专题活动、企业战略、公关营销等。

（2）中间层。与公共关系密切相关的学科知识，如管理学、行为学、市场学、营销学、传播学、广告学、心理学、社会学、新闻学等。

（3）外围层。① 有关组织的知识，如组织的性质、特点、任务、目标，组织的历史，目前的处境，竞争对手，公众信赖程度，员工的基本状况，发展前景等。② 开展特定工作所需的专业知识，如经济诉讼知识与操作程序，内外贸相关的常识、政策、法规等。

2．公共关系能力结构

公共关系能力结构是由一系列彼此相关的能力要素组成的。美国公关学者森特·卡特利普将其归纳为十大类：写作、编辑、联络、组织、演讲、制作、调研、策划、咨询、管理等。根据我国现阶段市场经济发展状况，我们对公共关系能力提出以下五方面要求：

（1）口头表达能力。口头表达能力是人际交往的基本功。说话能否准确得体，言之有物，要言不烦且能打动人心；能否在不同场合针对不同对象，把同一话题作恰如其分的巧妙处理，从而达到与各类公众良好沟通的效果，这一切都取决于口头表达能力如何。

（2）文字表达能力。当今社会的各类工作几乎都要和文字打交道，比如写新闻稿、演讲稿、计划书、调研报告、活动策划书，以及请柬、标语、对联等，没有扎实的笔墨工夫很难胜任。即便是一幅商业对联，文字表达得好不好，都会直接影响组织的形象和利益。

（3）组织管理能力。组织管理能力是最基本，也是最重要的能力之一。当今社会，企业在做大做强，社会分工越来越细，这一切对人才的组织管理能力的要求必然越来越高。同时，面对各类公众的管理和引导，组织各种专题活动和大型公关实务活动，都迫切需要组织者具备高超的组织能力，特别是对突发事件的处理，最能体现组织管理能力的重要性。

（4）观察和应变能力。组织形象每时每刻都在经受社会环境的考验，公众在不停地变化重组，这种变化处在量变阶段时，其表现是微小的，不易察觉，而一旦进入质变阶段，损失就造成了。所以，要求公关人员具有敏锐的洞察力，擅长于无声处听惊雷，把矛盾冲突解决在爆发之前，这样便能减少组织损失，维护组织形象。应变能力就是处理意外变故的能力。这种能力来自于两种因素的合力——处变不惊的心理素质和谋划能力。处变不惊才会冷静思考，善于谋划，才能急中生智，把意外事故处理得象意料之中一样妥当。

（5）运筹、谋划能力，是现代社会人才基本素质的较高层次的能力，具备了这一能力才可以承担高层次的工作——参谋、策划工作。智与勇是构成运筹、谋划能力的两大要素,二者缺一不可。具备"运筹于帷幄之中"的谋略,才会有"决胜于千里之外"的气魄。

(五)严谨的道德规范培养

公关工作是塑造形象的工作,首先要求公关人员自身具备良好的形象。良好形象的内涵十分丰富,职业道德是其中重要的组成部分,它直接关系到公关工作乃至组织全盘工作的成败。所以,世界各国公共关系协会和国际公关协会都制定了详细严格的公共关系人员职业道德和工作准则。

三、公共关系人员的考核

(一)目的

对公关人员进行考核,是为了建立健全组织绩效管理制度体系,提高公关人员的工作积极性和创造性,使员工的成绩得到认可,提高员工的满意度和成就感,提升员工的工作绩效;同时为了建立适应公司发展战略的人力资源队伍,增强部门和企业的凝聚力,保障部门和企业的事业得到持续的发展。

(二)基本原则

(1)透明原则。考核流程、考核方法和考核指标清晰明确;考核者要向被考核者明确说明绩效管理的标准、程序、方法、时间等事宜,使考核者与被考核者对绩效考核目标不会存在明显的分歧,绩效管理有透明度。(2)沟通原则。在绩效考核过程中,考核者需要与被考核者进行充分沟通,听取被考核者对自己工作的评价与意见,发现问题或有不同意见应在第一时间内进行沟通解决。考核结果要及时反馈给被考核者,使考核结果公正合理。(3)时效原则。员工考核是对考核期内工作成果的综合评价,不能将本考核期之前的表现强加于本次考核结果中,也不能用某时段的突出工作表现来代替整个考核期的绩效。(4)客观原则。考核结果是以各种统计数据和客观事实为基础的,对被考核者的任何考核评估都应该有事实依据,尽可能避免个人主观因素影响考核结果的客观性。(5)发展原则。绩效管理是通过约束与竞争相结合的方式促进个人及团队的发展。因此,考核者和被考核者都应该将提高绩效作为首要的目标。

(三)绩效沟通

在绩效考核实施的过程中,考核小组与被考核者要进行持续的绩效沟通。在沟通过程中,考核者除了对被考核者的表现做出科学评估之外,更重要的在于帮助被考核者提高工作效率,最大限度地开发潜能,从而促进公司发展战略的有效实施。

1. 绩效沟通的目的

(1)通过绩效实施过程中考核者与被考核者的持续沟通,可以对绩效计划进行调整,使之更加适应公司发展的要求,更加适应环境的需要。(2)及时了解到被考核者在绩效考核期中所遇到的困难,并给予必要的帮助。(3)及时发现并纠正被考核者在绩效实施过程中的问题和失误,使之不断地改进自己的工作方式和提高自己的个人能力。(4)及时掌握工作进展情况,了解员工在工作中的表现,并为绩效评估时对被考核者做出恰当的评估做好信息收集工作。

2. 绩效沟通的内容

(1)被考核者的工作进展情况。哪些方面的工作进展得好,哪些方面存在着不足。(2)员工和团队是否在正确达成目标和绩效标准的轨道上运行。如果有偏离方向,该采取怎样的措施扭转局面。(3)考核者采取何种行动来支持被考核者。

(四)绩效评估

根据评估者的不同,绩效评估分为上级评估、员工互评、自我评估三种。

(1)上级评估主要是针对员工的行为是否符合领导的期望以及目标任务的完成情况进行评估。上级评估工作的评估者是被评估人的直接领导和广告部经理。

(2)员工互评主要是同事之间针对员工的协调能力、团队精神及对其工作产出的满意度等进行评估。

(3)自我评估是指在绩效管理期结束时,由被考核者按照预先设定的绩效计划和指标,对自己的工作目标完成情况进行评估。自我评估是绩效管理的有机组成部分,它是利用被评估者对自己工作的反思、总结、检查和评估,激励被考核者不断改进工作,端正工作态度,提高工作能力,提升工作绩效。自我评估结果一般不计入绩效考评成绩。

(五)绩效面谈

在考核结束后,考核小组必须与每一位被考核者就考核结果进行绩效面谈。

1. 绩效面谈遵循的原则

(1)建立和维护彼此的信任。要想顺利地进行沟通,必须始终保持积极饱满的情绪,建立一种彼此信任的氛围。(2)双向沟通,避免对立和冲突。绩效面谈是一个双向沟通的过程。面谈过程中双方可能会有不同的见解,这时考核者应就存在不同见解的问题向员工解释清楚原则和事实,对自己错误的观点要勇于承认。(3)优点和缺点并重。员工的缺点和优点都应该在绩效面谈中找出来,不能只重视其中一个方面而忽视另一个方面。(4)问题诊断与指导并重,不仅谈论过去,更要着眼于未来。绩效考评的最终目的不是批评和惩罚,而是找出问题的原因并加以指导,从而使员工全面而快速地提高自己的绩效。

2. 绩效面谈的目的

(1)对绩效考核达成一致的看法。对同样的行为表现,往往不同的人有不同的看法,因此,必须进行沟通以达成一致的看法,这样才能制订下一步的绩效改进计划。(2)认可员工的成就和优点。每个人都有被他人认可的需要。绩效面谈很重要的一个目的就是使员工认识到自己的成就和优点,从而对员工起到激励作用。(3)指出员工有待改进的方面。尽管有的员工十分优秀,但在绩效考核中仍然存在一些问题和不足之处,有需要改进的地方,这都是应该在绩效面谈过程中指出的。(4)制订绩效改进计划和培训计划。在双方对绩效评估的结果达成一致意见后,员工和考核者可以在绩效面谈的过程中一同制订绩效改进计划,并依照考核结果和培训需求商定培训计划。(5)协商下一个绩效管理周期的目标与绩效标准。绩效管理是一个往复循环的过程。一个绩效管理周期的结束,同时也是下一个绩效管理周期的开始。

案例分析 >>>

难伺候的"上帝"[①]

一次某家宾馆来了几位美国客人,或许是不了解中国,或许是抱有偏见,他们对宾馆的客房设备和饭菜质量都过于挑剔。在5天的住宿时间内,他们几乎每天都打电话给宾馆的公关部反映问题。开始该公关部的某接待人员还能够心平气和地倾听他们的意见,并给以回答和解释,可在以后接二连三的电话和毫不客气的指责下,她终于耐不住性子了。当几位客人要离开宾馆回国时,他们又拿起了电话打给公关部,说:"我们这几天要求您解决的问题,您一件也没能解决,真是太遗憾了。"听了这话,这位接待人员反唇相讥:"倘若你们以后再来中国,请到别的宾馆试一试!"于是一场激烈的舌战在电话里爆发了。当美国客人离开宾馆后,客房服务员在他们住过的房间写字台上发现了一张纸条,上面用英文写着:"世界第一——差"。

---

① 资料来源:http://cache.baidu.com,有改动。

问题：

1. 通过阅读本案例，你认为公关人员必须具备哪些素质和能力？

本章小结

1. 公共关系主体是主动开展公关活动，在同客体（公众）互动、互促、互联的关系网中，向公关客体（公众）积极地、有目的地施加影响，从而获得社会效益和经济效益，提高其美誉度和知名度的社会组织或团体。

2. 公共关系组织机构，是专门从事公共关系工作的社会组织、团体及部门。

3. 公共关系人员是专门从事组织机构公众信息传播、关系协调与形象管理事务的调查、咨询、策划和实施的人员。

4. 公共关系意识是现代人为人处世的观念和原则，体现了公共关系工作者综合性的职业意识。

复习思考题

1. 什么是社会组织？社会组织需要具备哪些要素？
2. 假如你有意成为一名公关工作者，请列出你需要加强的几方面能力。
3. 试给你所在组织建立一个虚拟公关部，并列出其相应的职责和权限。

第四章　公共关系的客体

本章提要

在公共关系活动中,主体是特定的社会组织,而客体则是公众。公众是与公共关系主体利益相关并相互影响、相互作用的个人、群体或组织。有效的活动项目是与目标公众进行传播和建立相互关系,因此,如何界定与区别对待组织的各类公众成为组织成功开展公共关系的基础。

本章学习目标

- 了解公众的含义及特征;
- 了解组织与内外部公众的公共关系协调的意义及处理方法;
- 掌握公众的分类方法;
- 掌握区分公关关系中各类公众的能力。

案例导入

"蒙牛——超女"与"闪亮——快男"[①]

"超女"、"快男"的推出使原本火爆的湖南卫视收视率再创新高,尤其是"第二届超级女声"大赛成为2005年中国演出市场上最引人注目的现象,甚至到了轰动全国的地步。而2007年的"快男"也在短短3个月时间内打了一场漂

---

① 资料来源:http://cache.baidu.com,有改动。

亮的闪电战。"超女"、"快男"何以取得如此巨大的成功？让那么多媒体跟踪报道，成为全国那么多人街头巷尾议论的话题，这和他们所开展的公共关系活动密切相关。他们认为，公共关系活动是电视台为改善与社会公众的关系，促进公众对组织的认识、理解及支持，达到树立良好组织形象、促进商品销售目的的一系列促销活动。对于"超女"、"快男"这类选秀节目而言，公众的支持与否直接决定了他们的命运。

那么，什么是公众呢？这正是本章要讲述的内容。

第一节 公众及其分类

一、公众的概念和特征

在公共关系活动中，主体是特定的社会组织，而客体则是公众。

"公众"（Public）是公共关系学的一个重要概念。正确理解这个概念，对于我们准确把握公共关系的真谛至关重要。公共关系学所指的"公众"与我国传统意义上的"公众"含义不同，它不是指群众、老百姓，也不是指社会上的大多数人，而应具体地称为"组织的公众"。换句话说，公众是与特定公共关系主体相互联系、相互作用的个人、群体或组织的总和，是公共关系传播沟通对象的总称。

公众与公共关系活动密切相关。从这个角度来说，公众是指与组织主体相互作用，成员面临某种共同问题和相关利益的社会群体。

公众有四个基本特征：(1) 同质性。公众是由共同问题引起的，这些问题对公众产生了很大的影响，使得原本不属于某一社会群体或社会组织的若干人，成为一个组织的公众。一个组织可能同时出现许多问题，从而涉及各种不同的公众，形成若干类不同质的公众。这些不同质的公众是相对不同问题而言的。而由某一问题所引起的公众，其本身却是同质的。公众的这种同质性是与普通大众的异质性相对的，后者也是一种群体，而且是一个规模更大的群体，但没有任何相关性或者说没有"面临共同的问题"。(2) 群体性。公共关系的"公众"是个体的集合。组织行为所涉及的公众是以群体的形式出现的。这种集合有三种具体表现形式：社会组织、初级社会群体组合和其他群体组合。社会组织是公共关系的主体，但社会组织也可以成为公共关系的客体，可以被当作"公众"来对待。因此，社会组织是公共关系要处理的第一类群体关系。初级社会群体组合是由面对面的交往而形成的、具有亲密人际关系的群体,如家庭、邻里。其他群体组合指的是面临相同问题,但不能归入社会组织或初级社会群体组合的人群合体,如商店里的顾客,同一架飞机、同一列火车上的乘客,也可以构成公共关系的工作对象。(3)互动性。公众和组织之间呈互动状态。公众的意见和行动对组织的目标、发展具有影响力和制约力;反之,该组织的目标、行动对公众所面临的共同问题的解决也具有影响力和制约力。(4)可变性。公共关系要处理的公众始终处于变化之中,今天是某个组织要处理的公众,明天可能就不是了。由于公众的形成取决于共同问题的出现,因此,一旦问题解决,公共关系意义上的公众就不复存在。而且,公众也会随着组织的目标和行为的变化而变化,更不必说在数量上的变化了。了解公众的可变性,有利于我们在公共关系工作中,随时把握公众的变动趋势,明晰公众的范围,以便采取最有针对性的举措,达成组织公关的目标。

二、公众的分类

每个组织的性质、内容、服务对象、自身规模及地域的差异决定了与其相对应的公众是不一致的,尤其对企业与事业、营利性与非营利性、垄断性与竞争性等不同的社会组织而言更是如此。为了使组织进行公关活动时更有针对性,要对公众进行分类,可以根据不同的标准从不同的角度予以考虑。

1. 根据公众与组织的关系划分

(1)内部公众,是指社会组织内部的所有成员,包括股东和员工。它是与组织关系最为密切、最为直接,也是最重要的核心公众。对于社会组织来说,内部公众具有相对稳定性。

(2)外部公众,是一个十分宽泛的概念,凡非本组织成员即属外部公众。外部公众对于特定社会组织来说,具有不稳定性。对于某一社会组织来说,外部公众纷繁复杂,对他们进行认真的分析并分别采取不同对策是公共关系工作的重要内容。

一般来说,外部公众主要有:① 社区公众,包括组织主体所处地域范围内的各类相关群体。② 政府公众,包括政府职能部门在内的,代表政府履行立法、司法及行政职能的相关群体。③ 媒体公众,包括各类大众传媒及其从业者。④ 竞争者公众,包括同行业的竞争者和业务伙伴。⑤ 消费者公众,包括使用本企业产品(或服务)的众多消费者群体。从严格意义上讲,消费者公众是组织所面临的最大公众群体,也是组织最主要的外部公众,大量公共关系活动都是以此类公众为目标而进行的。⑥ 其他公众。除上述各类公众以外,与组织发生某种利益关系的公众群体,如教育机构、培训单位等。

2. 根据组织对公众的好恶划分

(1) 受欢迎的公众,是指那些与组织两厢情愿的公众。他们对组织的经营方针、工作目标表现出浓厚的兴趣并希望合作,而组织对他们也非常欢迎,如主动前来赞助者、慕名而来的采访者等等。

(2) 不受欢迎的公众,是指那些对组织构成威胁或有损组织利益的公众。他们有的对组织抱有成见和敌意,如那些先入为主,带有偏见的采访者、调查者,以及那些纠缠不休的拉广告、拉赞助的组织和个人。

(3) 被追求的公众,是指符合组织需要的公众,而这类公众是否对该组织感兴趣还是个未知数。这就要求在公共关系工作中设法建立沟通渠道,使他们对本组织发生兴趣并采取一些对本组织有利的行动。这类公众有社会名流、专家学者以及新闻机构等等。

3. 根据公众对组织的不同态度划分

(1) 顺意公众,是指对组织的政策和行为持同意态度并积极支持的公众。对顺意公众,公关人员需经常与他们沟通联系,争取他们对组织的继续支持。

(2) 逆意公众,是指对组织的政策和行为持否定态度的公众。公关人员应慎重对待他们,对其看法要冷静、客观地进行分析,通过有效工作,使其逐步转变对组织的态度。

(3) 独立公众,是指对组织的政策和行为持不明朗态度,既不明确赞同,也不明确反对。对独立公众,公关人员应高度重视,要将其作为工作的重点,使其逐渐成为顺意公众。

4. 把公众作为一个过程来分类

(1) 非公众,是指对组织不产生影响,也不受组织影响的公众。区分这类公众可以减少公关工作的盲目性,增强针对性。非公众有可能发展成为潜在公众。

(2) 潜在公众,是指事实上已与某一社会组织产生联系但其自身尚未意识到的公众。问题一旦暴露,他们就会迅速成为知晓公众和行动公众。潜在公众在一定时期内,至少在意识到他们面临的问题之前,不会采取行动,他们对组织的影响力只是潜在的。在公关工作中及时发现潜在公众可以"防患于未然"。

(3) 知晓公众。知晓公众是由潜在公众发展而来的,是指意识到问题的存在,并急于了解产生问题的原因和解决问题方法的公众。社会组织应采取主动的公关姿态,同公众交流信息,增强其对组织的信任感。在公关工作中,能否以积极的态度、正确的方法对知晓公众开展公关活动,关系到公关工作的及时性,往往是公关工作成败的关键。

（4）行动公众。行动公众是由知晓公众发展而来,对组织的影响已作出反应,准备采取行动或正在采取行动的公众。行动公众的形成可以对组织的生存发展构成直接威胁,对他们开展公关工作难度很大。

5. 根据公众对组织的需要程度划分

（1）首要公众,是指那些对社会组织的生存和发展起决定作用的公众,比如本组织的员工、外部公众中的一些关键人物等。与他们之间关系处理得好坏往往会给组织带来很大的正面或负面效应。

（2）次要公众,是指那些对组织的生存和发展有一定影响,但不起决定作用的公众。次要公众也可能转化为首要公众。关系处理不当,也有可能导致该组织的失败。

确定公众并对公众进行分类的意义在于:第一,可以使公关人员明确工作对象,认清主攻方向,抓住主要矛盾,从而为有针对性地开展公关活动提供先决条件。第二,能使公关人员根据各类公众的不同特点选择有效的传播方式进行沟通,从而保证公共关系工作有较高的效率和较好的效果。

第二节 内部公共关系的协调

组织内部公共关系一般包括内部员工关系和股东关系两类,其中内部员工关系是社会组织的首要公众关系,是整个公共关系活动的起点,也是其他公众关系的基础和前提。相比较而言,股东介于内部公众与外部公众之间,而且他们不直接参与组织的具体运作过程,对组织的影响力主要体现在资金供应上。

一、员工关系的协调

1. 员工关系协调

员工关系协调是指社会组织与其员工之间通过双向沟通,在互利互惠的原则下寻求并达成和谐、一致、互动的一种内部管理职能。

员工关系不同于组织内部的一般人事关系。人事关系一般包括人员雇用、人力资源开发、员工培训与轮训、工作分配、人事制度与纪律的制定、执行、检查,它更多的是从规范上约束组织内部员工与组织目标保持一致。

员工关系也不同于组织内部的一般劳动关系。劳动关系一般包括就业稳定性、工资奖金制度、员工福利及劳动合同的制订与执行,它更倾向于从法律、规章上明确组织与其员工之间的权利与义务关系。

员工关系最主要的是要实现组织管理者与员工之间的良好沟通,促使组织的决策及行为能充分体现组织与员工双方的共同利益,能同时反映双方的愿望和要求。同时说服员工将个体利益目标追求寓于组织整体利益目标之中,达成双方的相互信任与合作关系。

2. 员工关系协调的意义

(1) 组织需要通过自身成员的认可和支持来增强内聚力。

一个组织的存在价值和整体形象在取得社会的认可以前,首先需要得到自己成员的认可;组织的目标和任务在赢得社会支持之前,首先需要赢得自己成员的配合与支持。否则,组织的价值和目标将会落空,组织将无法作为一个整体面对外部社会公众。每一个成员都是组织的细胞,他们对组织有机体的认同和依附,是这个有机体得以存在的基础。因此,良好的内部关系是公共关系的起点,组织内部的公关工作首先要增强内聚力,将全体成员组合成为一个有机的整体。要达到这一目的,就需要将本组织的成员视作传播沟通的首要对象,尊重组织成员分享信息的权力,争取他们的理解,形成信任与和谐的内部气氛。如果内部传播存在障碍,沟通不灵,成员对本组织的信息没有了解的优先权,甚至于外部社会早已纷纷扬扬,自己的成员还蒙在鼓里,就会在组织内部产生麻木不仁、忧虑不安、焦急烦恼、猜疑传言等消极情绪和现象,从而形成隔阂冷漠、离心离德的状况。要避免这种情况的发生,就需要健全组织内部的传播渠道,完善组织内部的沟通机制,使全体成员在信息分享和感情沟通中与组织融为一体。

(2) 组织需要通过全员公共关系来增强外张力。

一个组织的对外影响力有赖于全体成员的努力与配合。因为每一个组织成员都是组织与外部公众联系的触角,都处在对外公共关系的第一线;组织的整体形象通过他们在各自工作岗位上的良好行为体现出来。在对外交往中,每一位组织成员都是非常重要的公共关系行为主体。这种主体性的发挥,有赖于他们对组织的认同感和归属感、向心力和凝聚力。组织的外张力是与组织的内聚力成正比的。一个组织如果希望其成员能够时时处处自觉维护组织形象,就应该时时处处善待和尊重自己的成员,将他们作为重要的公共关系对象,努力培养他们对组织的认同感、归属感,增强他们对组织的向心力和凝聚力。

从管理哲学的角度看,公共关系工作要处理好团体价值与个体价值之间的矛盾。公共关系的目标是要追求较高的团体价值,即塑造本组织良好的整体形象,提高本组织的社会地位,争取较好的组织知名度和美誉度。从公关工作的实际着眼点来说,它是专门做人的工作的,必须从确立个人的价值入手,使团体中的每个成员(以及与这个团体有关的所有个人)都能在团体的环境中追求和实现个人的价值。

3. 员工关系的处理

(1) 培养员工共享的组织价值观。

实践证明,在组织中培育共享的价值观,对于提高组织凝聚力,增强组织成员对于组织的认同感和归宿感,具有决定性的意义。而组织价值观的形成,是一个对员工不断启发、教育、熏陶的潜移默化的过程。在这个过程中,组织需要开展大量系统性的工作。

正确的组织价值观体系要通过以下几个方面建立起来:① 树立以人为本的观念。组织取得成功的根本不是物,不是制度,而是人;组织的最高目标在于满足人的物质需要和精神需要。在事业的成功因素中,人的因素占据首要地位。因此,组织价值观应充分反映这一基本观念。② 树立"为社会作贡献的价值高于组织利润的价值"的观念。③ 树立组织信誉的价值高于利润的价值的观念。现代组织应该树立以誉为重,义利并举的经营观念。④ 树立集体主义的观念。在组织管理中,既要强调和尊重员工的个人价值,鼓励冒尖,更应强调集体、协作的精神。⑤ 树立"最佳"、"一流"的观念。

(2) 营造良好的工作气氛和融洽的人际关系。

良好的工作气氛和融洽的人际关系,是良好的内部公共关系状态的两个重要标志。良好的工作气氛就是使员工的才能、积极性、创造性能够充分发挥,具有希望和激励的工作环境;融洽的人际关系就是组织员工之间相互信任、尊重、理解、支持和友爱。

为此,组织可以围绕以下几方面来开展工作:① 尊重和信任员工。领导对下属的尊重和信任,是激发员工工作积极性的有效途径。尊重员工,首先要尊重员工的人格,对他们平等相待。其次,要尊重员工的合法权利,虚心听取员工的要求和呼声。信任就是要改进管理制度和管理方法,使职工之间、部门之间、上下级之间保持相互信任。尊重是信任的前提。作为组织领导,要在尊重员工的基础上,充分信任员工,做到用人不疑、疑人不用、知人善任、人尽其才,使每个人的工作热情和创造力都能够充分发挥出来。② 完善职工建议制度。建立和完善职工建议制度,一方面可以集思广益,挖掘蕴藏在组织职工中的聪明才智和创造力,促进、改善组织的生产和经营管理;另一方面,职工的建议被采纳,更能使职工感到自己在组织中受到重视,可以增强职工的责任感和主动参与意识,进一步调动他们的积极性。③ 重视职工培训。组织的成功靠人才,而人才不仅指少数的"尖子"。在激烈的市场竞争中,只有提高组织职工的整体素质,才能从根本上增强组织的竞争力。因此,必须重视职工培训工作。此外,从组织的责任和职工需要的满足来看,重视职工培训,提高他们的业务素质、文化道德修养,更能促进其个人能力的发挥和自我实现感的满足,从而更加强化组织的向心力与凝聚力。④ 营造融洽的大家庭气氛。营造融洽的大家庭气氛,是建立良好的内部公共关系工作的重要方面。组织员工有经济的、社会的、心理的、精神的不同方面、不同层次的内在需求,他们不仅希望自己从事的工作有价值和意义,在事业上有希望、有奔头,而且希望所处的环境本身是一个充满人情味的"大家庭",他们希望在这里获得认同感、归属感、自豪感和幸福感等情感需求的满足。如果顺应员工这种情感上的需求,努力营造一个温馨和谐的"大家庭"的工作氛围,势必会激发广大员工的工作热情和献身精神,促进组织成为团结一致、万众一心的整体。

二、股东关系的协调

1. 股东公众的含义

股东关系又称投资者关系,它是 20 世纪 60 年代以来在公共关系领域中不断发展的一个新方面。

股东是股份公司股票的持有者,他们是组织的投资者,依法享有一定的权利和义务。从持有公司股份这一点来看,股东是组织的"准自家人",股东公众应算是组织的内部公众。但是,从行政隶属关系来看,绝大部分股东并不属于组织内部成员,因此,我们也可将股东公众看作是组织外部公众。良好的股东关系可以为组织赢得更多的投资者,保持公司股价的稳定和上升,还可以通过广大股东的"口碑"作用,扩大组织的知名度和信誉度,在更大范围内树立良好的组织形象。

在股份制组织里,董事会是公司的常设权力机构和最高决策机构。公司总经理是由董事会任命的,全权负责组织的生产经营。总经理掌握除战略决策以外的经营权。董事关系是股份公司与公司董事之间的关系,它是股东关系的重要组成部分。

2. 股东关系的协调

(1) 适时向股东通报组织的信息。股东既然购买了组织的股票,与组织连在了一起,当然要关心组织的生产经营情况。为尊重股东的这种"特权意识",公关人员应定期或在特定的时期内向股东通报组织的信息。例如,组织特定时期的战略决策、发展目标和计划、经营情况、资金流动情况、利润分配情况、面临的困难和风险等。在通报这些信息时,要坚持实事求是的原则,不能报喜不报忧。对于股东提出的质询,要充分重视,配合有关部门给予圆满的答复,消除股东的误解。组织有了新情况,如对社会的重大贡献、新技术的开发、新产品的问世、管理人员的变更等,应以最快的速度向本组织的股东通报。

(2) 收集来自股东的信息。组织的股东分散在不同的社会组织之中,可以了解到社会公众对本组织及其产品的反映,同时,出于自身利益的考虑,也愿意向组织传达这些反映,并提出自己的意见。因此,公共关系人员应重视收集来自股东的信息,如股东本人的情况,他们对组织的意见和建议,他们对产品或服务的意见,他们所了解的社会公众对本组织的各种反映等等。对这些意见,要请有关部门认真处理,并将处理结果告诉股东。

(3) 促进股东关心组织的发展,关心组织的产品和服务。组织不能将股东只看作投资者和分利者,将股东关系仅作为财务关系来处理,还应将股东视为重要的顾客和义务推销员。这是因为股东与组织有着切身的利害关系,因而一般愿意购买持股组织的产品,并愿意做本组织的产品宣传员。如果我们经常将组织的产品性能、品种、市场占有率等情况通报给股东,或不断提供样品给股东,就可以促使股东关心本组织的产品或服务,促进产品销售额的扩大。

(4) 定期召开股东大会。按照《中华人民共和国公司法》的规定,向股东大会汇报组织的有关重大问题,让每一个股东充分享受其应有的权利。

第三节 外部公共关系的协调

所谓外部公共关系,是指社会组织主体与其内部公众以外的其他公众的关系总和。它包括顾客公众、政府公众、传媒公众、社区公众、业务伙伴公众等各类对组织生存与发展有着某种联系的公众,也称组织的外部环境。

一、顾客关系的协调

1. 顾客公众的含义

顾客公众是指购买、使用本组织提供的产品或服务的个人、团体或组织。如企业产品的用户、商店的顾客、酒店的客人、电影院的观众、出版物的读者等,包括个人消费者和社团组织用户。顾客是与组织具有直接利益关系的外部公众,是工商企业组织市场传播沟通的重要目标对象。

顾客公众是组织经营活动中最重要的公众之一。组织与顾客之间存在着相互依存的关系。组织为顾客提供所需的物质产品、精神产品或服务,而组织的生存和发展离不开顾客的信赖和支持,良好的顾客关系是组织发展的"原动力"。随着市场经济的发展,组织间竞争的加剧,对每一个现代组织来讲,"好好留住每一位顾客",其重要意义比过去任何时候都显得更为突出。

一个组织的存在价值,很大程度上在于其产品或服务能够得到顾客的接受和欢迎。组织的经济效益需要在市场上实现,而顾客就是市场,有了顾客才有市场。虽然与顾客的沟通并不等同于市场经营中的销售关系、直接的买卖关系,但良好的顾客公共关系的确有利于组织的市场销售关系,能够给组织带来直接的利益。因此,顾客公众是组织公共关系对象中利益关系最直接、明显的外部公众。顾客关系是组织市场经营的生命线。

建立良好顾客关系的目的,是促使顾客形成对组织及其产品的良好印象和评价,提高组织及其产品的知名度和美誉度,增加对市场的影响力和吸引力,为实现组织和顾客公众的共同利益服务。

2. 顾客关系的处理

(1) 树立"顾客至上"的经营宗旨。

各社会组织应把"顾客至上"的经营宗旨贯穿在组织经营管理的各个环节之中,全心全意为顾客服务。许多研究表明,售后服务是留住顾客、增加顾客忠诚度的最有效方略。意大利经济学家帕累托的 20/80 营销法则揭示了,组织 80% 的经营利润来源于 20% 的消费者的重复购买。

(2) 提供物美价廉的商品。

任何组织都应从顾客的利益出发,为顾客提供优质商品、合理的价格,使消费者真正得到实惠,顾客必然会成为组织的义务宣传员。

(3) 提供优质的服务。

不同的组织应根据其所生产和经营的商品的种类和特点,根据企业的规模、类型,为顾客提供多种多样的服务,以增加组织对顾客的吸引力。在现代社会,服务已不再是产品的附属概念了,最新的市场营销理论已将服务列入产品概念中之核心要素,并且指出,当技术竞争、广告竞争已难分优劣之时,服务是当今社会组织必须引起重视的首要因素。

对顾客的服务包括三个阶段,即售前、售中和售后,每一个环节都直接关系着最后的服务效果。① 就售前服务而言,良好的广告宣传、正确的消费观念引导是必不可少的,只有让顾客充分知晓和了解,组织的产品(或服务)才有可能让顾客问津;② 就售中服务而言,它包括销售(或服务)环境的布置、陈列和组织本身员工与顾客的接触,以及接待的热忱、主动、耐心、周到程度;③ 售后服务则是指顾客消费后的系列追踪服务,包括送货上门、义务维修、售后三包以及售后的感情联系等。真正的销售始于售后,这是众多销售专家的智慧结晶。

(4) 提供优雅的购物环境。

商业企业对购物的环境因素要认真构思,合理设计。再加上服务人员和蔼可亲的态度,整齐的着装,从而吸引顾客。

(5) 及时处理顾客的投诉。

社会组织在提供销售与服务过程中,会因为某方面工作的不到位而引起顾客的抱怨甚至投诉,这很正常,关键在于对顾客抱怨所采取的态度及补救措施,是诚恳检讨、虚心接受还是置之不理,甚至冷漠相对。有时,往往会因为一起小小的抱怨而引起整个组织的震荡甚至是致命的打击。只有充分尊重并维护顾客的合法权益,才能真正建立起融洽的顾客关系,在竞争中立于不败之地。在重大问题投诉者中,有34%的人会在问题解决后再次购买该组织的产品,而小问题投诉者的重复购买率达到52%。如果组织能迅速解决投诉,则重购率将在52%(小问题投诉者)和95%(大问题投诉者)之间。因此,让顾客感到满意,不仅可以使顾客成为忠诚的消费者,也可以使其成为"传道者",即通过他向其他顾客做宣传鼓动,而且这种宣传的影响力要远大于一般广告。

二、政府关系的协调

1. 政府公众的含义

政府公众指政府各行政机构及其工作人员,即组织与政府沟通的具体对象。任何社会组织都必须接受政府的管理和制约,因此需要与政府有关职能机构和管理部门打交道,包括工商、人事、财政、税务、市政、治安、法院、海关、环保、卫检等政府职能部门及其工作人员。它是所有传播沟通对象中最具有社会权威性的对象。组织必须与政府各职能部门建立和保持良好的沟通,这是组织生存、发展的重要保障和条件。

与政府保持良好沟通的目的,是争取政府及各职能部门对本组织的了解、信任和支持,从而为组织的生存和发展争取良好的政策环境、法律保障、行政支持和社会政治条件。

2. 政府关系协调的意义

(1) 政府的认可和支持是具有高度权威性和影响力的认可和支持。

政府掌握着制定政策、执行法律、管理社会的权力职能,具有强大的宏观调控力量,代表公众的意志来协调各种社会关系。一个组织的政策、行为和产品如果能够得到政府官方的认可和支持,无疑将对社会各个方面产生重大影响,甚至使组织的各种渠道畅通无阻。为此,应该把握一切有利时机,扩大本组织在政府部门中的信誉和影响,使政府了解本组织对社会、国家的贡献和成就。

如一个企业可以利用新厂房落成、新生产线投产、企业周年志庆、新技术新产品问世等机会,邀请、安排政府主管部门领导及党政要人出席企业的重要活动,主持奠基仪式或落成剪彩,参观新设备、新产品,通过种种现场活动,提高政府部门对本企业的信心和重视程度。

(2)与政府建立良好关系能够为组织形成有利的政策、法律、管理条例。

政策、法律、管理条例是一个组织决策与活动的依据和基本规范,组织的一切行为都必须保持在政策法令许可的范围之内。通过良好的政府关系,组织能够及时了解到有关政策的变动,能够较方便地争取到政策性的优惠或支持,能够对有关本组织的问题在进入法律程序或管理程序之前参与意见,使之对组织的发展有利。为此,应该主动建立和加强组织与政府有关部门之间的双向沟通。一方面,组织的公关部门应该详尽地分析研究政府的方针、政策、法令,提供给本组织领导及各部门参考,使组织的一切活动都保持在政策法令许可的范围内,并随时按照政策法令的变动来修正本组织的政策和活动。另一方面,组织的公关部门应随时将实际工作部门的具体情况上传至政府有关部门,并根据本地区、本行业、本部门的特殊情况,主动地提出新的政策设想和方案,并通过适当的渠道进行说服性的工作,协助发现及纠正政策执行中出现的偏差或失误。

3. 政府关系的处理

组织在协调与政府公众的关系时,应遵循以下基本原则:

(1)组织行为合法性原则。政府对社会的统一管理和调控,是通过制定一系列方针政策和法律法令来实现的。它要求所属范围内的一切组织必须依据方针政策和法律法令来规范自己的行为,社会组织也只有符合法律的要求才能得到政府的支持,行为不合法的组织则会受到政府的制裁。

(2)局部服从全局的原则。社会组织相对于政府来说是局部利益。政府承认并保护社会组织独立存在的自身利益,组织利益与国家利益在本质上是一致的,但是当二者发生矛盾的时候,社会组织必须无条件地服从政府宏观的全局性利益,这是协调政府关系必须坚持的一个原则。

(3)沟通与信任的原则。不断深化的经济体制改革要求政府对所属组织的直接管理转变为间接调控,这就要求社会组织在协调政府关系时加强沟通,使政府对组织的方针政策和行为有全面的了解与支持。

三、社区关系的协调

1. 社区公众的含义

社区公众指组织所在地的公共关系对象,包括当地的管理部门、地方团体组织、左邻右舍的居民百姓。社区关系亦称区域关系、地方关系、睦邻关系。社区是一个组织赖以生存和发展的基本环境,是组织的根基,与组织在空间上紧密地联系在一块。共同的生存背景使社区公众具有"准自家人"的特点。

社区是一种客观存在,它由以下四个要素组成:第一,包括环境与资源在内的,人们赖以进行生产和生活的共同的地理区域。第二,因利益关系而紧密结合起来的人口群体。第三,协调该地域中人们生产和生活的某种规则或制度。第四,在该地域中生活的人们所共有的思想意识、行为准则及文化观念等。

因此,社区公众就是在组织所处的社区范围内,与组织保持着某种利益关系的社会组织、社会团体或社会成员的总和。社区是组织生产经营活动的主要空间,是组织的根子所在。社区关系可能是顾客关系、员工关系,以及其他公众关系的延伸和重要组成部分;同时,社区公众又是组织形象最可靠的传播者之一。

发展良好的社区关系是为了争取社区公众对组织的了解和支持,为组织创造一个稳固的生存环境;同时体现组织对社区的责任和义务,通过社区关系扩大组织的区域性影响。

2. 社区关系处理

组织在开展社区公关方面应着力做好以下几方面的事情:

(1) 维护社区环境。保护人类的生存环境,珍爱地球上的每个生命,是任何社会组织必须正视的问题。有许多社会组织在其运作过程中,存在着环保与效益的矛盾,即在生产效益的同时,也在生产着污染。随着政府对环境保护的日益重视和民众环保意识的逐步觉醒,这种状况会很快得到根治。对组织而言,绿色营销是其发展的必由之路。所谓绿色营销,是指组织在经营战略制定、市场细分与目标市场选择、产品生产、定价、分销、促销过程中要注重个体利益与社会整体利益的协调统一,并在此前提下追求经济利益的一系列经营活动。它不仅包括保护生态环境,消除一切污染环境的经营行为和有不良副作用、危害消费者身体健康的产品,也包括保护消费者心理健康,树立良好的社会风尚。在保护环境的同事,社会组织还应积极美化社区环境,尤其是要搞好自身生产与经营环境的美化。实际上,整洁的建筑、充满大自然气息的厂区和宁静、祥和、卫生的工作环境,也是一种赢得公众喜爱的举措。

（2）支持社区公益活动。社区关系不能仅停留在社会组织自身行为约束上，而应积极参与社区建设，促进社区繁荣与发展，与所在社区形成"共存共荣"的关系。尤其是在对社区公益性活动的支持上，应不遗余力。社区的各类领导者与意见领袖一般都希望本社区的社会组织能为社区的健康发展提供多方位的支持，尤其是在资金、人力等方面能给予帮助。社会组织作为社区的成员应树立正确的社区意识，取之于民、用之于民，让社区的所有公众真正以组织的存在为荣，从而建立起良好的"地利"环境。

（3）促进社区的安定与繁荣。让社区在繁荣发展的同时，拥有一种和睦、友善的氛围以及祥和、安定的生活环境，是每一位社区公众的理想。社会组织也应积极承担起此项职责。当然，充分发挥社会组织主体的经济与技术功能，帮助社区推进经济繁荣，也是一项重要的"社区义务"。

四、媒体关系的协调

1. 媒体公众的含义

媒介公众指新闻传播机构及其工作人员，如报社、杂志社、广播电台、电视台及其编辑、记者。媒介公众是公共关系工作对象中最敏感、最重要的一部分。这种关系具有明显的两重性：一方面，新闻媒介是组织与广大公众沟通的重要中介；另一方面，新闻界人士又是需要特别争取的公众对象。媒介与对象的合一，决定了新闻媒介关系是一种传播性质最强、公共关系操作意义最大的关系。从公共关系实务层次来看，新闻媒介关系往往被置于最显著的位置，甚至被称为对外传播的首要公众。

与新闻媒介建立良好关系的目的，是争取新闻传播界对本组织的了解和支持，以便形成对本组织有利的舆论气氛；并通过新闻媒介实现与大众的广泛沟通，增强组织对整个社会的影响力。

2. 媒介关系协调的意义

（1）良好的媒介关系有利于形成良好的公众舆论。

新闻传播机构及其工作人员是社会信息流通过程中的"把关人"（传播学中亦称为"守门人"），他们决定着各种社会信息的取舍、流量和流向，确定着公众舆论的中心议题，能够赋予被传播者特殊的或重要的社会地位，即具有"确定议程"和"授予地位"的功能。某个组织、人物、产品或事件如果成为新闻界报道的热点，便会成为具有公众影响力的舆论话题，获得较高的社会知名度；而且，一个信息通过新闻界客观的报道，容易获得公众的信任，有利于美誉度的提高。公共关系的一项重要任务，就是为组织创造良好的公众舆论，争取舆论的理解和支持。因此,与"把关人"建立良好的关系,有助于争取媒介报道的机会,使组织的有关信息比较顺利地通过传播过程中的层层关口,形成良好的公众舆论环境。

(2)良好的媒介关系是运用大众传播手段的前提。

组织要实现大范围、远距离的沟通,就必须借助于各种现代大众传播媒介。大众传播借助于现代印刷、电子等传播技术,大量地、高速度地复制信息,跨越了时间和空间的限制,从而实现了大范围、远距离的传播。这是现代公共关系的主要手段之一。但是,大众传播媒介一般不是由组织内的公共关系人员直接掌握和控制的。有关信息能否被大众媒介所报道,以及报道的时机、频率和角度等等,要取决于专业的传播机构和人士。除花钱做广告之外,公共关系对大众媒介的使用必须通过新闻界人士才可能实现。因此,与新闻界人士建立广泛、良好的关系,是运用大众媒介、争取媒介宣传机会的必要前提。与新闻界关系越多,组织有关信息的报道数量就越多;与新闻界关系越好,组织有关信息的报道质量就越好。媒介关系的这种公关传播性之强,是其他公众对象难以比拟的。

3. 媒介关系的处理

处理媒介关系时,组织应注意做好以下几点:

(1)以礼相待。对待新闻媒介机构和记者要友好热情,不管记者对组织所发生的事件是褒是贬,都要为他们的工作提供必要的帮助、支持和服务。

(2)以诚相待。社会组织要为新闻媒介提供实事求是的材料,因为真实的新闻是媒介的生命。组织提供夸张、虚假的材料会扭曲组织本身的形象。

(3)平等对待。组织在提供信息和接待上,都应该做到一视同仁,给各新闻媒介平等地获得信息的机会和权利。

(4)迅速及时。新闻信息的时效性很强。由此,组织要及时接待、邀请记者采访,争取在最短的时间内向新闻界提供最有价值的信息。

4. 新闻制造

新闻制造是指在不损害公众利益的前提下,有计划、有组织地策划具有新闻价值的事件,举办有新闻价值的活动,争取新闻宣传的机会。新闻制造是公共关系工作中艺术性、技巧性最高的活动之一。

新闻制造可供借鉴的方法有:

(1)针对公众某段时期最关注的热点话题制造新闻。如重大体育比赛、重大灾情事件、国内重大政治活动等,结合这些话题制造新闻,往往能引起新闻界的关注。

(2) 抓住"新、奇、特"制造新闻。"新、奇、特"是新闻价值的要素,策划具有这些特点的活动,可以吸引公众的注意力。

(3) 利用名人效应。即有意识地将组织与社会名流联系在一起。通过邀请名人主持剪彩、参加组织庆典、参观组织等活动,利用名人的知名度吸引记者前来采访。"名人+活动",就必然产生公共关系新闻。

(4) 以情动人。公众是由人构成的。而人是有感情的,以情感人、以情动人,必然会获得公众真情的回报,而新闻媒介自然就会予以传播。

五、竞争者关系的协调

1. 竞争者公众的含义

竞争者公众是指与本企业生产相同或相近产品,提供相同服务,从而具有同一市场的社会组织和个人。由于是同行,彼此之间在客观上就存在着一种竞争的关系。

竞争是市场经济的特有现象,它的基本功能就是优胜劣汰,推动社会经济向更高层次发展。随着社会的进步、经济的发展、市场竞争规则的不断完善,在现代社会里,竞争关系不再只是一种利益对立、此消彼长、弱肉强食、你死我活的关系,更多的将表现为相互促进、相互支持、取长补短、共同发展的文明竞争态势。因此,组织公共关系工作应该从积极的意义上去正确认识竞争者关系,彻底摒弃小生产狭隘、自私的经营观念和竞争行为,树立现代组织光明正大、勇于竞争、善于竞争的新形象。

2. 竞争者关系的处理

(1) 应切实把握正确的竞争目的。同行间竞争的最终目的应该是你追我赶,友谊竞赛,以谋求相互促进、共同发展。尽管彼此间竞争都是为了提高各自的经济效益,但他们的基本目的仍是为社会多作贡献。因此,应在竞争中牢牢把握正确的目的,而不能单从本位主义或小集团的利益出发,倾轧对手,搞垮同行。

(2) 竞争手段应光明正大。同行组织间的竞争绝不能违背社会公德,采取尔虞我诈、互挖墙脚、损人利己的伎俩,这种竞争即使取胜也是不光彩的。应该提倡以科学经营管理、改进技术设备、提高产品或服务质量等正当方式展开竞争,从而能使胜者心地坦然而成为表率,败者心悦诚服而奋起直追。

(3) 竞争不忘协作交流。同行间虽是竞争对手,但由于彼此根本利益一致、最终目的一致,因此,既是竞争对手又是伙伴关系。双方完全可以在共同目的的基础上,既竞争,又合作,如相互交流技术成果与经验,支援人力与物力,共同研究解决专业难点等等。这一点表面看来与竞争不相干,其实这是另一种意义的竞争,或者说是提高了竞争的层次,因为能主动协作交流的一方最起码在形象、精神竞争上占了上风。

六、国际公众关系的协调

1. 国际公众的含义

国际公众指一个组织的产品、人员及其活动进入国际范围,对别国的公众产生影响,需要了解和适应对象国的公众环境时,该组织所面对的不同国家、地区的公众对象,包括别国的政府、媒介、消费者等。国际公众对象具有与本组织完全不同的社会和文化背景,因此传播沟通活动具有显著的跨文化特征。

搞好国际公众关系的目的,是争取国际公众和舆论的了解、理解与支持,为本组织及其政策、活动、产品和人员塑造良好的国际形象,创造良好的国际声誉。

2. 国际公众关系协调的意义

(1) 发展国际公共关系,为对外开放服务。

我国实行对外开放政策,企业发展外向型经济,参与国际经济大循环,极需要发展国际公共关系。一方面,需要通过公共关系及时、准确地了解国际市场动向,了解有关国家的政治、经济、文化、社会等方面的信息,了解国外的投资者、合作者和客户等等;另一方面,需要运用国际公共关系手段,向国外的公众、舆论和市场传播自己的信息,树立自己的形象,介绍自己的产品和服务,提高自己的国际知名度和国际信誉。即使不出国门的企业,在对外开放的条件下,也要运用国际公共关系,为来华投资、经商或合作的外商以及来华旅游参观的外国客人提供信息服务,做好接待工作等等。在文化、艺术、科学、教育、医疗、体育等方面的国际交流中,也需要接触许多国际公众对象。良好的国际公共关系有利于促进这些方面的交流与合作,有利于树立中国在世界上的良好形象。

(2) 运用跨文化传播手段,促进组织形象的国际化。

参与国际性活动的组织需要树立国际化的形象,即能够适应别国公众、获得各国人民接受和欢迎的形象。这就需要注意研究和适应别国公众的社会和文化差异,调整公关的政策和方法。国际公共关系是一种跨文化传播,与国内公共关系有很大不同。在信息的传播和对外交往方面,不仅要懂得运用外国的语言文字,还要了解对象国的历史文化、风俗习惯、公众心理,以及了解国际商法和对外交往的国际惯例,使传播的信息尽量符合对象国公众的习惯。国际公共关系要取得成功,还必须善于运用国际新闻传播和广告传播手段。不仅运用我国的对外传播工具,更要了解对象国及国际上知名的新闻媒介和广告界,与国外新闻机构和广告业建立联系,懂得如何为他们提供新闻资料和广告资料。国际公共关系界早已进入中国。我们的企业及各类组织一定要抓住机遇,运用国际公共关系帮助自己走向世界。

案例分析

丑陋玩具风靡全美[①]

美国艾士隆公司董事长布希耐有一次在郊外散步,偶然看到几个儿童在玩一只肮脏并且丑陋的昆虫而爱不释手。布希耐突发异想:市面上销售的玩具一般都是形象优美的,假若生产一些丑陋玩具,又将如何?于是,他让自己的公司研制了一套"丑陋玩具",并迅速推向市场。结果一炮打响,"丑陋玩具"给艾士隆公司带来了巨大收益,并使同行们也受到了启发,于是"丑陋玩具"接踵而来。如"疯球"就是一串小球上面,印上许多丑陋不堪的面孔。又如橡皮做的"粗鲁陋夫",长着枯黄的头发、绿色的皮肤和一双鼓胀且带血丝的眼睛,眨眼时发出非常难听的声音。这些丑陋玩具的售价虽然超过正常玩具,却一直畅销不衰,而且在美国掀起了一场行销"丑陋玩具"的热潮。

问题:

1. 试运用公共关系的客体的相关知识分析评点这一案例。

本章小结

1. 所谓公众是指与组织主体发生相互作用,成员间面临某种共同问题和相关利益的社会群体。

2. 公众的四个基本特点是:同质性、群体性、互动性和可变性。

3. 内部公众,即组织内部的人员群体组合,包括社会组织的全体成员,从股东到员工,它是与组织主体关系最为密切、最为直接,也是最重要的核心公众。

4. 外部公众,即与组织的生存发展有影响作用的组织主体以外的相关群体。

5. 员工关系是组织内部首要的公众关系,是整个公共关系活动的起点,也

[①] 资料来源:http://cache.baidu.com,有改动。

是其他公众关系的基础和前提。

复习思考题

1. 社会组织为什么要进行公众分类?

2. 如何理解员工物质需求与精神需求之间的关系?

3. 公共关系理论一方面强调"公众利益至上"观念,要求组织认真地、公平地对待每一个公众;另一方面,又要区分不同的公众,并且要分别对待。这里是否有矛盾呢?为什么?

4. 请就你所处的组织主体与社区关系做一次调查,并详细说明社区关系的和睦程度与理由。

5. 试以你所在班级为主体,策划一个"新闻制造"方案。

第五章　公共关系的传播

本章提要

公共关系活动过程,就是社会组织同公众之间进行信息传播和沟通的过程。传播是社会组织了解公众、公众认知组织的中介和桥梁。公共关系工作从本质上来说就是一种传播活动,社会组织要提高自身的知名度、美誉度、和谐度,就要从公关传播切入。因此,了解公关传播的基本原理,熟悉传播类型与传播层次,掌握科学的信息传播方法和手段,对于社会组织充分利用传播手段开展公关活动,赢得公众的好感和舆论的支持,获得良好的经济效益和社会效益具有重要意义。

本章学习目标

- 了解公关传播的特点与模式;
- 熟悉公关传播效果的层次、传播类型及传播原则;
- 明晰大众传播的选择依据;
- 理解人际传播的特点和影响因素;
- 掌握大众传播的种类及其特点。

> **案例导入**
>
> ## "大红鹰"——新时代的精神[①]
>
> 大红鹰集团公司,通过大红鹰经贸公司利用广播电视广告、报刊广告等经常性地向社会公众传递一种信息,即"大红鹰"——新时代的精神,几乎地区内男女老少都能背出这条看上去很简单的广告语。同时它也不断地热情赞助体育、文化事业,几乎全国性的大型文体活动开展时都有它的形象出现。2001年为了表达申奥的情感和强大的力量,大红鹰集团专门组织一支队伍由宁波出发到北京,一路上组织了声势浩大的万人签名活动,热忱助申奥,又使自己的组织形象得到广泛的传播和宣扬。

利用各种传播媒体和交流方式进行内外传播,可以让各类公众充分了解组织或企业,支持组织或企业,从而形成有利于组织或企业发展的社会舆论,使组织获得更多的支持者和合作者,达到促进组织发展的目的。

第一节 公关传播概述

一、传播的含义

"传播"一词源于英文"communication",一般意义上的理解是指人们在交往过程中将信息进行传递、接受、共享和沟通的过程。公关活动中的传播是指社会组织通过符号、图像和媒介,将自身的信息和观点有组织、有计划地与公众进行传递和交流的过程,使公众在思想、观念、态度、行动等方面发生相应变化,树立组织在公众心目中的形象,以此提高社会组织的知名度、美誉度与和谐度。

理解公关传播的含义,要把握以下几个要点:

(1) 公关传播的主体是社会组织,而不是个人,也不是职业性的信息传播机构。

(2) 公关传播的受众是目标公众。目标公众是一个构成复杂、范围广泛的群体,通常分为两个部分:一是组织内部公众,二是与组织构成某种特定联系的外部公众。

(3) 公关传播是沟通组织与公众的桥梁。社会组织在与公众联系时,主要

---

① 资料来源:http://cache.baidu.com,有改动。

是通过传播媒介进行的。社会组织通过传播媒介把政策和意图传递给公众,公众的意向、愿望也同样需要通过传播媒介反馈到社会组织。只有传播才能担负起这种双向交流信息的职能。

(4)公关传播的内容是信息或观点。公关传播就是把社会组织的观点和其所制定的政策、方针,同公众进行交流。它的一个很大的特点就是共享性,将少数人享有的信息与观点通过媒介手段向公众进行传播,使公众得以共享。因此,传播媒介要生动、全面、客观、准确地向公众传递各种观点与信息,以便更好地认识公众、说服公众、影响公众、赢得公众,同时为社会组织决策和行动提供依据。

(5)公关传播的手段是各种媒介的组合。社会组织需要运用传播媒介向公众进行信息或观点的传递。传播媒介可以根据传播所要沟通的公众对象的不同和组织的特点而有所区别。通常情况下,对所选择媒介的基本要求是影响范围广泛、传播速度快。组织在传播时,可以选择一种媒介或是几种媒介的组合。

二、传播的特点

公关传播具有以下显著特点:

(1)社会性。传播是人们建立相互联系、维持社会生活的一种社会行为。任何传播行为都不能脱离社会,同样,社会也离不开传播行为。人们每天都要通过语言进行交流,通过表情传递感情,通过交换意见表达自己的内心世界,通过各种信息了解社会、支配生活。社会组织在其运行过程中要同组织内部员工加强感情交流,要同组织外部的公众加强信息交流,了解公众的有关情况,同时也使公众更多地了解组织。

(2)双向性。传播的双向性,是指组织与公众之间的信息沟通与交流是一种双向、互动的行为。在传播过程中,组织的观点、决策、目标是否正确,是否符合公众的实际,要依靠公众反馈的信息来检验和修正。如果只注重组织的信息传播,而不注意公众的信息反馈,则组织的计划、方案和决策无法得到检测,沟通与协调也无法实现,组织与公众协调一致的目的更无法达到。

(3)情感性。随着生活节奏的加快和生活水平的提高,人们越来越强调情感交流,强调精神生活的愉悦。情感在双向信息交流与沟通中起到润滑剂的作用。在传播过程中,情感的特点表现为相互尊重、信任、平等式交流,也表现为互动、认可、合作式沟通。这种情感式的交流与沟通能起到调节作用,有助于组织与公众双向互动关系的发展。

(4) 互利性。公关传播是一种信息传递和交流的活动,这种活动不能是单向的,不能只出于社会组织自身的需要。一个成功的传播活动必须着力于寻找组织与公众双向之间利益相关的热点,抓住双方利益之所在来开展传播活动,这样的公关活动效果才比较理想。

(5) 共享性。传播中的信息共享,是指公关人员要合理地开发和利用信息资源,使同一信息能为更多的特定公众所享有。信息的共享性不仅指时间上共享,而且也指空间上共享。就时间上共享而言,组织在进行信息传递时,也在进行自身的信息存储和享用;就空间上共享而言,信息作为一种资源,能跨地域同时为更多的公众所使用。

三、传播的模式

1. 传播过程的直线模式

(1) 拉斯维尔传播模式。

美国著名政治学者、传播学研究的先驱哈罗德·拉斯维尔,于1948年提出了著名的拉斯维尔要素——"五 W"要素的理论,首次为人们理解传播过程的结构和特点提供了具体的出发点,帮助人们把错综复杂的传播过程理出头绪来,使人们弄清楚,影响传播效果的因素究竟有哪些(如图5-1所示)。

图 5-1 拉斯维尔"五 W"传播模式

拉斯维尔想通过这一公式抽象地表述出传播的共同性质,但这种一般化的描述并没有真实地再现实际的传播状况。

(2) 香农—韦弗传播模式。

1949年,美国数学家克劳德·香农和沃伦·韦弗合作出版了《传播的数学原理》一书,并提出了香农—韦弗传播模式(如图5-2所示)。

香农—韦弗传播模式较为具体地描述了传播过程的各个主要环节及传播过程。这个模式的第一个环节是信源,由信源发出信息,再由发射器将信息转为可以传送的信号,经过传输,由接收器把接收到的信号还原为信息再将之传递给信宿。这个模式的重点还在于提出"噪声"的概念,客观地反映出传播不是在封闭的真空中进行的,传播过程中内外的各种障碍因素会形成对信息的干扰,从而使传递的信息产生某些衰减或者失真。这对所有形式的信息传播过程

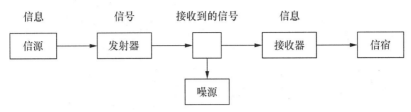

图 5-2　香农—韦弗传播模式

来说,都是一个不可忽视的重要因素。信息发送者要提高自己的传播效果,必须十分关注排除传播活动过程中可能产生的各种干扰信息正常传递的因素。香农—韦弗模式也存在两个明显的不足:一是缺乏信息反馈;二是忽视了影响社会信息传播过程中的两个重要因素,即客观上社会环境的制约因素和主观上传受双方的能动因素。

2. 传播过程的反馈模式

1954 年,美国学者施拉姆在其出版的《大众传播过程和效果》一书中提出了反馈传播模式,又名控制论传播模式,其信息反馈过程如图 5-3 所示。

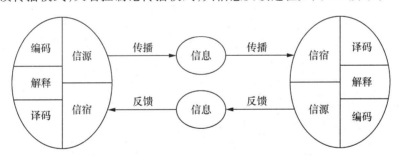

图 5-3　施拉姆反馈传播模式

这种模式反映了传播是一种双向循环式活动过程。它的特点:一是引进了反馈机制,将反馈过程与传受双向的互动过程联系起来,把传播理解成为一种互动的、循环往复的过程;二是在循环系统中,反馈还对传播系统及其过程构成一种自我调节和控制。传受双方要使传播维持、发展下去,达到一定的目的,就必须根据反馈信息调节自身的行为,从而使整个传播系统基本上始终处于良性循环的可控状态。一个经验丰富的传播者会时刻注意反馈,并且会随时根据反馈来修改传播信息。因此,反馈在传播过程中扮演着很重要的角色。

3. 公共关系传播模式

公共关系传播模式是根据传播过程反馈模式的原理设计的,并包含了拉斯维尔的"五 W"模式的基本要素(如图 5-4 所示)。

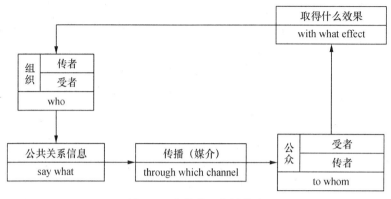

图 5-4　公共关系传播模式

公共关系传播的主体是组织,公共关系传播的受众是特定的目标公众。组织通过传播渠道,借助传播媒介,将公共关系信息传播给公众,公众在接受了组织传来的信息后,对组织所做的反馈就是公共关系传播所取得的结果,这就是信息的循环传播过程。当组织首先将信息传播给公众时,组织便是信源或传者;公众是信宿或受者。当公众将接受信息后的结果反馈给组织时,公众就成了信源或传者,而组织则成了信宿或受者。整个公共关系的传播过程,也是一个社会组织与公众不断适应、彼此影响、相互了解与理解的过程。

四、公关传播效果的层次

社会组织利用各种传播手段对公众的思想、态度、行为等方面产生的影响和作用,就是公关传播的效果。根据公共关系和公关传播的目标评估,公关传播效果可以分为四个层次。

1. 信息层次

社会组织将所要传递的信息传给公众,使之完整、清晰地接收到,并且较少产生歧义、含混、缺漏。这是简单的传到、知晓层次,是任何传播行为首先应达到的传播效果层次。公关传播活动只有在这一层次获得效果,才可能向更高层次发展。

2. 情感层次

情感层次效果是指组织与公众在传播活动中的感情联络。它是对所传信息的深层反应,如对信息的深层分析、判断和取舍。社会组织传出的信息从知晓进而触动公众情感,使公众在感情上与传播内容接近、认同,并对传播活动产生兴趣,从而增强社会组织与公众之间的关系,这是传播达到的较为理想的效果。但需要注意的是,情感有正负之分,只有正面情感才是社会组织所需要的,负面情感如反感、厌恶等,应予以避免。

3. 态度层次

态度是人对事物或现象认识的程度、情感表达和行为倾向的总和。它已从感性层次进入到理性层次,是在感性认识基础上经过分析判断、理性思维而产生的,一经形成就难以改变。传播如果能达到这一层次,对公众的影响就非常深入了。态度有肯定与否定之分。另外,态度不一定与情感有必然的同方向联系。有些人和事,公众在感性上同情,而在理智上则不赞成。

4. 行为层次

行为层次效果是指公众在对传播信息进行感性和理性认识之后,行为发生改变,做出与社会组织期望一致的行动,从而完成从知到行的认识—实践全过程,使社会组织的传播活动不仅有了同情、肯定者,而且有了具体实施、执行者。这是公共关系传播效果的最高层次,也是公共关系传播活动的最佳效果。这一层次的实现,必须有前三个层次的实现作为基础。

公共关系四个传播效果层次不是直线相连、必然上升的,它们之间的互相影响是复杂的,关系是辩证的,互相联系而不可分割。只有这四个层次的传播效果都实现了,才可以说获得了理想的传播效果。

五、传播的类型

根据传播的方式不同,可以把公关传播分成自身传播、人际传播、组织传播、群体传播和大众传播等五种类型。

1. 自身传播

自身传播是传播者与接受者为一体的信息交流沟通方式,如个人自我反省、回忆思考、自言自语、自我发泄、自我安慰、自我陶醉、思想斗争、内心冲突等。通过自身传播,可使人在受到各种压力时,进行自我心理调节,达到和谐对外传播沟通效果。自身传播是人类一切传播行为的基础。

2. 人际传播

人际传播指个人与个人之间的双向信息交流沟通方式。这种传播,双方参与度高,传播符号多样、手段丰富,信息反馈灵便,感情色彩强烈。平时我们看到的人与人之间通过语言、动作、表情所进行的面对面沟通,以及通过电话、网络、书信等进行的非面对面沟通,都是人际传播的具体体现。人际传播是最常见、最广泛的一种传播方式。

3. 组织传播

组织传播是指社会组织同社会组织之间、社会组织同公众之间、社会组织同社会环境之间的信息交流。传播的主体是社会组织，组织的内部传播具有层次性、有序性等特点。组织内部传播方式可以分为下行传播、上行传播和平行传播三种。下行传播是自上而下的沟通形式，是上级领导将政策、命令等传达给下级，即"上情下达"。上行传播是自下而上的沟通形式，是下级员工向上级领导汇报工作，反映情况，提出意见、建议、要求或表达愿望等，即"下情上达"。平行传播是组织内部各层级之间信息的横向交流，如部门与部门之间的联系，其信息流动是对称的。组织的外部传播具有公众性、大众性等特点，但必须借助传播媒介来进行。无论是内部传播还是外部传播，组织传播都具有明确的目的性，即为实现社会组织的目标；具有严格的可控性，即服从组织总目标而有良好的控制性能；具有综合性的特点，即传播对象既有个体、群体，又有更广阔的公众。因此，组织传播是一种典型的公共关系传播方式。

4. 群体传播

群体传播是少数人直接面对多数人的传播。如果组织所要解决的问题是同一类公众的，且带有较大普遍性的问题，就可以运用群体传播媒介进行传播，如专题报告、演讲会、展览会、大型活动演出等。其优点是传播速度快、范围广、反馈及时，易于创造热烈的气氛和舆论，形成轰动性传播效果，是社会组织对内对外常用的一种有效的传播手段。但其传播的反馈效果不是十分理想，组织要想了解公众的反应，还要专门进行调查。

5. 大众传播

大众传播是社会组织通过大众传播媒介（如报纸、杂志、电视、广播、网络等）将信息大量地传递给公众的传播方式。大众传播的信源可以是社会组织也可以是个人，但媒介是一个社会组织机构，如报社、电台、电视台。其特点是：能够在最短的时间内获得最大的传播面；由于职业新闻工作者作为"把关人"，大众传播媒介具有"过滤性"，传播的信息权威性大，说服力强；个人情感因素介入较少，有高度的公开性。缺点是信息反馈缓慢、零散，评价传播效果的工作量较大。但是，鉴于大众传播覆盖面广，影响程度深，对迅速建立组织形象、扩大组织的知名度有重要的作用，因此是公共关系传播的主要手段。

以上几种传播类型是一种相互补充、相互渗透的关系，不能相互替代，它们在信息传播的数量、质量、速度、范围、效果上相互补充和渗透。在公共关系工作中，应根据组织的实际情况，选择不同的传播类型，有时也可以综合运用几种传播类型，以取得最佳的传播效果。

六、传播的原则

1. 信赖性原则

公共关系的传播是以公众充分相信为前提的。这是公共关系传播活动的首要原则,也是公共关系工作的生命。社会组织与公众应该从彼此信任的气氛中开始沟通,这种氛围应由社会组织创造。在传播活动中,不能隐瞒事实,不能故弄玄虚,不能欺世盗名,这样才能反映组织是否有真诚的满足公众的愿望,使目标公众相信所得到的信息,并信任组织具有解决他们共同关心问题的能力。增强传播的可信性可以借助权威人士,如专家学者、社会名流等,也可以借助权威性的传播媒介,如有影响的报刊、广播、电视等。

2. 明确性原则

传播的目的是为了让接受者了解、分享所传信息的有关内容。因此,在传播过程中,信息必须用简明的语言表述,要让受众"听得清"、"看得明",所用词汇对社会组织与目标公众来说都代表同一含义。复杂的内容要列出标题或采用分类的方法,使其明确与简化。如果信息需要传递的环节多,则应该简单明确。一个组织对公众讲话的口径要保持一致,否则,容易使公众无所适从,也不利于组织形成统一的形象。

3. 持续性原则

传播是一个没有终点的过程,要使受众接受一个完整的形象并建立一种信念,必须将同一信息连续不断而且前后、上下一致地予以传递。同时,社会组织又要在重复进行的传播过程中不断补充新的内容,有所创新,推出与组织发展各个阶段相适应的传播内容。

4. 针对性原则

社会组织要面对各种类型的公众,不同公众的文化素质、生活习惯、经济状况以及对不同传播媒介的接受程度都不一样,对所传信息有不同的接受、理解和记忆。因此,社会组织在进行传播活动时必须根据接受者(群体的和个体的)的个性特点和意识水平,恰当地选择传播内容、传播形式和方法技巧,有针对性地进行传播。当传播信息最容易为公众所接受时,信息沟通成功的可能性就愈大。

5. 适时性原则

传播的适时性原则,就是组织要恰到好处地把握时间、选择时间,抓住最适当的时机开展传播活动。它可以是及时传播正在发生的事件信息,帮助接受者在一定的社会环境里正确地理解和认识所发生的事件信息;也可以是提前的传播或延时的传播。当即将出现的事件具有令人不快的性质或具有令人愉快的性质时,提前传播信息,可使人对这一事件有所准备;当已经发生的事件的性质具有不确定性、非显著性或不太适合当时的环境、形势时,可在事情过后,再选择恰当时机对事情进行报道并作出解释。

6. 经济性原则

公共关系传播工作的目的是为社会组织塑造良好形象,使社会组织更好地生存、发展,创造更大的经济效益和社会效益。因此,在传播过程中,尽量以最少的投入获得最大的效益,这是公共关系工作人员应把握的原则。

7. 适量性原则

社会组织在传播过程中要注意传播的信息量要适合接受者的感知、消化能力,避免信息量的不足或过多。接受者面对的信息愈多、愈复杂,所需要的感知、消化的时间就愈长,也愈容易引起厌烦;相反,面对的信息太少、太单调,又不能引起接受者对问题的足够了解和重视。只有在一定限度和尺度之内的信息量,才是最适合受众感知的信息吸收量。

第二节 人际传播

一、人际传播的类型

(一) 按人际传播是否有中间媒介,可分为面对面传播和非面对面传播

1. 面对面传播

在面对面的人际传播中,传播的双方处于同一时空,一般通过语言、动作、表情等进行交流,其形式有宴会、讲座、招待会、专访、慰问等。面对面人际传播的特点是信息反馈及时,双方交流较为充分、深刻,但传播的范围会受到一定限制。

2. 非面对面传播

非面对面传播是指传播者与接受者不在同一时空,通过使用文字媒介(如书信、图片、刊物等)和电子媒介(如电话、电视、广播、互联网等)进行信息交流的一种传播形式。这种传播方式比较容易使人们加深了解,建立感情,是一种新型的人际传播,适用于远距离的信息传播。

(二) 按人际传播是否使用语言,分为语言传播和非语言传播

1. 语言传播

语言是人们用于传播活动最普遍的工具,它包括口头语言和书面语言。利

用口头语言进行传播的有谈判、演讲、电话、推销等,这种传播形式简单灵活,信息传递快,但不易保存。利用书面语言进行传播的有总结报告、电报、来往信函、请柬等,这种传播形式保存信息时间较长,可反复查看和阅读,同时可以从容措词,减少面谈时的误会,但是传递不够灵活。

(1)演讲是人际传播的一种形式。公共关系活动有时会通过演讲或报告的方式向公众宣传组织的宗旨和成就。美国公共关系专家斯科特·卡特利普认为,出色的演讲作为一种信息传播的形式,有着几个方面的优势:一是,能使演讲者与现实听众进行面对面的直接接触,是一种最直接、最有说服力的传播手段;二是,能为演讲者和听众提供双向沟通的机会,使双方保持有效的信息交流;三是,能提高演讲者个人和其组织的声望,可以向公众宣传组织的观点。为了取得演讲的良好效果,演讲者必须首先了解自己的受众,如受众的年龄层次、知识结构、社会背景、意见态度、行为特点等;还要确定演讲的主题内容,收集演讲素材,使演讲的内容充实丰富;要掌握演讲技巧,如用词准确,通俗易懂,条理清晰,逻辑严密,偶尔穿插小幽默,活跃场内气氛,根据听众情绪的变化调节演讲节奏。

(2)谈判是人们交换意见,相互磋商,以取得在某一问题上某种程度的一致行为。它也是公共关系人际传播活动中大量出现的形式。谈判是一项艺术性很强的公关工作。许多细节问题需要引起公关人员的重视,如做好谈判前的准备工作,尤其是有关资料的收集和背景情况的调查。在谈判中,力求创造诚挚、合作、轻松、认真的谈判气氛,还要善于调节和处理僵局;认真倾听对方的意见,了解对方的确切意图和发现问题等。

(3)书信、函柬作为组织与社会公众之间沟通的重要形式,属于公共关系人际传播中背对背的传播。信函虽然只有寥寥数语,却常能体现一个组织的政策和形象,体现组织的整体文化素质。一封优美流畅、热情洋溢的信函,会在组织与公众之间架起一座无形的桥梁。通过信函唤起公众与组织合作的愿望非常重要,因此,信函的语言要诚恳,要多为公众着想,让公众在信函中体验到组织的关爱。文笔要流畅洒脱,在书信语言里融入和蔼的微笑,将感情与所表达的内容贯穿在信函当中。另外,亲笔信要比用电脑打出的信更具有亲和力,工整、娟秀的字迹也很重要。公关函柬作为一种庄重的公关传播手段,常用于重大事件或庄重的场合,具有简洁和庄重的特点。柬帖上简洁的文字可以表达组织或个人的意见,或者通告组织的事务。函柬要求美观而精致,文字书写力求简练,措辞典雅而准确。对时间、地点和人名的表述要做到准确、清晰,发送柬帖要适时,太早了容易被对方遗忘,太迟又会被贻误。

2. 非语言传播

非语言传播是指在公关活动中运用人的感官所能感受到的人的动作、姿态和表情来传播信息的交流过程,即通过"人体语言"进行的传播。善于运用非语言传播,能使传播内容更为生动,更为深刻,更加感人。但非语言传播通常比较含蓄,难以把握。为取得人际传播的最佳效果,公关人员要注意自己的仪表、风度,言谈举止要大方得体,注意自己的形体语言和情态语言,了解沟通对象的内在心情,理解对方传递的细小信息,在人际传播中为组织在公众心目中留下良好的印象,也有利于组织与公众之间的沟通。

(1)共同性。由于人们之间交往的广泛和历史的悠久,在人际传播中,许多非语言符号已经成为传播的必要因素,具有很强的共同性。例如,微笑表示亲切、友好和宽容。在人际传播过程中,公关人员要常使用这类符号加强传播效果。

(2)情感性。在人际传播中,非语言传播往往是作为语言传播的补充而出现的,更多地用于表达感情。如公关人员待人接物的表情、态度,组织领导握手的姿势,服务员服务时的态度等,这些非语言发自内心深处,所表达的信息带有很强的真实性和可靠性。只有公关人员对传播的内容有态度、有情感,才可能有恰当的非语言符号的伴随。如果自己不具备某种情绪体验和感情,刻意去"设计"某些手势和表情,只会让人明显地感到"你在演戏"。

(3)差异性。受不同国家和地区的文化传统和习俗的影响,人的动作和姿态有很大的差异。这种差异有的是程度上的不同但意义相近,有的却完全是相反的含义。例如,点头表示同意,摇头表示不同意,几乎是大多数国家和地区通用的,但是在印度、尼泊尔等国家却恰恰与此相反,摇头表示同意,点头是反对。因此,公关人员在运用非语言传播时,一定要非常谨慎,事先了解当地的传统和习俗,再选择运用。

二、人际传播的特点

(1)人际传播双向性强,反馈及时,互动频率高。在人际传播中,每个人既是传播者又是接受者,在自己发出信息的同时也接受了对方的反馈,能够及时调整自己的传播策略和技巧,形成下一轮新的传播与反馈。因此,人际传播是一种高质量的公关传播活动,尤其在说服和沟通感情方面,其效果要好于其他形式的传播。

(2)传递和接收信息的渠道多、方法灵活。人际传播的优势在于,除了单纯的口头语言外,还有丰富的形体语言,如表情、姿势、动作、眼神,甚至语气等非语言符号参与传播,并且可以在传播者之间及时反馈、交流,形成特殊的传播情境,产生新的意义。同样,接受者也可以通过多种渠道来接收信息。

(3)沟通的情感性。人际传播是传受双方心理上相互影响的过程,尤其是面对面的人际沟通,传播对象和范围可以控制,可以听其言、观其色,而且表现形式灵活多样,加之表情和动作富有人情味,传播双方可以更多地进行感情交融,更好地相互理解,产生共鸣,达成共识。因此,在所有的传播方式中,人际传播的人情味最浓,最有利于达到以情感人的效果。

(4)局限性。相对大众传播而言,人际传播的信息量比较少,覆盖的范围比较小,传播的速度也比较慢,在很短的时间内,很难让更多的社会公众了解某一信息,主要适应于组织内部领导、管理人员和公关人员对内部公众进行信息交流。在人际传播活动中,特别是在多级的人际传播活动中,信息容易扭曲。

三、影响人际传播的因素

人际传播的过程并不是始终畅通的,在传播过程中会出现各种因素,形成传播障碍,影响人与人之间的交流沟通。

1. 语言因素

语言是由语音、词汇、语法等构成的符号体系,是人类重要的沟通工具。

人类必须借助语言表情达意、协调关系,语言出现障碍,就会影响传播效果。语言障碍因素一般表现在以下几个方面。首先,不同国家、民族的传播沟通会遇到语言障碍,如我们不懂英文,就很难看懂英文作品,无法了解作者表达的意愿。公众只能去接受与自己语言相通、文字一致的信息内容,而不能接受与自己语言不同、文字相异的信息内容,从而导致传播者找不到最佳切入点。其次,同一国家的同一民族因地区的不同而造成的语音不同,也会造成严重的传播障碍。生活中常有因语音不同而发生各种纠葛,造成严重后果。再次,同一国家、同一民族、同一地区的人们在信息传播时也会遇到语义障碍。最后,同一工作单位做不同工作的人也有一些不同的"语言"。如财务部门的主管可能在与人事部门的主管进行交谈时用一些专业述评而使对方迷惑,这类沟通问题就是我们所说的"行话"。同一句话在不同的环境或对不同的人表示的意思可能就不同。因此,在传递信息时,传播者必须将那些容易引起误解的词句表达明白、清楚。一般情况下,应该运用一些朴实、直接的语言传播信息。

2. 观念因素

人在生存过程中,都要经过社会化过程,家庭、学校、职业、宗教等常给人种植根深蒂固的各种观念。如果传播内容与人们固有的观念相违背,就会造成各种误解、曲解或拒绝,使组织无法取得理想的传播效果。

3. 年龄因素

不同年龄阶段的人有不同的要求、不同的价值观,从而对一些社会问题和公共事务形成不同的看法。年轻人愿意接受有关新事物、新问题的信息,老年人愿意接受有关传统的事情、方法、手段的信息,从而形成一种倾向,即不同年龄的人们乐于接受与他们原有认识或态度相一致的信息,而回避或不接受与其原有认识或态度相矛盾的信息。如,在与朋友联系时,老年人倾向于写信或打电话,而年轻人则更多地使用网络进行沟通交流。因此,公关人员在传播过程中首先要了解目标公众的年龄特征,根据他们的兴趣爱好有针对性地做好传播工作。

4. 心理因素

心理障碍是指人的认知、情感、态度等心理因素对传播沟通造成的障碍。

心理障碍大约有以下几种:首先是感情失控导致传播障碍,如感情冲动、心情压抑等对信息产生厌恶情绪,不愿交流。其次是迷信权威的心理会导致传播障碍。如心理学中有一个著名实验,一位大学教授在皮包里拿出一个装有液体的小玻璃管,告诉学生里面装的是他正在研究的一种新发现的物质,一打开试管,这种物质就会立即散发。这是一种无害气味,大家很容易嗅到。请闻到气味的学生立即举手。他打开试管后,从第一排到最后一排的学生立即都举起手来。其实这种物质,只不过是普通的蒸馏水而已。实验证明,迷信权威往往会使人接受虚假信息,从而造成相反的效果。再次,不调和心理会造成传播障碍。当接受者对传播者轻视、不信任时,对传播者产生了一定的心理距离,就会拒绝接受或扭曲其所传递的信息内容,从而影响传播效果。最后,两极化心理也会造成传播障碍。人们评价或者判断事物,常会呈现非此彼此的心理倾向,如不是成功就是失败,不是聪明便是愚笨,常忽略中间性,影响对传播信息的理解和接受。人际传播过程中产生一定的障碍是不可避免的,传播障碍产生的原因是复杂的。公关人员在工作中应尽可能地减少传播障碍,获得最优传播效果。

第三节 大众传播

一、大众传播的特点

大众传播主要是借助大众传播媒介向为数众多、范围广大的社会公众传递信息的过程。随着科学技术的不断发展,大众传播的现代化程度逐步提高,它使信息传递的速度和规模空前提高。大众传播的特点主要有：

（1）传播范围的广泛性。大众传播拥有大量的受众，这意味着大众传播是以满足社会上大多数人的信息需求而展开的大面积传播活动，也意味着它具有跨阶层、跨群体的广泛社会影响。因此，大众传播的内容要符合广大受众的各种要求，以引起他们广泛的兴趣。

（2）传播速度的快速性。由于科学技术的发展以及交通、通信条件的改善，大众传播媒介能够以最快的速度向公众传递信息。在这方面，电子传媒的作用更加明显。

（3）传播机构的专业化。大众传播的专业性是指传播机构的专业化和传播手段的技术化。现代大众传播是专业化很强的行业，由专业机构如报社、杂志社、电台、电视台等媒体和专业的编辑记者共同完成。同时，大众传播借助现代印刷、摄影、电话、传真、无线电、激光等技术手段，操作难度和技术含量很高。

（4）传播流程的单向性。大众传播在很大程度上说是单向的，因为它的主导者始终是传播者，接受者既不确知，也不稳定，很难取得直接的反馈。因此，大众传播的信息反馈比较迟钝，存在反馈渠道不畅、过程长、速度慢、成本高，而且不太准确等问题。

二、大众传播的功能

大众传播作为组织常用的一种传播手段，主要具有信息传播、引导舆论、教育、娱乐休闲、经济发展等功能。

1. 信息传播功能

向公众连续不断地传播大量信息，是大众传播的首要功能。大众媒介不断地向人们提供关于社会上各种事件的信息，比如关于公共事业、经济状况等方面的消息，满足社会和个人的日常信息需要。除此之外，对于那些即将来临的自然灾害或战争威胁，大众媒介能够及时地向人们发出警告，促使他们及早防御。在向公众传播信息的同时，大众传播还能够对周围环境进行监视，把有违社会规范的行为在媒介上公开，激起社会的谴责，使社会规范得以巩固和加强。

2. 引导舆论功能

引导舆论是一种组合功能，是指大众传播通过对新闻信息的选择、解释与评论，提出相应的解决方案与策略，从而把人们的注意力集中到当前环境中最为重要的事情或事件上。通过对新闻的选择和评价，甚至加以解释或提出对策，将社会舆论引导到有利于社会和人民的轨道上来，成为公众的议论中心。

3. 教育功能

大众传播的教育功能是指通过大众传播把文化传递给后代,延续社会传统、传播社会经验与知识,对社会或个人都有积极意义。大众传播的教育功能,表现为大众传播媒介可以创造一种重视教育、具有强烈教育意识的社会环境,使社会大众争相吸收和享用文化知识;它能通过持续不断的信息传播逐步夹带和积聚知识;大众传播媒介总是传播最新的知识、最常用的知识、最受公众欢迎的知识。传播的教育功能由来已久,并且在现代社会越来越显示出它的重要性。

4. 娱乐休闲功能

娱乐功能是大众传播最明显的一种功能。随着文化的发展和与外界环境的接触不断增多,人们越来越需要娱乐。特别是电子媒介的飞速发展,使人们对娱乐的需求得到了满足。传播学研究越来越强调大众传播的娱乐功能。但是,长时间的通过大众传播媒介进行娱乐休闲会增加人们的被动性,降低他们的审美情趣,限制人们的社会性行动。

5. 经济发展功能

大众传播媒介所提供的产品可以作为商品进入市场,所以大众传播媒介本身可以作为经济单位出现,其所提供的信息对社会经济也有着巨大的作用。随着社会信息化进程不断推进,大众传播媒介的这一功能越来越突显出来。

三、大众传播的种类与优缺点

大众传播是其他传播媒介实现最佳效果的"助动器"和"放大机"。常见的大众传播媒介主要有印刷类媒介和电子类媒介两种。如何在众多的大众传播媒体中选择适当的传播介质,是公关人员的一项重要工作。因此,公关人员必须了解和掌握各种传播媒介的优缺点。

(一)印刷类媒介

印刷类媒介是指借助于可视的文字、图片和符号传播信息的大众传播媒介,也称文字传播媒介。印刷类媒介信息容量较大,能对信息进行详尽、深入的报道,且易于保留、查找,便于读者选择阅读,但时效性较差,受读者文化水平的限制。常见的较为重要的印刷类媒介主要包括报纸和杂志。

1. 报纸

报纸是以客观事实报道和评论为主要内容,利用印刷文字,以比较短的时间间隔定期发行的印刷类大众传播媒介之一。报纸种类繁多,覆盖面广,是现代社会最普及、最重要的新闻传播媒介。

报纸的优点主要有:(1)报纸价格低廉,而且制作简便,是电影、电视、广播等无法相比的,而且随着科学技术的发展,计算机排版技术的广泛应用,使其在出版速度和质量上都有了明显提高。(2)报纸给予接受者更大的主动权,选择余地大,读者可以根据自己的习惯、兴趣、能力来选择,不受时间和空间的限制,随时可读,随地可看,自己控制阅读速度,可以一目十行,也可以逐字推敲。(3)报纸弹性大、版面灵活,可根据新闻内容、数量要求调整结构或安排版面,较少受限制。报道内容较深入、细致,既适宜处理反复思考的问题,也可以处理有深度的内容,一次读不懂可以再读一次。(4)报纸便于保存信息。报纸上的资料便于检索和保存,可以剪贴、摘抄成各种专辑,供日后反复、自由地取用和参阅。(5)报纸可以适应接受者的特殊需要。报纸可以变换自身的内容以适应不同接受者的特殊需要和兴趣,而且它可以办成各种特殊性质的专门报纸,如《计算机报》满足电脑爱好者的需求,《足球报》可以适应不同层次足球爱好者的兴趣。

但是,报纸本身也有不足之处:(1)即时性和感染力差。文字比之于言语,对公众的感染力稍差一些,这就使报纸虽然附有图片和表格,但仍不及电影、电视那般形象、生动、直观,也不及广播那样有直接对话般的亲切感。(2)制约报纸发行的因素较多,如地域、交通、气候、灾难、战争等,均会影响报纸传递信息的速度,使其传播不如广播、电视及时。(3)读者文化层次的限制影响了它的传播范围。阅读比观看、收听更要求接受者具有一定的文化水平和理解能力,这就造成文化程度低的人阅读起来比较困难,影响报纸的传播范围。

2. 杂志

杂志是报纸向深度和广度发展的印刷品媒介。当人们对报纸所发布的信息力求做更深更广的了解,或者对某类信息有浓厚的兴趣时,杂志便应运而生。杂志按发行周期,可以分为周刊、半月刊、月刊、双月刊、季刊;按性质,可以分为专业性杂志和非专业性杂志。专业性杂志侧重于某个领域,并在其领域内可以形成权威。杂志发行量一般小于报纸,价格略高。

杂志主要有以下优点:(1)突破报纸的地域性限制。杂志可以在全国公开发行,不受地域的限制,甚至还可以冲破国界的限制。(2)杂志种类繁多、发行量大、读者范围广,专业性和针对性较强,读者群比较稳定,报告的内容深入细致,传播效果明显。(3)杂志传播的信息比报纸更全面、准确。由于杂志发行期较长,采编时间充足,经过精细加工,形成翔实完整的报道,既给读者留下深刻印象,又具有学术价值和史料价值,易于保存,易于检索,便于读者重复阅读。(4)杂志一般印刷精良,图文并茂,具有较强的艺术感染力。

杂志也具有一些本身无法克服的缺点：出版周期长，导致传播速度慢；不及影视节目感人；专业性很强，要求读者具有一定的文化素质和接受能力，限制了读者群。

（二）电子类媒介

电子类媒介是指运用电子技术、电子技术设备及其产品进行信息传播，接受者要借助接收器接收的大众传播媒介。电子类媒介使用多样的符号进行传播，有文字、声音、图像。声像符号具有形象性，形式变化多样，使电子媒介具有更强的纪实性、生动性与感染力，主要有广播、电视、网络传播、手机短信等。

1. 广播

广播是指通过无线电电波或导线传送声音节目、供大众收听的传播工具。广播以语言、音乐、音响等作为传播符号，具有较强的写实性与表现力。据联合国教科文组织的统计，在当今世界三分之二的国家里，广播是最主要的传播媒介。

广播的主要优点有：（1）覆盖面广、传播速度快，一般不受时空限制，能够及时、广泛地把信息传播给广大公众，有效传播范围广。（2）广播以口语化的语言和音响作为传播的主要手段，通过语音、语调、语速的变化和丰富的表现方法加强传播的效果，表达亲切，具有感染力，能够激发听者的想象力。（3）广播对广大接受者来说具有较强的接近性，因为传播者的传播与接受者的收听同步进行，使接受者获得了相当程度的参与感，双方就好像在进行面对面的交流，更接近面对面的人际传播。（4）广播不用文字作为传递信息的载体，比较适合不同文化程度的广大受众，接受容易，在收听广播时，可以做一些机械性的、无需多加思索的工作。（5）广播节目制作方便，设备简单，费用较低。（6）广播节目的专业化又使社会组织易于识别听众与组织的诉求对象是否一致，易于选择利用。

广播的缺点主要有：（1）信息难以储存。广播在规定时间内传播信息，稍纵即逝，如不及时录音，信息便无法留存，听众无法像运用报纸、杂志那样易于保存和反复使用。因此，广播需要反复播出方能收效。（2）缺乏视觉冲击力，形象感不强。广播无法展现图像，以口语化方式播放，文字简洁。因此，在形象感方面比不上电视、电影，甚至比不上报纸，听众对广播信息的注意力容易分散。（3）接受者不能很主动地选择信息。电波频道有限，而频道过多相互之间又会影响传播效果；自由选择节目的范围有限，一次只能收听一个频道，收听某一节目又受节目播出时间的限制，一旦错过就再难收到；收听广播必须按播音顺序来听，不能加速、减速或更换。听众完全受广播预先排定的节目顺序、时间、速度的支配,处于被动接受的地位。

2. 电视

电视是将声响、文字与互动画面结合起来,主要供家庭或小群体使用的大众媒介,产生于20世纪20年代。电视发展速度相当迅速,已遍及世界各地。现代生活离不开电视,电视已成为家庭生活的一部分,是人们获取信息的主要渠道。

电视作为一种最主要、最有效的传播媒介,其优点是:(1)感染力强。电视是文字、声音、色彩和形象等多种传播媒介的结合体,它能同时给人们带来听觉和视觉的双重感受,直观、生动、形象,给人一种身临其境的实体感觉,具有很大的吸引力和影响力。(2)电视传播迅速,覆盖面较广,播出的时间长。电视新闻的制作过程与传播过程比报纸要快。电视播放在时间上具有同步性,空间上具有同位性。(3)高度的娱乐性。电视节目具有多样化的特点,可以同时提供多个频道的节目,而且娱乐性、互动性的节目越来越多。观众也可以根据自己的喜好选择自己喜欢的节目。(4)大众性。一方面,随着社会经济的发展,电视的普及程度越来越高;另一方面,电视不受文化教育程度和艺术素养的限制,已成为一种家庭媒介。

电视的缺点主要有:(1)电视在排定的时间内播放,传播的声像信息瞬间即逝,观众不能很方便地加以保存和反复使用,需要反复播出才有效果。收看电视还受时间、地点和诸多条件的限制,不如其他媒介灵活。(2)受经济发展水平的制约,电视传播的范围受限制,如贫困地区的公众收看电视的可能性较小。(3)电视节目的制作耗费巨大,制作、播放和收视的成本较高;特别是它不能依靠个人或少数人完成,往往是众多人形成的专门性组织共同协作的结果。(4)有线电视未开通的地区,电视频道较少,由于收看时只能选择一个频道,接受者常常被动地选择节目,播什么看什么。

3. 网络传播

互联网是当今人类社会拥有的全新的传播媒介,是21世纪信息高速公路的雏形。它主要通过电脑、光纤和现成的通信线路,将全世界多个国家和地区的数千万用户连接起来,形成一个全球范围的电脑互通网络。它可以进行文字、数据、图像、声音等多媒体的沟通,具有许多现代化的传播沟通功能,为人们提供了新的思维方式、新的策划思路和新的传播媒介。互联网具有传播范围广、超越时空、高度开放、双向沟通、个性化、超文本、低成本等特点,成为现代社会最具影响力的一种新的大众传播媒介。

网络传播与传统媒体相比,具有鲜明的特点,其优势特别明显:(1)超越时空,高度开放,传播的范围广泛。互联网的触角已经延伸到了几乎世界的每一个角落,使信息传播完全打破了传统的或者说物理上的时空概念,不受时间、地点、频道、国界、气候等影响,有着极自由的时间和广阔的空间。(2)时效性。传播速度快是网络传播的一个明显优势,在电子报纸上,新闻的撰稿、投稿、审稿、修改、签收、排版、校对直到播发都可以通过电脑直接操作,其时效性是不言而喻的。(3)丰富性。互联网上的信息来自四面八方,开放的用户上网,自由的信息进出,决定了网上信息面广量多,这是其他任何媒体都无法比拟的。(4)平等的参与性。在传统的大众传播领域中,编辑、记者、出版社等享有信息资源的行业特权,在传播中处于垄断或支配的地位。而网络具有独特的交互技术,提供了一种新的交流方式,任何人都有支配信息的权利,可以平等地发布信息、获得信息、交流信息。(5)互动性强。交互性是互联网媒介的最大优势,它不同于传统媒体的信息单向传播,而是信息互动传播。在互联网上,信息接受者可以根据自己的需要和兴趣获取有关的信息,同时也可以自由地、及时地反馈自己的意见。(6)成本费用低。在传统的大众媒体上收集信息、发布广告,需要花费很多的时间和很高的费用。通过互联网收集信息、推广宣传自己的形象,在时间和费用上都不需要花费太多。而且,在互联网上还可以按照需要随时更改信息,所需费用很少。(7)强烈的感官性。网络传播的载体基本上是多媒体、超文本格式的文件,受众可以对感兴趣的组织、产品或服务了解更为详细的信息。这种以文本、图片、声音、动画等多种形式传送的信息,让公众身临其境般地感受商品或服务的品质,大大增强了网络传播的实效性。

任何事物都不是十全十美的,互联网也不例外。互联网作为一种新的大众传播方式,虽然为社会组织与公众沟通交流提供了新的舞台,但也存在着有待解决的问题。(1)沟通交流的虚拟性。一方面,隐私权是互联网所面临的重要问题。一般的网络访问者可能担心个人站点被侵犯而发回不准确的信息。另一方面,互联网是个言论彻底"自由"的电子空间,在互联网上人们能够隐匿自己的身份。网络毕竟是一种虚拟世界,有些网民出于不同的目的而传播与现实不符的信息。因而,应客观地对待网络信息。(2)传播内容的不可控性。传统的大众传播媒体受到法律和行政的制约和监督,具有可控性。而网络媒体因为没有中心控制的计算机,信息的发布、使用以及信息的内容都具有不可控性。网络信息内容可谓千奇百怪,无所不有,有些内容是不健康的,危害青少年的健康成长。由于民族文化、道德观念等的差异,各国对什么该上网,什么不该上网,可能永远不会取得完全一致。一些别有用心之人在网上传播小道消息,散布谣言,导致负面舆论的形成,影响社会的安定与发展。(3)影响健康。互联网主要是以计算机和移动电话作为终端用户的设备,而计算机和移动电话在使用过程中都会产生一定的辐射,长时间的上网影响人们的健康。(4)传播对象的有限性。一方面,受经济能力制约,不少家庭没有能力使用互联网。在经济不发达地区,电脑本身的费用以及上网所花的费用仍使他们"望网兴叹"。另一方面,必须有一定的计算机知识才能使用互联网,一些年龄较大或文化层次较低的人,不具备计算机操作技能,还只停留在使用传统媒介的层次上。

4. 手机短信

随着信息产业的发展,手机已走出非面对面人际传播的范畴,不再是简单的通信工具,而是成了信息传播的一种有效手段,在信息传播方面起到了前所未有的作用。手机短信超越了地域、时间和电脑终端设备的限制,从一种通讯终端演变成一种信息终端。手机这种接收信息不分时间、地点的优势,弥补了传统媒介的不足。

手机短信便宜、快速、方便的优点,使之成为一种普遍的人际沟通方式。如短信拜年已被越来越多的人所接受,成为一种时尚的人际交往手段。在日常生活中,人们利用短信互致问候、保持联络、传递感情、表示感谢、消除误会等;有的甚至通过互发笑话来调剂紧张的生活,人们往往在轻松一笑中加深了感情,融洽了关系;一些不宜用声音直接表达的意思,可以用短信来方便地传递。但是,在使用手机短信时应注意:不要向所有人发送同样的短信;不要盲目使用转发功能;在发送短信时最好注上姓名,尤其向不常联络的人发送时更应如此。

手机短信新闻,是新闻传播的又一次飞跃。它几乎可做到与新闻事件同步,突发事件几秒钟后就能传播给受众;同时,它改变了新闻传播的信息接受方式,由静态接受变为动态接受。不管你在上班途中或火车上,随时随地都可以了解天下大事。"看新闻"再也不仅仅是:坐在电视机前,或手捧一份报纸,或目不转睛地盯住电脑了。"短信新闻"兴起,迎合了现代人对新闻资讯的消费需求:即时同步、方便快捷、不求甚解。

手机短信除了传播新闻外,还可以进行短信炒股、广告营销、管理企业、小区广播、短信竞猜、短信查分等。比如,现在很多中小学实行教育一线通,通过短信与学生家长进行沟通和交流,使家长能够及时了解孩子在校的表现情况及作业完成情况等信息。

短信业务在加速普及的同时,其"世俗化"特征也开始显现。传统社会经济生活中的一些毒素开始渗透到短信业务中。诈骗、推销和骚扰短信等不良信息严重影响着短信业务的健康发展。部分投机者利用手机短信平台,向不特定用户发送中奖、求助等虚假信息,骗取接受者的钱财。部分怀有不健康心态的个人,利用网络短信作为发送工具,向特定或不特定对象发送流言、淫秽等不良信息。因此,大家要行动起来,铲除"短信骚扰",促进短信市场的健康发展。

四、选择大众传播媒介的原则

大众传播媒介的选择,直接影响到组织形象的传播效果。选择适当的传播媒介,能够有效地将组织形象迅速地传播给公众,否则就会浪费人力、物力和财力,给组织带来不必要的损失。选择大众传播媒介应注意以下原则:

1. 根据目标公众选择

不同的社会组织面对的公众对象是不同的,不同时空下的公共关系活动中所联系的公众也会有所不同。公关人员要根据公众的经济条件、职业、兴趣、文化程度等的不同,有的放矢地运用与之相适应的传播媒介。如果企业为了向青年公众宣传形象,选择网络、青年杂志较好。企业为了赢得党政部门公众的支持,选择党刊、党报等传播媒介为好。在农村及一些偏远地区,经济条件及电视的收视、普及率较低,收视效果较差,选择广播的传播效果则可能更好。

2. 根据组织特点选择

不同媒体的特点不同,适用的传播类型也不相同,媒体选用得当,可取得事半功倍的效果。如,对于商业企业,因为经营的商品主要是面对广大的消费者,可以选择报纸、电视等传播面较广的媒介,让尽可能多的消费者了解企业。对于零售商业,它的消费对象相对稳定,区域较窄,可以选择路牌、霓虹灯媒介传播自己的形象。对于机器设备制造企业,因客户比较单一,采取邮寄杂志的方式,有针对性地对特定的公众进行宣传,效果更为显著。

3. 根据传播内容选择

不同的传播内容要选择不同的媒介。一般说来,如果要传播的信息是较难理解的,需深入分析报道的,适用印刷媒介;传播信息简单,易理解的则适用电子媒介。如果信息内容侧重于声音,可选择广播;如果侧重于画面,可选择电视、网络等。如果信息有较大参考价值,必须保存,宜采用印刷媒介;如没有收藏价值,不需记录和保存的则适用电子媒介。如传播信息要求较详细、趣味性较小,宜用印刷媒介;如需声情并茂、易引起兴趣的,则可用电子媒介传播。年龄大、文化水平高者愿意接收知识性、政治性、公共事业性较强的信息,应较多使用印刷媒介;而年龄小、文化水平低的更喜欢接受趣味性较强的信息,宜多使用电子媒介。

4. 根据组织实力选择

使用任何传播媒体都必然要支付一定的费用。组织在进行公关活动时,必须同时考虑传播成本与预期传播效果两个方面。如电视传播效果好,但费用高,通常以秒计算。因此,在选择公共关系传播媒介时,一定要从组织自身实际出发,考虑组织的经济实力,量力而行,不应为了追求声势而盲目选用传播媒体,尽量以最小的投入获取最大效益,做到"少花钱,多办事,办好事"。其公式是:预期选择率=可期望得到的报酬/付出的代价。

案例分析 >>>

"请留心你家的后窗"[①]

20世纪50年代,好莱坞影片《后窗》风靡我国香港地区。该片描写了一个脑部受伤的新闻记者,在家养伤时闲极无聊,便买来一架望远镜,每日坐在屋子里从对面楼层的后窗窥视住户的家庭隐私,从而卷进了一场谋杀案。影片上映后,香港人竞相观看,形成了"后窗热"。这时,香港地区一家生产百叶窗的企业成功地抓住了这一事件。他们在报上连续刊登题目为《请留心你家的后窗》的销售广告,其生意一下子兴隆起来。

问题:

1. 试运用公共关系学中的相关知识分析这一案例。

本章小结

1. 传播,是指社会组织通过符号、图像和媒介,将自身的信息和观点有组织、有计划地与公众进行传递和交流的过程,使公众在思想、观念、态度、行动等方面发生相应变化,树立组织在公众心目中的形象,以此提高社会组织的知名度、美誉度与和谐度。

2. 在公关传播过程中,公关人员要把握公关传播所具有的社会性、双向性、情感性、互利性、共享性等特点。

3. 根据公共关系和公关传播的目标,公关传播效果可以分为信息、情感、态度、行为等四个层次。

4. 公关传播包括自身传播、人际传播、组织传播、群体传播和大众传播五

---

① 资料来源:http://cache.baidu.com,有改动。

类。在公共关系工作中,社会组织应根据实际情况,选择不同的传播类型,有时也可以综合运用几种传播类型,以取得最佳的传播效果。

5. 在传播过程中,公关人员要遵循信赖性、明确性、持续性、针对性、适时性、经济性、适量性等七个原则。

6. 大众传播具有传播范围的广泛性、传播速度的快速性、传播机构的专业化、传播流程的单向性等特点。大众传播主要有信息传播、引导舆论、教育、娱乐休闲、经济发展等功能。公关人员在工作中要依据目标公众、组织特点、传播内容、组织实力等来选择报纸、杂志、电视、广播、网络等大众传播媒介。

复习思考题

1. 公关传播包括哪几种类型?试分析每种传播类型的特点。

2. 试运用公关传播效果层次理论分析评价:"好酒也怕巷子深"和"王婆卖瓜,自卖自夸"。

3. 走访当地汽车销售市场,了解当地电视、报纸、杂志、广播、网络等媒介对汽车销售的传播情况,并对各自传播特点进行深入比较,分析汽车行业选择具体传播媒介的依据。要有媒介资料,有事实依据,有自己的评价。将你的收获与同学们分享。

4. 以实训小组为单位,请同学们分别模拟组织公关人员——"推销员"向公众——"顾客"介绍某一新款化妆品的有关信息,体会人际传播中语言传播和非语言传播的运用效果。

5. 做一个传播实验,教师准备一则新闻报道,字数100字左右,再请出6—8位同学。先请第一位同学把报道看一遍,不超过1分钟,然后让第一位同学把所看到的内容告诉第二位同学,第二位同学把听到的告诉第三位同学,第三位再告诉第四位,依次进行下去。请最后一位同学把他听到的告诉全班同学。看看第一位与最后一位同学传播的内容有什么不同?

第六章　公共关系的工作程序

本章提要

要使公共关系活动得以顺利地开展，必须遵循一定的程序，有条不紊地进行，其基本程序可分为公共关系调查、公共关系策划、公共关系实施和公共关系评估四个步骤，通常称之为公共关系的"四步工作法"。本章主要介绍这四步工作法中每个步骤的内容、程序、原则和方法等。

**本章学习目标**

- 明晰公共关系调查、计划、实施和评估的含义；
- 熟悉公共关系评估的方法和程序；
- 理解公共关系策划的原则与程序；
- 掌握公共关系调查的方法，能够进行组织形象分析；
- 掌握公关计划实施的时机选择。

案例导入

女总统的笑[①]

马尔他总统芭芭拉访问上海期间曾下榻锦江饭店。锦江饭店公关部的工作人员在接到任务后查阅了大量资料，进行了周密的准备。当芭芭拉走进总统

---

① 资料来源：http://cache.baidu.com，有改动。

套房时,意外地发现化妆台上放置了全套"露美"化妆品、烘发吹风机;不仅有制作精美的珠花拖鞋,房间的一角还放置了一架昂贵的钢琴,不由地露出了满意的笑容。临行时她亲笔留言:"在上海逗留期间,感谢你们给予我第一流的服务,并祝你们幸福,前途美好。"

请问:

上海锦江饭店公关部的工作人员了解马尔他总统的爱好,采用了哪种调查方法?为什么说公共关系调查是公共关系工作的基础?

第一节 公共关系调查

一、公共关系调查的作用

公共关系调查是公关人员根据本组织的公共关系目标,运用科学的方法,有计划、有步骤地搜集相关信息,综合分析相关因素及其相互关系,以考察组织的公共关系状态,了解组织面临的公关方面的实际问题,从而为组织的形象设计、公关活动的策划提供依据。

(1)公共关系调查是组织开展公关活动的前提和基础。公共关系调查工作是一项基础性工作,它贯穿于整个公关活动的全过程,是公关活动其他环节的基础。只有搞好了调查研究,探明事实真相,掌握与组织的活动和政策相关联并受其影响的公众的认知、观点、态度和行为,确定组织所面临的问题,其他诸环节才有可能卓有成效地进行下去。事前的调查,是制订公关计划的基础;事中的不间断调查,是及时纠正偏差、保证公关活动顺利进行的必要条件;事后的调查,则是检查评价公关活动成效的重要依据。

(2)公共关系调查是社会组织塑造良好形象的手段。公共关系调查本身就是一项沟通公众关系、塑造组织形象的重要公关工作。一方面,社会组织进行公共关系调查,公众会觉得组织能够认真征询他们的意见,是尊重他们,从而使调查活动本身就在公众心目中留下了良好的印象。另一方面,公共关系是一项广泛了解信息的活动,通过与社会各层次公众的接触,组织既传播了信息,又有了信息的搜集和反馈,树立了组织的良好形象。为了准确、及时、有效地搜集和传递组织内外部的信息,公关人员必须掌握和运用公共关系调查方法,预测未来;采取恰当的对策,防患于未然,使组织保持良好的信誉和形象。

(3)公共关系调查是社会组织科学决策的依据。公共关系调查可以帮助组织明确其所面临的问题,为制订公关目标、公关计划以及为领导层的科学决策提供依据。组织的领导是组织方针政策的决定者,其决策的正确与否是组织各项活动能否取得预期效果的重要保证,甚至关系到组织的生死存亡。因此,能否客观、全面地把握事实的真相,直接关系到组织领导的决策质量,事关决策的成败。

(4) 公共关系调查可以提高公关活动的成功率。通过公共关系调查,可以了解组织人力、物力、财力方面的情况及组织开展公关活动的主客观条件,这样才能保证公关活动有充分的准备和切实可行的方案,并取得良好效果。

二、公共关系调查的内容

1. 对组织基本情况的调查

对组织基本情况的调查包括组织自身情况和组织自我期望形象的调查。

(1) 对于组织自身情况的调查,涉及以下基本内容:① 组织的基本状况。包括组织的成立时间、发展历程、重大事件及主要业绩;组织的发展目标、发展战略与发展方向;组织面临的国家政策环境、社会文化环境以及有关社会组织的其他状况等。② 组织的经营状况。如组织的经营目标和方针;产品的品种和质量、市场销售情况和市场占有率;组织的生产、营销,以及新技术、新产品开发等方面的状况。③ 员工队伍情况。如组织员工的基本素质和管理水平;员工的思想动态;员工对企业大政方针的支持程度与意见;员工队伍的变化;员工的一般状态,如文化水平、家庭情况、专业特长、兴趣爱好等。

(2) 组织自我期望形象的调查,就是分析组织中不同成员对组织现状和对组织形象的期望水平。① 领导层对组织形象的期望。组织领导层作为组织的决策者和领导者,决定着组织的总目标、发展战略方向、重大项目决策等,他们对组织形象的期望,往往代表了这个组织整体对自身社会形象的期望,对于组织社会形象的选择和建立具有决定性的意义。因此,公关人员必须详尽研究领导层所拟定的各项目标和政策,领会领导层的决心和意图,分析和研究领导们的性格、言行、经营风格及惯性思维方式,正确测定他们对组织形象的期望水平和具体要求。② 员工对组织形象的期望。员工是任何组织赖以生存和发展的细胞,员工的工作态度和行为对组织目标和策略的实现具有决定性意义。组织自我形象的设计和确立,只有得到广大员工的参与和支持,才能成功。只有通过详细的调查和研究员工对本组织的评价、要求、批评、建议和归属感、自豪感,以及他们在本职岗位工作上的表现情况,才能如实地反映广大员工对组织形象的期望。

2. 对组织实际社会形象的调查

(1) 组织实际社会形象调查的内容包括:① 调查公众对组织的知晓情况。

调查公众的知晓情况,就是调查公众对于组织希望其知道本组织有关情况的了解,包括知道的范围、程度及其原因等。② 调查公众对组织的态度情况。调查公众的态度情况就是调查公众对组织的行为和政策的看法和意见等。列出与组织政策、行为有关的具体事项,比如经营理念、办事效率、服务态度、业务水平、产品质量等,并列出公众对于所列举的事项可能有的态度类型,比如很满意、比较满意、一般、不够满意、很不满意等,以征询公众的意见,了解和掌握公众对组织的具体评价。③ 调查公众对组织的行为情况。调查公众的行为情况就是调查公众对于组织的具体政策、行为等准备或正在进行的抵制、反对等行为,这些人为什么要这样做,他们的行为将会或已经对组织产生什么样的影响,其影响的程度和范围怎样,等等。

(2) 组织社会形象地位的测量。在实际工作中,人们往往运用"组织形象地位四象限图"的方法,测定组织的实际社会形象地位。其具体方法如下:① 构图,设纵横坐标。以横坐标表示知名度,从左到右设 0 到 100 个标度;以纵坐标表示美誉度,从下到上设 0 到 100 个标度。这些数标的单位是百分比,如 50 = 50%,然后,构成完整的四方图形,整个图分为四个象限。Ⅰ 象限表示高知名度、高美誉度,组织形象处于这个区域时,说明组织的公共关系处于最佳状况,公共关系的重点是全面维护型。但是也要注意,过高的知名度也会给美誉度带来压力,组织必须时刻保持高度警惕。Ⅱ 象限表示低知名度、高美誉度,说明公共关系具有良好的发展基础,公共关系工作的重点应在维持美誉度的基础上,找出影响知名度的原因,致力于提高知名度。Ⅲ 象限表示低知名度、低美誉度,说明组织的公共关系状况不佳,应该作出全面具体的调查,以提高组织的美誉度为重点,进而带动扩大组织的知名度。Ⅳ 象限表示低美誉度、高知名度,说明组织的公共关系处于低劣状态,应该全面反省。首先降低已经负面的知名度,努力改善自身,设法恢复信誉,提高美誉度,再追求知名度。② 通过调查,分别求出本组织知名度和美誉度的百分比。知名度是被调查人总数与其中知晓组织状况人数之比,美誉度是知晓组织状况人数与其中对组织持肯定态度者之比。例如:假设调查了 200 人,其中 80 人知道组织状况,其知名度即为 40%。知道组织状况的 80 人中有 60 人对组织持肯定态度,其美誉度即为 75%。③ 将上述标度在坐标上标出,即可形成该组织的形象地位图(如图 6-1 所示)。

从图 6-1 中可知,该组织处于第 Ⅱ 象限,有着较高的美誉度,而知名度尚需提高。

(3) 组织形象要素分析。组织的特定社会形象,是由一系列要素构成的。我们通常以"语意级差分析法"制作"组织形象要素调查表",将有关组织形象

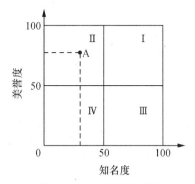

图 6-1 组织形象地位图

的知名度和美誉度分析为基本要素,将一般的形象具体化,以便找出组织所存在的问题,有针对性地采取措施。具体步骤如下:① 列出事关组织形象的重要项目。如关系组织知名度的组织规模、发展历史、产品质量等;关系组织美誉度的"服务态度"、"业务水平"、"办事效率"等等。② 设计语意级差。即每个要素分别以正相反对的形容词表示"好"与"坏"两个极端,在这两个极端中间设置若干程度渐次有差别的中间档,一般为 3—7 档,使公众可对之作出程度不同的评价。如可以将"经营方针"分为:"非常正确"、"相当正确"、"稍微正确"、"一般正确"、"稍微不正确"、"相当不正确"、"非常不正确"等程度不同的评价档次。③ 设计调查表。将各形象要素的语意级差以适当方式汇成组织形象要素调查表。④ 实际调查。请组织的目标公众凭自己的认识作出评价。⑤ 统计。将所有调查表依每一项目的级差归类总结。例如,假设被调查者有 100 人,实际调查情况如表 6-1 所示(该表设计可根据组织的实际需要增删或改变内容)。

表 6-1 组织形象要素调查表

评价人数 / 调查项目	非常	相当	稍微	中	稍微	相当	非常	评价人数 / 调查项目
方针正确		65	25	10				方针不正确
办事效率高			25	65	10			办事效率低
服务态度好				15	20	65		服务态度差
业务水平高					20	70	10	业务水平低
经营有创新				10	20	60	10	经营无创新
顾问有名气						10	90	顾问无名气
公司规模大					25	55	20	公司规模小

通过上述分析,我们便可得出结论:该组织经营方针正确,办事效率一般,服务态度欠佳,工作缺乏创新精神,管理顾问名气小,公司规模过小。这个调查结果可以用来进一步分析组织形象差距及其产生的原因,并且针对这些原因制订公共关系的计划和措施。

(4)组织形象差距的比较。公众所期望的组织形象与组织自我期望的形象往往有差距。组织必须找出两者之间的具体差距,然后弥补或缩小这些差距,这是组织公共关系工作的目标所在。在形象要素调查分析的基础上,可利用"组织形象要素调查表"(表6-1)来进行形象要素差距分析。形象要素差距分析可通过"形象要素差距图"来进行。第一步,在"语意级差分析法"基础上,将每一形象要素以一横线表示,同时,将"组织形象要素调查表"中表示不同评价的七个档次相应数据化,一级为10:10表示非常差,20表示相当差,依此类推,70表示非常好,制成"形象要素差距图"(如图6-2)。第二步,将"组织形象要素调查表"中各个项目内容的组织自我期望值标于图中,并用虚线将各点连接起来。第三步,根据"组织形象要素调查表"的调查统计结果,计算公众对每一调查项目评价的平均数值。平均值的计算方法如下:① 计算各档次评价总分(每一档次评价总分 = 该档次分值 × 评价人数);② 计算每一调查项目获得的评价总分(每一调查项目的评价总分 = 该项目各档次评价总分之和);③ 计算该项目评价的平均值(平均值 = 该项目评价总分 ÷ 调查总人数)。例如,调查人数为100人,其中"服务态度"项目评价为:15人记为中等(15×40),20人记为稍微差(20×30),65人记为相当差(65×20)。将上述各档总分相加,除以100,得25。第四步,将计算结果绘在图上并连接各点,得出组织实际形象线。图中虚线部分为组织自我期望形象线,实线部分为组织实际形象线,两线之间的距离就是组织自我期望形象与组织社会实际形象的差距(如图6-2所示)。

对照分析,表明该组织的实际社会形象落后于组织所设计的标准形象。其中,除"经营方针正确"基本达到要求外,其他各类形象要素比较都有大小不等的差距。找出差距,发现问题,也就明确了公共关系的工作方向。

三、公共关系调查的方法

公共关系调查常采用以下方法:

1. 访谈法

访谈法又叫询问法,是组织将所拟调查的事项,通过个别谈话或召开座谈会的方式,向被调查者提出询问,来收集信息的一种调查方法。其特点是:直接与调查对象见面,有较强的直观性,并使公众更深刻地感受到组织的影响;有较

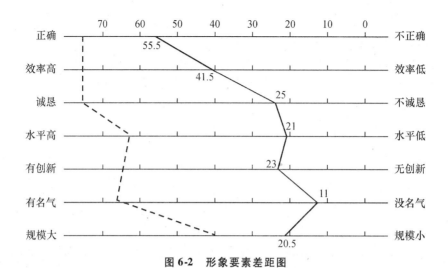

图 6-2　形象要素差距图

好的灵活性和适应性,便于调查人员根据公众回答的情况调整谈话题目;回答率高。但这个方法的标准化程度低,给统计分析带来一定困难。

2．观察法

观察法是指调查人员在现场从旁观察、记录被调查者的活动,以收集有关资料的方法。观察者可参与被观察者的活动进行观察,也可以以旁观者的身份观察;可以在自然状态下观察,也可以在人为制造的场景下观察等等。在观察对象没有任何察觉的情况下进行比较合适,因为这样才能搜集到比较真实客观的信息。观察法只能了解被观察对象的行为,而对于被观察对象的动机、需要、态度、兴趣等心理活动则了解得不够深入。

3．问卷调查法

问卷调查法是指把所要调查的问题设计成设问的方式表达的问卷,从而搜集信息的一种调查方法。问卷法更详细、完整和易于控制,成本低和标准化。但使用问卷法,回收率难以保证,问卷设计的全面性难以把握,且被调查者必须具有一定文化程度,否则难以作答。

（1）调查问卷的结构。

调查问卷的结构通常包括三部分:前言、主体和结束语。前言是对调查目的、意义及有关事项的说明。问卷的主体包括调查问题的内容和问题形式。结束语主要是用简短的语言对被调查者的合作表示感谢。

（2）调查问卷的类型。

调查问卷主要有封闭式问卷和开放式问卷两种。

所谓封闭式问卷,是一种事先确定了可供选择答案的问卷,即不仅问题是相同的,而且每个问题都事先列出了若干个可能的答案,由被调查者根据自己的情况,在其中选择认为恰当的一个答案的调查方式。这种问卷设计较难而回答容易,便于统计分析,且资料较准确;但答案范围狭窄,往往不全面、不具体。封闭式问题的提出有多种形式,常见的有以下几种:

① 是否式选择题,要求做是非(二项)选择。例如,

问:你是该商场会员吗?

答:a. 是;b. 不是

② 单项选择题,列出多项答案,只选一个。例如,

问:你购买诺基亚手机的最主要原因是什么?

答:a. 质量保证;b. 价格合理;c. 功能齐全;d. 服务完善

③ 多项选择,即在问题后面列出许多(多于两项)备选答案,而且备选答案之间必须相互排斥而彼此不包容。例如,

问:你经常读的是下面哪几类报纸?

答:a. ×市晚报;b. 电脑报;c. 人民日报;d. 参考消息;e. 足球报

④ 排序选择,即在问题的后面列有多种备选答案,而备选答案有程度或次序等方面的差异。调查对象在选择时,依据自身的情况对备选答案排列顺序,并给出回答。例如,

问:您认为该商场的服务态度怎么样?

答:a. 很好;b. 较好;c. 一般;d. 不好;e. 很不好

所谓开放式问卷,是指问题虽然对每一个被调查者是相同的,但不事先作出任何选择答案,被调查者可自由回答的调查方法。其设计容易,但回答难,而且答案过于分散,不易归纳,不利于统计分析,资料不准确,易产生偏差。其优点是可以让被调查者充分发表意见,从而得到全面、具体的答案。开放式问卷一般用于探索性的问题上,调查者对此问题不了解,需要搜集原始资料时较多采用;它还常用于正式调查前的小规模调查,便于了解情况。

由于开放性问题和封闭性问题都有一些不足之处,因此,在一份问卷中,应该既有开放性问题,又有封闭性问题。此外,设计问卷还应注意以下事项:① 一张问卷上的问题不宜过多(一般不超过30个);② 问题的措辞应该简洁、准确、易懂,不带倾向性和引导性;③ 问题的顺序应按问题的类型、逻辑关系、对象心理合理安排;④ 调查题目一般掌握在20分钟能答完的限额以内;⑤ 问题简单明了,避免使人反感或戒备的提法。

4. 抽样调查法

抽样调查是指从调查对象总体范围内抽取一部分样本作为调查对象,然后从调查研究的结果中获得数据材料,以此推断出一般情况的调查方法。该方法针对性强、调查次数少,可以降低调查成本、提高调查效率,是公关调查常用的一种方法。抽样调查法分为随机抽样和非随机抽样两种,通常说的抽样调查一般是指随机抽样调查。常见的随机抽样调查方法有:① 简单随机抽样法。这是最基本的随机抽样方法,即对总体单位不进行任何组合,仅按随机原则直接抽取样本。如从某班级 40 名学生中,直接随机选择若干学生作为样本进行调查。② 分层抽样法。先将总体按一定的特性划分为不同的层,而后在每层中按简单随机抽样法抽取样本进行调查。③ 标准抽样法。它是以中等水平为标准抽取样本获得总体资料的方法。

5. 文献分析法

这是一种间接调查法,调查人员不直接与公众接触,而是通过收集、整理、保存、检索和分析文献资料,积累资料,在急需使用时能够迅速查出有关资料,分析事实与观点,为公共关系活动服务。

四、公共关系调查的程序

公关调查是一项完整的系统过程。作为一种实践性的活动与操作过程,一般由确定调查任务、制订调查方案、搜集调查资料、整理分析资料、撰写调查报告等五个基本步骤组成。按照这一过程进行公关调查,有利于调查研究活动的程序化、规范化和科学化。

1. 确定调查任务

确定调查任务是公共关系调查的第一步。公关调查的任务是由公关目标决定的,根据不同的调查目的,确定不同的调查任务和调查内容。调查任务不同,调查内容、调查方法、技术手段及测量指标也不同。

2. 制订调查方案

首先,根据调查任务的需要,设计一个详细的调查提纲。调查提纲是调查任务的具体化、指标化。比如,要对企业公众进行调查,首先要确定公众的数量、构成、类型及活跃程度,主要应掌握以下几类资料:① 背景资料。要通过调查,了解被调查者的姓名、年龄、籍贯、住址、文化程度、职业、收入、家庭情况等基本信息。② 态度资料。通过调查分析,准确把握被调查者对社会组织所持接近或背离、拥护或反对、喜爱或厌恶、肯定或否定的心理倾向。③ 知晓度资料。通过调查了解被调查者对社会组织的某一个问题、某一事件、某一工作等的知晓程度。④ 行为资料。通过调查分析,掌握被调查者就组织进行的某项活动正在或已经采取的行动。其次,确定具体调查范围、调查对象以及调查对象的选取办法。调查是在全省乃至全国范围进行,还是在某些重点城市、某些地区进行;是在一种公众中进行,还是在几种公众中进行。再次,还应提出具体的调查方法,说明用哪种方法或哪几种方法进行调查。最后,设计调查表格或设计提问提纲。

3. 搜集调查资料

搜集资料的主要任务,是按调查方案的要求与安排,系统地搜集各种资料。调查资料的搜集可以从两方面进行:一方面是搜集未做任何加工整理的原始资料,也称第一手资料或初级资料;另一方面是搜集他人已调查整理过的资料,也称第二手资料或次级资料。在搜集调查资料的过程中,必须恰当、合理地运用技术手段,确保调查资料的质量。

4. 整理分析资料

整理分析资料是指运用科学的方法,对调查中所得到的全部资料进行科学统计,保证资料的正确性和真实性,使之更加条理化和系统化,从而得出社会组织所处公关状态的描述性结论。资料的整理分析,通常包括下列工作:首先,对调查到的资料进行及时性、完整性和正确性的审核,保证调查工作质量。其次,将经过检查核实后的资料,按照调查的要求进行分类汇编,便于归档查找和统计。最后,对资料进行定性分析和定量分析,在定性分析的基础上尽量根据不同要求把资料量化。

5. 撰写调查报告

撰写调查报告是公关调查的最后程序。作为调查工作的结束,最终要形成一个调查报告。根据调查研究和分析的情况写出调查报告,对调查结果和整个调查过程进行一次总体评价,就调查的科学性、准确性给予必要的说明,及时将调查结果和调查报告反馈给相关策划部门,为制定科学的公共关系计划、方案提供依据。

第二节 公共关系计划

一、公共关系计划的类型

公共关系计划是指为改善或协调社会组织与公众之间关系所做的有预见、有规律、有步骤、有方法的计划。

1. 按时间幅度划分

公共关系计划根据时间幅度可以分为长期战略规划、年度工作计划和项目活动计划三种类型。

(1) 长期战略规划。公共关系长期战略规划一般是指三年至五年及五年以上的公共关系计划。这种战略规划以公共关系的战略目标为主要内容,以实现这种战略目标的各种手段为基本策略。规划内容宜粗不宜细、宜简不宜繁。有了长期战略规划,才能合理安排年度公共关系计划。

(2) 年度工作计划。公共关系年度工作计划是组织在一个计划年度内,对公共关系的活动内容、措施制定及目标实现的计划。它是组织计划的重要内容,是布置年度公共关系活动的依据。年度公共关系计划主要包括以下内容:① 目标,包括公众利益目标、组织利益目标、组织形象目标等。② 内容,包括日常的公共关系工作内容和专题性的公共关系活动内容。③ 措施,指专题性的公共关系活动模式、信息传播的技巧和方法。

(3) 项目活动计划。公共关系的项目活动计划是指组织在特殊的历史时期,需要开展专门性的公关活动而编制的公共关系活动计划。

2. 按计划综合程度划分

公共关系计划按综合程度划分,可以分为综合性计划和专项计划。

(1) 综合性计划。综合性计划是指导社会组织整体公共关系工作的纲领性文件,如公共关系战略计划。

(2) 专项计划。专项计划是针对某些公共关系业务制订的计划,如公共关系培训计划。

3. 按企业组织层次的隶属关系划分

公共关系计划按隶属关系划分,可以分为总公司计划和分公司计划。

二、公共关系短期计划的制订

公共关系短期计划的制订一般分为以下七个步骤:

1. 确定目标要求

公共关系工作的具体目标是制订公共关系计划的依据,它既不同于公共关系总目标和组织的总目标,又要和这些总目标保持一致,并受到总目标的制约。制订公共关系计划所依据的目标要明确、具体,并应具有可行性与可控性。首先,目标应明确、具体。明确是指目标的含义必须十分清楚、单一,不能使人产生多种理解;具体是指目标是可直接操作的,具有明确的内容和任务要求。其次,目标的提出要具有可行性和可控性。可行性是指确定的目标要现实,既不能太高,也不能太低,经过一定的努力可以达到。可控性是指确定的目标要有一定的弹性,要留有充分的余地,以备条件变化时能灵活应变。

2. 确定目标公众

任何一个组织都有其特定的公众,公共关系工作是以不同的方式对不同的公众展开的。确定与组织有关的公众,是制订公共关系计划的基本任务。首先,只有确定了目标公众,才能选定需要哪些公关人员来制订和实施计划,以什么样的规格来对待公众。其次,只有确定了目标公众,才能科学合理地使用有限的经费与资源,确保重点工作的顺利进行。最后,只有确定了目标公众,才能有针对性地选择传播媒介和沟通技巧。因为,不同的公众对象,其生活习惯、价值观念以及接受媒介的方式都不同,只有确定并了解公众对组织的需求,才能成功开展公关活动。

3. 设计活动主题

把公共关系目标分解成几个不同的工作步骤或程序,对每一个步骤拟定一个形象而又具体的主题,几个主题有机联系并逐次推进以实现公共关系目标。首先,公关关系活动的主题必须与公共关系目标相一致,能充分表现目标。其次,表述公共关系活动主题的信息要独特新颖,有鲜明的个性,既区别于其他组织的活动,又要突出本次活动的特色。再次,公共关系活动主题的设计要适应公众心理的需求,既要富有激情,又贴切朴素。最后,公共关系活动的主题设计要注意审美情趣,词句要生动形象。

4. 确定传播媒介

在选择传播媒介时,组织既要充分考虑目标公众日常喜爱、常接触的各种媒介,还要了解不同媒介的不同特点,以最小的人力、财力、物力获取最佳效果。

5. 确定时间安排

任何公共关系活动都要在一定的时间内完成,并进行跟踪监控,保证各项活动环环相扣,最终实现公共关系活动目标。因此,公共关系计划的时间进度表,应以既定的目标系统为依据,按照目标管理的办法,对达到每级目标所需时间、各级目标的起止时间以及各级目标所用时间总量等作出最为合理的安排。在时间安排上,公关人员要从宏观和微观两个方面入手。① 宏观安排。列出整个活动的日程表,包括每一项目在何时何地举行,延续多少时间,整个活动需要多少时间等。② 微观安排。每一项目中的细节安排于何时。公共关系计划的时间安排应留有余地,对各种可能出现的意外情况做好时间上的准备,避免陷入被动混乱状态。

6. 预算经费

公关活动费用主要包括行政成本和项目开支两个部分,把每一项目所需的费用估计出来,累计后算出公关活动的总费用。确定公关活动费用预算时要以能够实现的目标或计划为标准来确定,参与编制预算的公关人员必须了解计划各个项目的细节,预算时要考虑在时间、费用分配上留有一定的弹性,同时制定正常开支和超支有关规定,保证经费效益原则,并及时检查预算执行情况。

7. 编写计划书

聘请有关领导、专家、实际工作人员对计划方案的公关价值、可行性和应变措施、能力进行论证与审定。公共关系计划经过论证可行后,公关人员就要编写计划书。计划书是指导组织公共关系工作的行动纲领和依据。

三、公共关系策划

公共关系策划是公关人员通过对社会公众进行调查、研究、分析,根据组织形象的现状和目标要求,分析现有宏观和微观条件,谋划和设计公关战略、专题活动及具体公关活动最佳行动方案的过程。

1. 公共关系策划的基本特征

(1) 目的性。公共关系策划具有特定的目的性,必须以某种特定的公共关系目标为中心,力争将相关的各个要素、环节、各项措施联系起来,使它们为实现组织目标充分发挥作用。目标越明确、越清晰,公共关系工作就越容易开展,其目标就越容易实现。

(2) 思想性。公共关系策划过程是一种思维过程,是策划者对所获社会环境、企业组织的条件和策划目的等信息进行分析、综合、抽象概括,从而形成概念、判断、推理的过程。

(3) 创新性。创新是公共关系策划的灵魂。公共关系策划贵在创新,创造性思维要自始至终贯穿于公共关系策划的方方面面。公共关系工作人员在了解、学习取得较好效果的公共关系策划方案和思路时,切忌单纯效仿,要在借鉴的基础上有所创新,具有独创性。

(4) 针对性。公关策划主要是为解决社会组织重要决策所涉及的公共关系问题,不是一个统一的和一成不变的模式。社会组织处在发展运行过程中,所面对和要解决的问题层出不穷,而且又千差万别,因此每一次公共关系策划,都要针对当次公共关系问题来运筹和进行。

2. 公共关系策划的意义

(1) **公共关系策划是公共关系竞争的法宝。** 现代企业的竞争,已经从产品竞争阶段转入到企业竞争阶段。这种竞争从表面上看是一种软性的友好竞争，但是其内涵更深刻，手段更高明，是一种头脑的竞争、智慧的竞争，其表现形式则为信誉的竞争、形象的竞争。哪个企业公共关系策划工作搞得好，哪个企业就会赢得公众的信任，并形成一种美好的形象。

（2）公共关系策划可以增强公共关系工作的有效性。只有经过精心策划、科学设计确定的公共关系活动计划和方案，才能确保其目标、对象的准确性，活动内容、方式的可行性，才能合理安排活动的进程和经费，加强公共关系活动中各个环节的衔接，以避免单凭经验和主观随意性而造成的失误和损失，防止混乱和不必要的浪费。另外，通过精心策划，把公共关系与广告、市场营销、管理等手段有机结合，实实在在为组织解决在某个时期、某个领域存在的问题，塑造良好的社会形象，帮助组织实现在该时期既定的目标和任务。

（3）公共关系策划可以保证公共关系工作的计划性。社会组织在不同时期的公共关系工作必须有一个完整的计划方案，对公共关系活动的时间、地点以及人、财、物等条件有一个全面考虑，对公共关系活动实施细节提出一些具体的安排意见。公共关系工作自始至终都应该是一种有计划的活动，而这些都需要在公共关系策划中完成。只有通过公共关系策划，才能选择和确定公共关系活动的目标和对象，选择公共关系活动的具体方式和最有效的传播手段，把握最佳的传播时机，合理地分配和使用经费，保证工作有计划、有步骤地完成。

（4）公共关系策划可以保证公关工作的连续性。其本身既是对以前公共关系工作的总结和评估，又是下一次公共关系活动科学规划的开始。公共关系策划能够使公共关系工作注重社会组织的总体目标和长远利益，也能够根据社会组织以往工作的成败得失以及公共关系目标，设计出形式上新颖独特、内容和主题又能与以前活动保持有机联系的公共关系活动方案。因此，公共关系策划发挥承前启后、承上启下的作用，保证了公共关系工作的连续性。

3. 公共关系策划的基本原则

（1）公众利益优先原则。任何组织的生存与发展，都离不开公众的支持，如果组织在进行公关策划时只追求经济效益，只顾自身利益而不顾公众利益和社会效益，就失去了组织认可和支持的基础。因此，成功的策划只有以组织利益和社会利益相统一为宗旨，尤其是把公众利益放到优先地位，才能得到公众的信任，赢得公众，最终实现组织的目标，获得组织利益。

（2）尊重客观事实原则。公关策划必须坚持以客观事实为依据，做到客观、真实、全面、公正。坚持尊重客观事实原则，要求公共关系工作人员必须经过周密细致的公关调查，制定切实可行的公关目标，排除来自各种虚假因素的干扰,坚持公共关系策划的真实性,在充分掌握客观事实的基础上,策划出公众可接受的方案。

(3) 创造性与务实性相统一原则。一次成功的公共关系策划必须是一次创造性的劳动,对公共关系理论创造性地加以应用,以新颖、独特的内容吸引公众。公共关系策划要根据组织环境和社会公众各个方面的发展变化状况,以及组织内部的条件,提出富有独创性的公关方案,使公关活动标新立异,收到更好效果。在进行公共关系策划时,公共关系策划者既要考虑社会组织所要达到的公共关系目的,也要考虑外部环境和内部条件,使得公共关系策划方案的目标是可实现的,程序是可行的,范围是力所能及的,手段和方法是可利用的,为公共关系活动的有效开展奠定基础。

(4) 与社会组织整体计划相一致原则。公共关系策划是在组织总体发展目标约束下进行的。在进行公共关系策划时,必须把这种策划所达到的目标看作是组织整体目标的一部分或一个方面,与组织的整体目标统一起来。否则,与组织的发展目标相悖,再好的行动方案,也只能是一种不切实际的空想。

4. 公共关系策划的程序

公共关系策划的程序根据社会组织内外客观状况以及公共关系策划的具体内容而定,一般说来,大致可以分为四个阶段、十四个步骤。第一阶段为策划起始阶段,发现和提出问题;第二阶段为策划准备阶段,包括搜集信息、整理信息、分析信息、界定公众四个步骤;第三阶段为实施策划阶段,包括确定目标、设计主题、选择媒介、预算经费、拟订方案等五个步骤;第四阶段为策划完善阶段,包括审定方案、形成策划书、反馈意见、调整完善四个步骤。

(1) 策划起始阶段。公共关系是以问题的存在为前提,围绕解决问题展开活动,因此说发现问题、提出问题是公共关系策划的逻辑起点,解决问题是公共关系策划的目标,贯穿于公共关系策划的全部过程。这就要求公关人员在进行公关策划之前,对组织的形象现状及原因进行分析,找出问题所在。

(2) 策划准备阶段。当社会组织发现问题之后,就要通过具体的公共关系活动来解决问题,公关策划进入准备阶段。① 搜集信息。针对发现并试图解决的问题,搜集相关信息,为审定公关策划方案限定参照标准,为开展公共关系活动创造条件。② 整理信息。对搜集到的信息,进行归类和初步加工处理,提高信息的有序性、完整性、真实性、准确性、概括性和针对性。③ 分析信息。针对公共关系策划活动的实际需要,运用专门的信息分析方法,对经过初步整理的信息进行比较、估量、计算、筛选,弄清现状,找出差距;总结经验,发现优势;获取新知,寻觅时机;设计新路,确定目标。④ 界定公众。公关活动的目标公众,需要根据公共关系活动的内容、目标及公众状况来确定。只有准确地确定了目标公众,公关活动才能有的放矢,收到预期效果。针对发现并要解决的问题,根据搜集到的信息反映出的特定公众情况,通过信息分析,对公众加以界定,确定目标公众,为策划实施做好准备。

(3) 实施策划阶段。公共关系策划准备工作就绪之后,就进入正式实施策划阶段,这是公关策划最重要也是最富成效的阶段。① 确定目标。公共关系策划的目标,是指预期通过公共关系策划方案的实施所要达到的最佳效果。确定目标必须以发现并试图解决的问题为出发点,以搜集到的信息以及对信息的分析、对公众的界定为依据和前提条件,以预期效果即对问题的解决程度为归宿。确定目标,可以为策划指明方向,为策划的实施提供依据。② 设计主题。公共关系活动的主题是联接所有公关活动项目的核心,是对该项公共关系活动内容的高度概括,设计的主题是否恰当、准确,对公共关系活动效果影响极大。主题确立后,所有的公关活动都要围绕这一主题展开。例如,"希望工程"的各种专题展览、宣传画、印刷品、文艺汇演等自始至终围绕"为了千千万万个失学儿童"这一主题。在设计主题时必须认真思考,使公关活动主题与公共关系目标相一致,适应公众心理的需求,表述公共关系活动主题的信息要独特新颖,注意审美情趣,使主题简洁、明了、准确,富有意蕴和韵味。③ 选择媒介。在选择传播媒介时,组织既要充分考虑目标公众日常喜爱、常接触的各种媒介,还要了解不同媒介的特点,只有根据公共关系工作的目标、要求、对象、内容以及实际经济条件进行恰当选择,才能事半功倍,取得良好的传播效果。④ 预算经费。开展公共关系活动,必须考虑成本与效益即投入与收益的关系问题。因此,预算经费便成为公共关系策划的一个重要步骤。公关活动经费的预算项目可以分为行政开支和项目开支两大类。行政开支 = 劳动成本费用 + 日常行政费用 + 设施材料费用。项目开支 = 已经进行的项目费用 + 计划进行的项目费用 + 预测可能进行的项目费用。预算活动经费的方法:a. 固定比率法。按照一定时期内经营业务量的大小确定预算经费总额。经营业务量可以按照销售额计算,也可按利润额计算,各组织自行决定从中抽取一定百分比作为公共关系经费。b. 投资报酬法。把公关活动的开支当作一般投资看待,即以相同数量的资金投入获得效益的大小作为依据。c. 量入为出法。以组织的经济实力和财务支出情况为依据,根据财力允许支出的金额确定公共关系活动经费总额。d. 目标先导法。先制定出公共关系活动期望达到的目标,然后将实现这一目标所需各项费用详细计算出来,从而计算出整个活动所需的经费总额。⑤ 拟订方案。拟订公共关系活动方案,是公共关系策划阶段的核心环节,是使策划目标得以实现的基础。

拟订方案可以明确公共关系所面临的任务,确定适宜的公共关系目标,编制公共关系工作程序,区公共关系工作的轻重缓急,便于有条不紊地组织公共关系活动,而且能够展现行动结果。拟订公共关系方案,应该以对所掌握的各方面信息的科学分析为前提,以目标公众、目标系统、活动主题、传播媒体、活动经费、结果预测等为依据。

(4)策划完善阶段。策划完善阶段,是公共关系策划的最后一个阶段。它又包括以下具体步骤:① 审定方案。拟订出来的公共关系活动方案,还仅仅是关于如何开展公共关系活动的基本构想,为了使其更加科学、更加完善,还必须对它加以审定。审定方案一般是由有关领导、专家、具体工作人员参加的方案审定委员会或专门会议,对方案进行讨论、评估、选择、优化、论证。② 形成策划书。公共关系方案经过审定后,必须形成书面报告——策划书。一份规范的计划书应该由封面、摘要、目录、前言、正文和署名等六部分组成。③ 反馈意见。公共关系活动是一种双向传播沟通活动。策划过程中涉及的一系列因素都处在不断发展变化中,公关人员的事先预测不可能做到与客观现实丝毫不差,更不可能完全把握相关因素发展变化的趋势和程度。因此,不仅在策划方案、最终形成方案文本的过程中要不断地反馈相关的信息和意见,而且在方案实施过程中也要及时收集反馈信息和意见。这样做可以发现实施过程中的偏差,汲取有价值的信息和意见,对方案作必要的调整,以利于公关活动的顺利开展,收到更佳效果,实现策划目标。④ 调整完善。根据反馈的信息、意见和反馈评估,对策划方案进行必要的调整,使之更加完善。

第三节 公共关系计划的实施

一、公共关系计划实施的特点

公共关系计划的实施是极为复杂、多变的过程。公关人员在具体操作过程中,必须把握其动态多变特点,发挥创造性,实现方案目标。

1. 实施过程具有动态性

公共关系计划的实施是由一系列连续活动构成的过程,是思想和行为不断变化、不断调整的过程。一项公共关系计划无论制订得多么周密、具体和细致,也不可能与实际情况完全吻合,总存在一定的差异。同时,随着时间的推移和环境的变化,计划实施过程中总会出现一些意想不到的新情况或新问题。所以,不断改变、修正或调整原定计划中的部分内容是实施过程中不可避免的正常现象,要求公关人员必须具备动态的眼光,能够创造性地解决实际出现的新问题。但是,这种公共关系计划实施的动态性要与实施人员的主观随意性区别开来,不能动辄以一些局部细小的变化为借口去任意变动计划。

2. 实施过程中的创造性

由于公共关系计划的实施是一个不断变化和需要调整的动态过程,实施者需要依据整个实施方案的原则和自己所处的环境、面临的条件进行再创造,确定自己的实施策略。准确地选择适当的传播媒介、传播时机以及灵活地调整实施步骤,及时、巧妙地处理突发事件等,都需要公关人员创造性地去完成。有时,实施过程中公关人员创造性地处理问题会弥补原计划的不足。但是,创造性的发挥是在不违背实施方案原则的前提下进行的。否则,任意篡改方案,会造成严重的后果。

3. 实施影响的广泛性

一项公共关系计划涉及很多因素和变量,会对各类公众产生广泛的影响。公共关系计划实施所产生的广泛影响,首先表现在对众多目标公众产生深刻的影响。如彩色电视机的潜在公众会对某电视机厂的公共关系活动中所传播的信息产生强烈的兴趣,从而对他们的购买行为产生极大的影响。其次,公共关系计划的实施有时还会深刻地影响到整个社会的文化、习俗,甚至改变某些观念,从而对整个社会的进步产生推动作用。

二、影响公共关系计划实施的因素

虽然公共关系计划经过认真论证,但在实施过程中也难免遇到各种障碍因素,这些障碍有内部的也有外部的,有主观造成的也有客观造成的。正视种种障碍因素并采取有效的措施予以排除,才能保证计划的有效实施。影响公共关系计划实施的因素主要有以下几方面:

1. 目标障碍

目标障碍是指公共关系计划中由于所拟定的公共关系目标不正确或不明确、具体而给实施带来的障碍。例如,如果公共关系计划目标不符合公众利益,那么在实施过程中必然会受到公众的抵触。或者,公共关系计划目标过低,而不能引起目标公众的合作热情;目标过高,会让实施人员望而却步。排除目标障碍的根本途径是,要求计划的制订者尽量使目标具有正确性、明确性和具体性。

2. 沟通障碍

在沟通过程中有不少障碍因素,比如,语言障碍、习俗障碍、观念障碍、心理障碍、组织障碍等。这些障碍都会影响信息传播的真实性,使组织无法顺利实现与目标公众的沟通。(1)语言障碍。语言是人与人交流沟通的工具,人们只有借助语言才能更方便地向外界传播一定的信息,也才可以收到一定信息。所以,在传播沟通时,一定要强调语言的运用技巧,如修辞、比喻、音调等,否则会对某些特定的接受对象造成语言方面的沟通障碍。如一篇用大量专业术语写成的新闻广播稿,就不能吸引那些只受过初等教育的人。另外,同一国度、同一民族因居住的地区不同而造成语言不通,也常给人们的生活和工作带来麻烦,更不用说不同国度、不同民族之间的语言沟通障碍了。(2)习俗障碍。习俗是指在一定的文化历史背景下形成的具有固定特点的调整人际关系的社会因素。不仅不同国家、不同民族的风俗习惯不同,有时同一国度、同一民族因居住地区的距离远近不同也会形成不同的习俗。组织在实施公关计划时要深入研究当地的习俗,有针对性地做好沟通工作。(3)观念障碍。所谓观念,是指在一定的社会条件下人们接受、信奉并用以指导自己行动的理论和观点。观念对沟通起着巨大的作用,有的观念会极大地促进沟通的顺利进行并取得好的沟通效果,而有的观念会成为沟通的障碍。如在对某一有争议的事件作出最终判断时,由于争论的双方只是抓住对方沟通过程中的某一环节、方面或特点,固执地坚持某一极端的观点或立场而造成对沟通的破坏。因此,要认真对待沟通障碍中的观念障碍。(4)心理障碍。心理障碍是指人的认识、情感、态度等心理因素对沟通造成的障碍。如:由于人们的认识程度不同,在说服受教育程度较低的公众时,只提供所述论点的有利方面比利弊俱陈更为有效。而对受教育程度较高的公众同时晓以利害才更为有利。同认识程度一样,沟通信息的传播常常受人们情感的影响。(5)组织障碍。组织中领导者的态度及其行为因素,影响公关活动的顺利实施;组织机构臃肿庞大,中间部门太多,信息从最高层传达到基层,或从基层汇报到最高层容易出现失真现象,且需要较长的时间,都会影响计划实施的时效性。

3. 突发事件障碍

对公关方案的实施干扰最大的莫过于重大的突发事件。它包括两大类:一是人为的纠纷,诸如公众投诉、新闻媒体曝光、妖言惑众等事件;二是不以人的意志为转移的灾祸危机,诸如地震、火灾、水灾、空难等。如果组织不能及时、妥善地处理,不但使整个方案无法实施,甚至会给组织带来巨大的危机。产生突发事件的原因有多种,但不论何种原因导致的突发事件,最关键的是应当保持头脑冷静,防止感情用事,认真剖析原因,正确选择对策,把组织形象损失降到最低。首先,应该实事求是地把真实的消息传递给公众,未搞清楚的情况要坦率地告诉公众,不要遮遮掩掩,欲盖弥彰;其次,准确地选择发布信息的时机,不使流言、谣言产生,避免引起不必要的慌张,最好能在第一时间发布消息;再次,所发布的消息要统一口径,意思一致,以免引起公众的怀疑;最后,要由专人联系新闻媒体,把情报工作做好,尽快平息混乱。

三、公共关系计划实施时机的选择

在公共关系计划的实施过程中,必须要考虑到一个关键因素,就是时机问题。正确选择时机是提高公共关系计划成功率的必要条件。公共关系计划实施时机的选择,一方面要服从组织整体公关策划,另一方面要使公众的心理期望得到满足。从公众与组织的关系角度来讲,公共关系计划实施的最佳时机是在潜在公众向知晓公众转换之前。例如,"十一"黄金周期间,很多公众都有休闲度假活动安排,某旅游组织正好在黄金周前推出自己新的旅游热线服务,很容易吸引公众的注意力,取得预期传播效果。

1. 公共关系活动的有利时机

一般来说,组织可预先选定利用的时机有:① 组织创办或开业之时,组织更名或与其他组织合作、资产重组之时;② 组织内部改组、转型、品牌延伸之时;③ 组织迁址之时;④ 组织推出新产品、新技术、新服务之时;⑤ 组织周年庆典或周期性纪念活动之时;⑥ 组织股票发行上市之时;⑦ 国际国内各种节日和纪念日之时。

组织需要及时捕捉、稍纵即逝的时机主要有:① 重大社会活动和社会事件出现之时;② 组织形象出现危机之时;③ 组织或社会突发性灾害爆发之时;④ 国家或地方政府新政策出台或新领导人上台之时;⑤ 公众观念和需求发生转变之时;⑥ 组织经营出现困难之时;⑦ 国际国内宏观政治经济大环境转变之时;⑧ 组织内部资源条件发生变化之时。

2. 选择时机应注意的问题

(1)要注意避开或利用重大节日。凡是同重大节日没有联系的活动都应避开节日,以免被节日活动冲淡公关活动的色彩。凡同重大节日有直接或间接联系的公共关系计划,则可以考虑利用节日为组织烘托气氛,扩大活动影响的辐射范围,如中国的春节、国庆节,西方的圣诞节等常和双休日结合在一起,创造了许多商机。

(2)要注意避开或利用国内外重大事件。凡是需要广为告知的公共关系活动都应避开国内外的重大事件,以避免与重大事件冲突。凡是需要广为告知而又希望减少震动的活动,可选择在重大事件时。如公布物价上涨的消息,可考虑在重大事件发生之时,人们的注意力被吸引到重大事件这一时机而进行,这样可借助重大事件的影响减少舆论的压力。

(3)要注意不应在同一时间内同时进行两项不同的公共关系活动,避免其效果相互抵消。

(4)在偶然事件发生时,公关工作人员要有敏锐的洞察力,善于抓住有利时机,展开公关活动,往往会取得意想不到的效果。

(5)在社会组织出现失误或被公众误解时,要抓住时机,在实施各种补救措施的同时,开展积极的公关活动,通过新闻媒体把事情的真相及原因公布于众,往往能够博得公众的谅解和支持,也能够塑造组织敢于担负责任的良好形象。

总之,正确地选择时机,是实施公共关系计划的一种技巧和方法。组织只有根据具体情况及整个公共关系的目标而把握时机,才能收到预期效果。

四、公共关系计划实施的程序

公共关系计划经审定具有可行性后,就可以按照以下程序组织实施。

1. 有效地排除沟通障碍

在可行的公共关系计划实施过程中,总会碰到各种各样的障碍,如目标障碍、沟通障碍、突发事件障碍等,影响组织传播信息的真实性和时效性,使组织无法顺利实现与目标公众之间的双向沟通。在公共关系计划实施过程中,必须考虑这些障碍因素,并采取有针对性的措施予以排除,以实现公共关系计划目标。

2. 选择恰当的传播媒介

实施公共关系计划、实现公共关系目标要借助一定的媒介。因为公共关系活动实质上是针对公众进行的信息传播活动,要使这种活动获得最佳效果,必须选择能为公众所接受的传播媒介。根据受众的数量、分布范围、年龄、文化水平、兴趣爱好等选择不同的传播媒介。

3. 正确选择计划实施时机

公关计划实施的时机选择是公关工作的重要技巧问题。因此,公关人员在实施计划时一定要考虑到一切影响行动时机的因素,将无法控制的因素转化为可控制因素,将不利因素转化为有利因素,抓住一切机会,主动开展多种公共关系活动,努力实现公共关系计划目标。

4. 科学控制目标导向和活动进度

一项公关关系计划实施的环境是复杂而多变的,在公关计划实施过程中,必须保证公共关系计划实施活动不偏离公关计划目标。公关人员可利用目标对整个实施活动进行引导、制约和促进,不断地把该项计划与在这种复杂的环境中实施的结果和目标相对照,以把握计划实施的进程和方向。没有计划就没有控制,反之,没有控制或控制不好,计划也不能顺利实施和实现。计划是控制的基础,控制是实现计划的保证,两者从组织公共关系计划实施开始直至终结,始终紧密联系在一起。

同时,在公共关系计划实施过程中,由于分工不同,公关人员各负其责开展工作,往往会出现多方面工作不同步的现象。例如,某项赞助活动在电视和报刊已经传遍开了,但赞助的纪念品尚未制作完成,这样必然造成工作的脱节,以致延误赞助活动正常进行,影响主办单位的声誉。因此,在公关活动进程中,应经常检查各方面工作的进度,及时发现超前或滞后的情况,搞好协调,使各方面工作同步进行或平衡发展。

5. 及时反馈调整计划

组织应设立专职机构和人员收集公关活动的实施反馈信息,及时对反馈信息进行整理、分析、处理并上报决策者,以便决策者及时根据反馈信息修正公关计划、调整公关措施,确保公关活动效果。一项公共关系计划的制订与实施,并非只需做一次反馈调整便可解决一切问题。它需要经过多次反馈和调整,不断完善实施过程,直至完成公关计划,实现战略目标。

第四节 公共关系效果评估

一、公共关系效果评估的内容

公共关系效果评估是公关活动的最后一个程序。它是根据特定的标准,对公共关系计划、实施及效果进行衡量、检查、评估和估计,以判断其优劣。一般而言,专项公共关系活动的全面评估内容主要包括以下方面:

(1) 对公共关系目标的评估。原定的目标是否达到?社会组织内外对公共关系活动目标与主题是否透彻了解?是否产生了预期的效果?测量活动效果的目标,既不要提高,也不要降低标准。实际评估时,最好用定量分析,这样才能比较准确地反映公共关系活动的效果。

(2) 对受众反应的评估。从受众的覆盖面有多大着手去了解受众的接收面。覆盖面不等于接收面,所以必须了解覆盖面中有多少人接收了信息,从中了解接收者的各种特征,由此可以进一步分析接收者中有多少是既定的目标公众，算出目标公众的接收率。接收后受众的反应在哪一层次上发生变化？是认识上还是行动上，从中可知何种信息产生的作用大，何种信息产生的作用小。

（3）对公共关系活动效益的评估。良好的公共关系必然会转化为经济效益，可以把公共关系活动的成果换算成可以测定的经济效益或社会效益。例如，通过这次公共关系活动使产品的销售与去年同期相比明显增长了多少？如果与去年相比，没有其他外界因素的话，这种增长可以看作是公共关系活动的效果。这种情况即可以根据经济效益的统计数字对公共关系活动的成果进行评估。

（4）公共关系活动的评估报告。评估完毕，公关人员应向组织机构的决策层写出报告。在报告中将计划和预算的具体实施结果与原计划、原预算进行具体的分析比较，就公共关系的长期目标与近期目标、一般目标和特殊目标的实现情况作出说明，指出达到的程度和存在的问题，引用有影响力的或权威性的外界评价，以增进决策层领导对公共关系业务的信任感，让领导们充分了解公共关系的成效，并作出判断和评价，为下一步决策打下良好的基础。

二、公共关系效果评估的方法

公关效果评估的方法多种多样、各具特色，并有一定的适用性。常见的方法有：

（1）专家评估法。所谓专家评估法，就是聘请公关方面及有关方面的专家，采取咨询、座谈、评估等方法，对组织公共关系活动作出各自的客观评价。这种方法是将拟定好的评价项目、评价标准和活动背景资料送至专家手中，请专家就所掌握的资料，提出评估结果、列出评估依据。综合汇总专家意见后，形成评价结论。

（2）自我评估法。所谓自我评估法，是指开展公关活动的组织对自己所开展的公关活动效果进行评估。具体可以通过方案与实效的对比进行评估，也可以通过了解公关活动对象来评估，还可以通过搜集、对比各种统计数字进行评估。采用这种方法要尽量做到客观、公平、实事求是，尽量消除主观色彩。

（3）公众评估法。所谓公众评估法，是通过公众意见调查来间接推断公关活动的效果。如借助于民意测验的形式可以了解公众的态度是否发生变化，可以了解组织在公众心目中的形象如何，可以了解组织公关活动中存在的问题和公众的意愿，从而为下一步改善公关工作奠定基础。此外，还可以通过公众代表座谈会、深度访问等形式来确认公关活动在影响特定公众方面所取得的效果。采用公众评估法有利于从多方面检验组织开展公关活动的效果，但一般耗费较大。

（4）目标管理法。目标管理法是以预先设定的目标作为评估分析的主要依据，根据实施效果和目标对照考核，进行衡量。采用这种方法，应在制订计划时就考虑到效果测评。制订计划时应把公共关系目标具体化、定量化。这样，在活动实施后，将测量的结果与原定目标相比较，就能衡量和评价出公共关系的成果。

（5）舆论和态度调查法。舆论和态度调查法是在公共关系活动的前后分别进行一次舆论调查，检查公共关系活动对公众的态度、动机、心理、舆论等方面产生的影响。通过舆论与态度调查，借助"组织形象地位图"，检查组织知名度和美誉度的改善情况；运用"组织形象要素调查表"，检查组织形象要素的具体构成有了哪些进步；通过"形象要素差距图"，检查组织实际形象与期望形象之间的形象差距有多少改善。

（6）新闻报道分析法。所谓新闻报道分析法，是通过新闻媒介的报道和传播情况来间接评估组织公关活动效果的评估方法。它包括：统计新闻报道的数量，评估新闻界对本组织的重视程度；分析新闻媒体的级别层次，评估本组织的影响范围；研究新闻报道的方法，评估公关活动所产生的社会效果；了解新闻报道后的反响程度和方向，评估组织在各类公众中知名度和美誉度的升降变化。

上述各种评估方法都有自己的特点，不同组织可根据自身的实际情况选择和应用一种方法，也可以综合运用，通过几种方法相互比较、相互印证，得到一个全面的、综合性的评估结论，为制订新的公关计划提供依据，保证公关工作有计划、有步骤地进入下一个循环过程。

三、公共关系效果评估的基本程序

公共关系效果评估是对公关活动进行认真评估，使组织明确公共关系活动的现状、差距和进一步努力的方向。因此，公共关系效果评估可以按照以下程序进行。

（1）设立统一的评估指标体系。统一的评估指标是检验公共关系工作的依据。有了参照物才能通过比较来检验公共关系计划与实施的结果。明确评估的目标，才能确定评估的对象、内容、重点、搜集资料的方式方法以及应该注意的问题。即使这一评估目标更多的是定性的而非定量的，仍需制定出一个统一的评估目标，以保证评估工作顺利进行。另外，还要详细规定评估目标如何运作；如果目标不统一，则会在评估中无所适从，影响评估的效率与效果。

（2）将评估过程纳入公共关系策划之中。在统一评估指标体系后，要将其交于组织决策者审查。评估不是公共关系策划的附属品或策划实施后的事后思考和补救措施,而是整个公共关系活动的重要组成部分。因此,组织决策者对评估应该给予足够的重视,要将评估的方法、程序、过程等方面纳入公关计划中。

(3) 在公共关系部门内部取得对评估的一致意见。把公共关系活动没有实物性结果的性质和它的可测量效果联系起来,是较难的事情。组织要认识到,只有公关人员实际参与公关活动,才能对评估工作有深刻的体会和认识,因此,必须给公关人员足够的时间认识评估效果的作用和现实性。

(4) 选择适当的评估标准,将目标具体化。由于公共关系的评估对象是公共关系活动及其成效,对不同的对象应使用不同的评估标准来检验、分析和衡量。目标说明了组织的期望效果,在项目评估过程中,首先应该将项目目标具体化。目标具体化还可以使公共关系计划的实施过程更加明确与准确。

(5) 确定搜集资料的最佳途径。必须占有充分的资料,并采用各种方法对资料进行收集整理、复核、归类,才便于准确地评估公关效果。调查并非总是搜集资料的最佳途径,有时组织活动记录也能提供这一方面的材料。在搜集有关评估资料方面,没有绝对的唯一最佳途径。

(6) 保持完整的计划实施记录。完整的资料记录能够充分反映公关人员的工作方式和工作效果,尤其重要的是反映计划的可行性程度以及存在问题。比如,哪些策略是有效的?哪些策略是无力的或者无效的?哪些环节衔接比较紧密?哪些环节还有疏漏或欠缺?

(7) 及时、有效地使用评估结果。公共关系活动的每一个周期都要比前一个周期表现出更大的影响力,因为评估能够为下一次公共关系计划提供背景材料和依据。评估过程的连续不断进行,能在公共关系工作中及时发现问题、解决问题,使公共关系目标更加符合组织发展的要求,并减少公共关系计划实施过程中出现的各种偏差。

(8) 将评估结果向组织决策者报告。公关人员根据对公关效果的分析与评价,写成文字材料,报送给组织有关管理部门和最高决策层,为最高决策层制定经营管理决策时提供参考,必要时直接向领导层汇报。这应该成为一项固定的制度,因为它一方面能保证组织决策者及时掌握情况,有利于进行全面的协调;另一方面体现出公关活动在持续地保持与组织目标一致及在实现组织目标过程中的重要作用。

案例分析

"先搞清这些问题"[①]

有一家宾馆新设了一个公共关系部,开办伊始,该部就配备了豪华的办公室,漂亮迷人的公关小姐,现代化的通信设备……但该部部长却发现无事可做。后来,这个部长请来了一位公共关系顾问,向他请教"怎么办"。这位顾问一连问了以下几个问题:

"本地共有多少宾馆?总铺位有多少?"

"旅游旺季时,本地的外国游客每月有多少?港澳游客有多少?国内的游客有多少?"

"贵宾馆的'知名度'如何?在过去三年中,花在宣传上的经费共多少?"

"贵宾馆最大的竞争对手是谁?贵宾馆潜在的竞争对手将是谁?"

"去年一年中因服务不周引起房客不满的事件有多少起?服务不周的症结何在?"

对这样一些极其普通而又极为重要的问题,这位公共关系部部长竟张口结舌,无以对答。于是,公共关系顾问这样说道:"先搞清这些问题,然后开始你们的公共关系工作。"

问题:

1. 你是如何理解公关顾问"先搞清这些问题,然后开始你们的公共关系工作"这句话的?公共关系调查对组织有何意义和作用?
2. 公共关系顾问所提的五个问题体现了公共关系调查的哪些内容?

本章小结

1. 公共关系工作的基本程序可分为公共关系调查、公共关系策划、公共关系计划实施和公共关系效果评估四个步骤。

2. 公共关系调查是公共关系工作的基础,其调查程序是由确定调查任务、制订调查方案、收集调查资料、整理分析资料、撰写调查报告等五个步骤组成。调查内容包括调查组织的基本情况和组织的实际社会形象。调查方法一般有

[①] 资料来源:刘国柱:《公共关系原理与实务》,人民出版社2005年版,第156—157页,有改动。

访谈法、观察法、问卷调查法、抽样调查法、文献分析法。

3. 按时间幅度划分,公共关系计划可以分为长期战略规划、年度工作计划和项目活动计划三种类型。

4. 公关人员在策划工作中应遵循公众利益优先、尊重客观事实、创造性与务实性相统一、与社会组织整体计划相一致四大原则。公共关系策划大致可以分为四个阶段。第一阶段为策划起始阶段,发现和提出问题;第二阶段为策划准备阶段,包括搜集信息、整理信息、分析信息、界定公众四个步骤;第三阶段为实施策划阶段,包括确定目标、设计主题、选择媒介、预算经费、拟订方案等五个步骤;第四阶段为策划完善阶段,包括审定方案、形成策划书、反馈意见、调整完善四个步骤。

5. 一项公共关系计划在实施时,应注意把握:有效地排除沟通障碍,选择恰当的传播媒介,正确选择计划实施时机,科学控制目标导向和活动进度,及时反馈调整计划。

6. 公共关系效果评估的内容包括对公共关系目标的评估、对受众反应的评估、对公共关系活动效益的评估、公共关系活动的评估报告。公共关系效果评估的方法可归纳为自我评估法、专家评估法、公众评估法、目标管理法、舆论和态度调查法、新闻报道分析法。

复习思考题

1. 社会组织如何正确选择公共关系计划实施时机?
2. 公共关系效果评估应遵循哪些程序?
3. 根据你所在学校的实际情况,进行一次学校内部开设一间时尚馆的可行性项目调查研究,设计调查问卷,形成调查报告,并对此次活动进行效果评估。
4. 传说有一群老鼠,他们为了降低被猫捕杀的机会,开了一次家族会议。会上,一个"聪明"的幼鼠提议在猫的脖子上挂一个铃铛,这样的话,一旦猫有动静,他们就会听到铃铛的响声,大家就可以"闻铃而逃"。不少老鼠对此建议表示赞同,认为这是一个再好不过的办法。但是,一只年长的老鼠的声音打断了他们的欢呼,"这个办法很好,但是由谁去挂这个铃铛呢?"众鼠哑然。是呀,谁去挂呢? 老鼠们策划的方案的主要问题在哪里?
5. 假如你是班长,在毕业之际,策划一次有意义的毕业庆典。

第七章 公共关系实务

本章提要

本章讲述公共关系实务的基础理论,重点讲解主体或部门型公共关系、对象型公共关系、功能型公共关系、危机事件、公共关系谈判等内容。

本章学习目标

- 熟悉旅游企业公共关系、事业团体公共关系、矫正型公共关系、征询型公共关系;公共关系谈判需注意的问题和禁忌;
- 掌握生产性企业公共关系、商业服务业公共关系、新闻媒介公共关系、日常事务型公共关系、宣传型公共关系;危机事件的概念、特点、类型与成因;危机事件的处理;公共关系谈判的原则与程序;公共关系谈判的策略与技巧。

案例导入

"康师傅"方便面的成功说明了什么?[①]

20世纪80年代末,台湾彰化顶益油厂的魏应州、魏应交、魏应充、魏应行四兄弟,抓住祖国改革开放的机遇,凭借台湾中小企业冒险的精神,到内地寻求发展。最初投资生产清香油、康莱蛋酥卷均告失败。到1991年,魏应行带来的1.5亿元新台币几乎全部赔光。就在他准备打道回府时,方便面让他嗅到了新的

---

① 资料来源:http://cache.baidu.com,有改动。

商机。

  魏应行一次出差旅行，因为不习惯火车上的饮食，就自带了两箱台湾产的方便面，没想到这些在岛内非常普通的方便面引起了同车旅客的极大兴趣，大家都觉得又好吃又方便。就是这次经历，让魏应行发现了翻身的机会。于是，他冷静地分析了内地的方便面市场，发现呈两极化：一边是国内厂家生产的廉价面，几毛钱一袋，但质量差；另一边是进口面，质量好，但五六元一碗，普通人消费不起。如果有一种方便面物美价廉，一定很有市场。看准后，顶新集团再次振作起来，并给准备投产的方便面起了一个响亮的名字——"康师傅"。

  顶新集团凭借可爱的动画人物"康师傅"的形象，以讲究健康美味的健康美食专家的形象，在中国市场建造起了"康师傅"食品王国。1992年8月21日，第一袋方便面上市了。康师傅方便面品质精良、汤料香浓，碗装面和袋装面一应俱全，更重要的是它有一个"康师傅"的名字。顶新国际集团董事长魏应交说："许多人认为'康师傅'的老板姓康，其实不是。'康'意为我们要为消费者提供健康营养的食品。'师傅'在华人中有亲切、责任感、专业成就的印象，这个名字有亲和力。用'康师傅'这个品牌反映了我们的责任心。"

  在味道上，他们采用最笨、最原始的试吃法。让人试吃，试吃结果红烧牛肉面大受欢迎。魏应州本人也经常试吃。每天上午10点和下午3点他都会试吃方便面。一有新产品问世，他也是亲自试吃，直到确认味道、口感都比较好，才正式上市。有人粗略估算了一下，魏应州吃过的方便面不下一万碗。

  "康师傅"方便面的成功，说明了企业要想在激烈的市场竞争中站稳脚跟，关键在于把"顾客就是上帝"这一理念转化为企业的决策并真正落实在行动上，这是现代企业赢得营销战胜利的重要基础，也是市场营销业务的核心内容。企业必须掌握消费者，适应消费者。承认"顾客是企业的衣食父母"、"企业就是为满足顾客需求而经营"的，就要了解消费者的心理，适应消费者的需求，唯有如此，才能赢得消费者的心，进而赢得市场。这正是公共关系的精髓所在。

第一节　主体型公共关系

  社会组织是公共关系的主体，由于社会组织的性质、所属门类、组织形式、规模、目标等等各不相同，所以其公共关系工作各有差异。我们按照主体身份的不同，划分出几种不同类型的公共关系，并就各种类型的公共关系如何具体实施和开展公共关系工作进行阐述。

一、生产性企业公共关系

生产性企业是指那些向社会提供产品的营利性经济组织,包括各种工业企业,如制造业、加工业、采掘业等。公共关系普遍应用于生产性企业中。

在商品经济日益发达、竞争日趋激烈的现代社会,公共关系对生产性企业的作用越来越大,树立良好的组织形象,已不再仅仅是那些大型跨国公司或管理良好的公司的专利,而成为每一个现代企业的共同追求。良好的产品和服务以及由此而形成的良好企业形象,已成为企业竞争力的一部分,甚至成为企业的核心竞争力。牛仔裤、香烟、化妆品等都是运用形象战略取胜的典型产品。

1. 生产性企业公共关系的特点

生产性企业的公共关系,除了具有树立组织形象、承担社会责任、协调内部关系、沟通外部公众等一般组织都具备的基本特征外,还有以下一些独有特征。

(1) 把树立形象的任务渗透到企业管理的每一个环节中。

企业管理是一门科学,公共关系活动要渗透到企业管理的每一个环节当中。公共关系工作从企业管理角度看,实际上是对信息流进行综合调节控制。树立企业形象,首先就是要在信息流动中,将所要传达的形象信息通过各种传播手段传递出去;还要对所有涉及形象问题的信息流通环节进行严格把关。

(2) 促销是企业公共关系的重点。

现代企业不仅仅生产产品,还直接进行产品的销售。一般而言,企业推出新产品、进入新市场、转入新的生产领域,以及产品供应正常、不足或出现危机等,都应取得媒体的配合,赢得公众信任,获得较大的市场份额。公共关系中的"促销",主要是争取和吸引稳定的消费公众,促进本企业的发展壮大。

(3) 销售服务是企业公共关系的关键。

销售服务,包括售前、售中和售后服务。售前服务是购买行为发生之前企业向潜在用户提供的服务,如主动提供样品、商品目录、说明书、现场操作表演等。售中服务是在用户购买成交过程中提供的服务,如回答用户提问、提供和推荐商品、介绍产品性能特点等。售后服务是向已购买产品的用户提供的服务,如技术培训、安装调试、维修、包退包换、定期走访用户、建立用户档案等。紧紧抓住销售服务这个突破口,就能使生产性企业的公共关系落到实处,带动企业公共关系工作的全面展开。

2. 生产性企业公共关系的主要目标

(1) 人事管理,即要处理好企业中人与人之间的关系,以便充分发挥组织内部公众的主观能动性,保证企业生产的正常进行和持续发展。

（2）生产管理是生产性企业管理的重要内容,公共关系从中发挥的作用也是必不可少的。特别当生产性企业需要一种新型的工作方式时,公共关系所表现的作用尤为显著。如美国联合化学公司的公共关系部,就曾与公司的能源部配合,向员工介绍、推广节能工作方法,事后进行评估,公司当年节约的能源价值约为 2.6 亿美元。

（3）质量管理方面,生产性企业公共关系还可以帮助员工树立和提高质量意识。现在很多生产性企业都把 ISO 9000 质量认证体系作为本国产品进入国际市场的一张"通行证",是公司创立国际品牌的重要前提条件。质量是决定顾客满意的关键。为此,公共关系的作用不可忽视,只有通过适当的宣传渠道,才能让全体员工牢固树立起质量意识,把本职工作的好坏同企业的质量管理紧紧地捆绑在一起。

（4）营销管理作为一种有意识的经营活动,是在一定的营销思想指导下进行的。这种营销思想,被称为"市场营销观念",它是企业从事营销活动的指导思想。公共关系与市场营销有着不可分割的关系,是生产性企业建立大市场营销的客观条件之一。① 公共关系帮助企业确立市场营销目标。② 公共关系帮助企业协调众多的部门。③ 公共关系帮助企业完善市场营销手段。

3. 生产性企业公共关系的的内容

（1）内部沟通,增强企业凝聚力。

企业内部公共关系实务主要包括以下内容:① 办好企业公共关系内刊。② 完善合理化建议制度。③ 充分利用企业内部的传播媒介,组织发动企业内部的传播沟通活动。④ 重视非正式沟通。非正式沟通是建立在日常人际关系基础上的一种自由沟通,它没有明确的规范和系统,不受正式组织体制的约束和时间场合的限制。⑤ 培养企业文化。企业文化是企业以其价值观念和经营管理哲学为核心的思维方式和行为规范的总和,它包括企业的历史和传统,企业的典型人物,企业的目标、信念和理想,领导作风和经营管理风格,职业意识和职业道德,公司礼仪与行为规范等因素,以及这些因素的物化表现,如环境布局、图案色彩、厂歌厂旗等等。

（2）对外传播,提高市场竞争力。

公共关系在市场营销中的地位日益重要。实施 CI 战略是塑造企业形象的有力手段。CIS 即"企业识别系统"(Corporate Identity System),通过企业形象的统一设计、控制和传播,以加强企业整体形象的个性和统一性。公共关系与广告策划的相互融合。

二、商业服务业公共关系

商业以提供物质商品来满足顾客的需要,服务业以提供劳力或技艺服务来满足顾客的需要,两者都是以顾客为直接工作对象。

"顾客就是上帝"、"顾客永远是对的"、"顾客至上,信誉第一"等是商业服务业公共关系中的最高准则。在这个准则指导下,可以做大量的公共关系工作。

(1)抓住时机,积极开展宣传。商业服务业的工作以直接满足人们的生活需要为内容,而人们的生活需要有着很强的时机性。如季节的变化、节日的到来,会形成一定的商机。如何利用时机、抓住时机开展宣传攻势就成了商业服务业公共关系的重要内容。从实践来看,一些商家一般都把推出新项目、新商品、提供优惠作为重点来宣传。说明抓住时机开展宣传在商业服务业公共关系中具有重要作用。

(2)捕捉信息,占领市场。由于商业服务业的生存发展与人们的消费状态密切相关,因此,捕捉任何一种足以引起市场变化的人们消费倾向变化的信息,就成为商业服务业公共关系的又一个工作内容。对信息的分析、掌握、加工能力是公共关系工作中重要的一环。

三、金融、邮电、运输业公共关系

1. 金融业公共关系

金融业公共关系是指金融机构为了特定目的所进行的各种公关活动。它有助于金融机构内部的管理和协调,有助于与目标消费群体的互动沟通和交流,有助于提高金融品牌的知名度、美誉度和忠诚度,有助于提高金融品牌的核心竞争力,以获取良好的经济效益和社会综合效益。

金融公关的对象具有广泛性、群体性、共同性、相关性和变动性五大特征。

金融业公共关系的特点主要表现为:强调差异化;强调定位和市场细分;注重沟通和协调;金融关系传播手段的多样性;金融关系追求整合的威力。

金融公共关系的任务主要是:塑造金融品牌;树立金融品牌形象;提高金融品牌核心竞争力;掌握和运用信息;进行金融品牌的危机管理。

2. 邮电企业公共关系

邮电企业公共关系的特点主要表现为五个方面:(1)企业公共关系主体的双重性;(2)企业内部公共关系的整体性;(3)企业外部公共关系活动的多样性;(4)企业公共关系的政策导向性;(5)企业公共关系效果的综合性。

邮电企业公共关系的任务有六个方面:(1)采集信息,为组织决策提供咨询并直接参与决策;(2)传播沟通,增进社会和公众对邮电的认识;(3)提高服务质量,以优质的服务赢得社会和公众的信赖;(4)积极沟通,努力求得政府与新闻媒介的支持和帮助;(5)强化市场意识,为促使市场营销服务;(6)排忧解难,妥善处理危机公共关系实践。

3. 运输企业公共关系

运输企业公共关系的主要内容有以下几个方面:(1)提高服务质量,改善服务态度,以实际行动树立运输企业的良好形象,赢得社会的信赖和支持;(2)结合运输企业的工作特点,加强全员公共关系培训,不断提高员工的形象意识;(3)建立通畅的信息沟通网络,加强运输企业与各类公众信息交流,实现全方位的外部公共关系的沟通;(4)要认真做好顾客投诉处理工作,积极做好应变准备。

运输企业日常公共关系主要侧重以下几个方面:(1)运输企业外部公共关系。旅客与货主是交通运输企业的消费者公众,他们的消费需求和满足程度是运输企业存在与发展的基础。(2)运输企业一方面要及时、准确地向政府及有关部门提供决策信息,以便政府科学决策和适时调整决策;另一方面要加强与相关经济部门的信息交流,促进各经济部门之间的合作与协调。(3)运输企业要充分利用大众传播媒介,既可得到舆论的支持,也可对自身生活实行有效的监督。

四、旅游企业公共关系

旅游企业公共关系,是指旅游组织为了塑造良好的组织形象,增强组织实力,占领旅游市场,获得良好的社会效益和经济效益,而利用各种传播沟通手段来影响公众的心理与行为的一种科学与艺术。旅游企业公共关系的含义包含六个要点:(1)旅游公共关系的行为主体是旅游业组织(旅行社、饭店、交通运输、游览场所经营部门、目的地旅游机构);(2)旅游公共关系的沟通对象是相关公众与组织;(3)旅游公共关系的工作手段是传播沟通媒介;(4)旅游公共关系的实质是双向信息沟通关系;(5)旅游公共关系的目标是塑造旅游业组织的良好形象、声誉;(6)旅游公共关系是旅游业组织的系列公共关系。

旅游公共关系的基本职能是:(1)监测环境、收集信息。(2)传播沟通、参与决策。(3)协调关系、解决危机。(4)服务优良、塑造形象。(5)立足长远、增进效益。

旅游公共关系的作用表现为以下几个方面:(1)树立旅游业、旅游地的良好形象;(2)取得公众信赖,提高旅游业的知名度和美誉度;(3)提高旅游业的社会承载力(旅游地人的主观认识);(4)沟通旅游信息,为旅游业和旅游者提供旅游决策;(5)促进旅游业整体效益。

如何处理突发事件和游客投诉呢?首先,接待游客投诉,态度要认真,语言要婉转,行动要迅速,处理要公正。多询问,少解释,决不能辩护和争论。要坚持"游客总是对的",把正确留给对方。其次,对受理的投诉要及时转告有关部门,督促其尽快改进和解决。再次,不能放过所谓的"细微小事"。最后,要定期将投诉内容、处理情况分类、整理和归档,供今后参考,也可在内部报刊上公布,以作借鉴。

五、政府公共关系

政府公共关系,是指政府为更好地履行其职能,实现工作目标,运用传播手段与社会公众建立相互了解、相互适应的持久联系,以期在公众中塑造政府的良好形象,争取公众对政府工作的理解和支持的一系列活动。在市场经济环境下,要求政府进行角色的转变,即从计划经济体制下的"指挥者"变成适应新形势的"服务者"。

1. 政府公共关系的内容

政府公共关系,是一个多层面、全方位的公共关系。在当前大力推进社会主义政治文明建设的形势下,政府公关的主要内容应从五个方面来把握。

(1)建立发言人制度,定期发布信息。确定能代表政府形象的发言人,利用大众媒介及时地、客观地向社会各界公众传递和发布信息,介绍政府的方针、政策,就公众关心的问题作出宣传和解释,以增加公众对政府的了解和理解。可喜的是,我国各级政府已非常重视发言人制度的建立。从2003年"SARS"之后,新闻发言人在全国各地涌现出来。国务院各部委和上海市、北京市、山东省等相继推出专职发言人,定期发布信息。建立新闻发言人制度的目的在于营造公开、透明的信息环境,为中外记者提供规范的新闻服务。同时,这也是政府更充分地保证人民群众的知情权,从而更好地实现公众对政府工作进行监督的一项具体举措。

(2)塑造领导者的形象。领导者的形象代表着一个国家、一个地区各级政府的形象。要经常利用大众传媒树立领导者的完美形象。领导者在面对公众时,要注意自己的举止、言语、风度、气质。当然,领导者深入社会公众之中,想公众之所想,急公众之所急,会大大有利于良好形象的塑造和彰显。

(3)开辟政民之间的多种联系渠道。良好的沟通渠道是政民之间进行有效沟通的保证。沟通信息是政府公关的重要职能。广泛深入群众,重视调查研究,了解社情民意,关心民众疾苦,全心全意为人民服务,全力以赴为群众排忧解难,是执政的中国共产党的优良传统,是政府应该始终不渝坚持的基本方针,也是"公众利益至上"的具体表现。如开设市长热线电话,建立"市长信箱"、"区长接待日",公布政府及有关政府官员电子信箱等形式,就是政民沟通的很好的渠道。

(4) 切实为民办实事。"创新、务实、廉洁、高效"是政府应追求的社会形象,其核心职能是为公众服务,要体现"公众利益第一"。切实贯彻"为人民服务"的宗旨,践行"三个代表",树立公众利益至上的观点。

(5) 开展国际公共关系,协调对外关系。我国实行对外开放以来,国际交往日益增多,政府公共关系中出现了另一类公众,即国际组织及其他国家、地区政府和民间团体与民众。进行国际交往,以双向沟通、相互了解为前提,使中国了解世界,世界了解中国,在此基础上建立经济、文化等领域的友好合作关系。

2. 政府公共关系的特征

(1) 主体的权威性。政府是从社会中独立分化出来而又居于社会之上的特殊社会权威管理组织。其区别于其他社会组织的突出特征,就在于它拥有极大的权力,具有权威性。同时,政府还具有唯一性。

(2) 客体的复杂性。政府公共关系的客体不仅数量庞大,而且还显现出极为复杂的结构。以一定利益关系为基础而结合在一起的社会公众,又可划分为不同的利益群体,既有共同的社会利益,又有各自的特殊利益。

(3) 目标的独特性。促进公众的认知是政府公关的首要目标;政府开展公共关系活动的另一重要目标是提高政府的知名度和美誉度;政府开展公关活动的最终目标是提高社会效益;其价值追求表现为公共取向。

(4) 传播的优越性。政府掌握了大量的大众传播工具;政府的组织传播严密有效。

(5) 性质上的民主性。社会主义国家的政府是由社会主义民主政治制度所产生的民主政府,政府的公共关系作为一项行政传播管理职能,是以社会主义民主政治关系为根本依据的。

3. 政府公共关系活动的特色

(1) 提高办事效率是内部公关的中心工作。政府是国家权力的管理机关,自身形象具有深刻意义,因此,急公众之所急,想公众之所想,端正办事态度,改进办事作风,简化办事手续,提高办事效率,真正造福于人民、造福于社会是政府公关的首要任务。

（2）信息沟通是外部公关的中心工作。发挥新闻媒介的作用，一方面及时向社会公众公布有关政策、法令和行政法规，扩大对政府方针、政策的宣传，另一方面加强"舆论监督"，倾听公众呼声。

（3）密切干群关系是政府公关的基础工作。政府工作人员代表国家行使权力，他们的素质、效率、作风皆直接关系到政事的成败，也直接代表着政府形象。因此，把政府工作人员的有关情况公开化是政府公共关系的一个环节，也是密切干群关系的一项有效措施。如：定期公布政府工作人员的政绩，对其中升迁罢黜者要向社会公众交代理由，干部的述职报告应由社会公众代表签署意见；政府工作人员享有的经济待遇、福利标准以及家庭情况除涉及法律规定的隐私范围外，都应让社会各界知晓，其个人情况的透明度应高于社会一般公众；尽可能向社会公众介绍担任要职的政府工作人员的背景情况，让公众产生亲近感，并为其开展工作提供较好的公众基础。

4．政府公共关系的职能

（1）决策咨询职能。政府公关人员向决策层或管理部门提供的咨询，主要有政府形象咨询、公众管理咨询、领导决策咨询等方面的内容。

（2）信息交流职能。政府公关的一项重要职责和功能就是管理信息。政府公共关系的信息交流职能主要表现在政府形象、管理水平和效果的信息交流、领导者形象信息交流等方面。

（3）舆论引导职能。公众舆论影响行政决策，而公共关系又可以通过有计划地传播沟通而对舆论进行引导和影响，以优化行政环境，推动决策的实施。

（4）协调沟通职能。政府公共关系协调沟通主要包括内部协调沟通和外部协调沟通两大方面。内部协调沟通包括协调政府内部领导者与一般公职人员的关系，协调政府内部一般员工相互间的关系，协调沟通政府内部各部门之间的关系。外部协调沟通主要包括协调政府辖区内的广大公众、社会组织及辖区外的公众和国际公众的关系。

（5）形象塑造职能。政府公关主要不是靠为政府"美容"来为之树立良好形象，而是靠完善政府形象的内涵，靠实际行动，靠理性说服、思想沟通和情感交流去提升、塑造政府形象。

（6）公众服务职能。政府公共关系的服务职能主要表现在：① 在政府组织内部为各个业务和职能部门提供信息性、事务性的辅助和支持，使各职能部门之间配合更加融洽，使整个组织机体运作更加协调，使组织的专业职能发挥出更好的效果；② 向外部提供社会服务，以良好的服务去树立政府信誉，争取民心。

5．政府公共关系的原则

（1）公众利益至上原则。在政府工作人员与群众的关系上，应坚持利益一致性原则。它要求政府工作人员首先要在思想上树立政府的一切公共关系活动都必须体现社会公众利益的思想，这是政府公关活动的出发点和归宿。

（2）真实公开原则。政府向公众传播信息的内容要真实、过程要公开。做到在收集、了解公众的意见、要求、愿望时，获取的信息力求真实、准确和全面，并公开反馈意见，公开解决问题的计划。在真实、公开中求效率、求形象。

（3）科学指导原则。随着政府管理的国家和社会事务日益广泛和复杂多变，政府所面临的公众关系越来越复杂，要及时准确了解社会环境变化，全面把握公众脉搏，正确选用大众传播媒介进行传播沟通，采用适当的公关模式，拟订切实可行的传播计划，都需要借助现代科学的理论和方法作指导。

（4）整体统一原则。政府在处理与具体公众的关系时，不能就事论事，而要从整个社会公众的整体关系和整体利益出发，把局部关系和利益放到全局关系和利益的范围内加以考虑。政府公共关系需要政府内部各职能部门、政府上下级部门、中央和地方之间的密切配合，才能有效发挥政府的整体系统效应，共同树立政府的整体形象。

六、事业团体公共关系

事业团体组织属非营利性机构，包括事业组织和团体组织。事业组织是指为适应社会需要由国家提供资金设立的专门性机构，如学校、博物馆、科研单位等；团体组织指群众性团体组织，如专业学术团体、业余爱好者协会、消费者协会等。

事业团体公共关系是事业组织和团体组织公共关系的统称。这两类组织的行为有一个共同的特点，即不以营利为主要目的，旨在推动社会公益事业的发展，因此在一起进行探讨。

1．事业团体公共关系的特点

（1）事业团体公共关系的目标和任务是实现社会效益的最大化。而事业团体组织公共关系的目标和主要任务是，通过知名度、美誉度的提高和良好形象的塑造，实现社会效益的最大化。如医院通过高超的医术、热情负责的态度与上乘的配套服务这三者的最佳结合塑造医院的良好信誉和形象。

（2）公共关系实施人员要有高尚的品德。事业团体组织的主要任务是追求社会目标的实现，切实为社会的公共利益服务。这就要求事业团体组织应该有担当社会道义的责任和为社会作贡献的献身精神，因此必须由品德高尚的人员来实施。如医务工作者为战胜"非典"而奋勇牺牲的献身精神,教师教书育人的无私奉献精神等。

(3) 公共关系客体的大众性和广泛性。事业团体组织是以整个社会大众为服务对象,因此,公共关系客体具有大众性和广泛性的特点。如学校公共关系的客体包括教师、职工、学生、家长、校友、社区、用人单位、上级主管部门、兄弟学校、新闻单位及出版社等公众。

(4) 在社会利益关系格局中的超脱性。实现社会效益最大化的目标和主要任务,表现在社会利益关系格局中,其处于较超脱的地位。因此,事业团体组织在社会舆论形成中,具有自身的独特优势和作用。

(5) 组织参与各种社会活动的自愿平等性。事业团体组织组织参与各种社会活动,主要是围绕社会的某一公益目标来进行,体现的是自愿平等的参与原则,也容易被公众所接受。

(6) 公共关系实务的艰巨性。随着改革的不断深入,事业团体组织的内外部环境发生了一系列深刻的变化,公众越来越关心事业团体组织的信誉和责任,事业团体组织的经费不足又制约了其作用的发挥,筹集活动经费成了艰巨的公共关系实务。使之既要筹集到必要的活动经费,又要避免商业行为;既要开展内部公共关系工作,理顺内部关系,按时收取会费,又要策划能够使公众感兴趣的公共关系方案,争取社会赞助与募捐。

2. 事业团体公共关系工作的主要环节

(1) 为相关公众谋取权益,以使组织的使命得到社会认可,如学术团体旨在促进学术交流,工会旨在维护工人权益,消费者组织旨在保护消费者权益。通过大众传播媒介和公众的切身体会,使组织的使命得到公众的认可。其中,最为重要的是为组织相关公众谋取合法权益,彰显组织宗旨,扩大组织影响,树立组织良好形象。

(2) 建立起与公众沟通的渠道。通过开展和组织各种活动,吸引公众参加,使广大社会公众受益,这样可以拓宽组织与公众的沟通渠道。也可通过网站,公布电子邮箱、电话号码等形式,建立与公众沟通的平台。

(3) 在社会舆论形成中,保持和发挥自身的独特优势。事业团体组织在社会利益关系格局中处于较特别的地位,故其对社会各种问题的看法往往会受到各个方面的重视,并影响社会舆论的导向。因此,事业团体组织公共关系可以在两方面显示作用:一是通过参政议政来显示自身价值,争取社会各界的理解与承认;二是以身作则,在社会各界公众中带头建立一种良好的社会行为作风,并对不良风气勇于抨击。

(4)积极参与和组织各种社会活动。这类社会活动主要围绕某个公益目标进行,事业团体组织一般财力有限,在活动中它主要起领导、发起、组织、联络的作用。这类活动既使广大社会公众受益,又扩大了组织自身影响,而且还能在与社会各界公众的沟通中得到帮助和支持。

第二节 功能型公共关系

功能型公共关系,是以公共关系在社会组织运行中所发挥的实际作用为标准而加以划分的,它贯穿于主体型公共关系与对象型公共关系活动的过程中。按其作用,可分为日常事务型公共关系、宣传型公共关系、咨询型公共关系和矫正型公共关系等几个主要类型。

一、日常事务型公共关系

日常事务型公共关系,是指组织在运行中的各个环节均注意形象问题、始终如一地贯彻公共关系目标、争取公众、扩大影响、努力树立形象的公共关系活动模式。

1. 日常事务型公共关系的特点

日常事务型公共关系最主要的特点是其广泛的渗透性。日常公共关系渗透于组织的每一个人、每一时间、每一事务、每一场所,它从平淡、细致的工作中,从员工的言谈举止中都会体现出来。

2. 日常事务型公共关系工作的要点

日常事务型公共关系工作的要点主要在于组织各项工作的文明化、制度化、情感化。具体说来,要把握以下几点:

(1)要求组织在管理思想上应树立文明经营的观点。如生产上不偷工减料,不弄虚作假;销售上礼貌待人,货真价实,童叟无欺;即使与公众发生矛盾,也应以严于律己、宽以待人的精神妥善地处理。

(2)培训和强化全体员工的公关意识。只有明确的公关意识,才会有相应的言语、表情和姿势等行为表达重视顾客之意,才会有真正的"顾客第一"的公关行为。反之,如果没有公关意识,所谓的公关行为也只会流于形式。

(3)将公共关系行为规范化、制度化。组织的管理者应该树立文明经营、诚信经营的思想,即从原材料的采购、加工到生产出顾客满意的优质产品到提供良好的服务过程中要始终贯穿诚信的理念。此外,组织对所属各部门各工种必须制定合理全面的规章制度,强化公关效果。

(4)要求组织必须建立、完善和执行全面、文明、合理、科学的规章制度。一方面,要使这些制度条款化、公开化,认真加以宣传,严格予以贯彻;另一方面,要经常性地监督、检查具体的执行情况,决不能让它成为一纸空文,并且要辅之必要的奖惩手段。此外,组织的日常事务要真正地切合实际,确实能起到于细微处见真情的效果。

二、宣传型公共关系

宣传型公共关系,是指社会组织利用大众传播媒介和内部沟通的方法,开展宣传工作,努力树立组织形象的公共关系活动模式。主要做法是:利用各种传播方法,广泛发布或传播信息,让公众了解组织,争取更多的支持,以达到组织发展的目的。宣传型公共关系活动当然离不开传播媒介,供公共关系宣传使用的媒介主要有三种:一是新闻媒介,如报纸、杂志、电台、电视台、网站等;二是广告媒介,如路牌广告、车船广告、印刷广告、幻灯广告等;三是自控媒介,如广播站、黑板报、厂报等。此外还有一些特殊的宣传媒介,如演讲、报告、订货会或展销会等。

根据宣传对象的不同,宣传型公共关系工作又可具体分为对内宣传和对外宣传。对内宣传的主要对象是内部公众,如员工公众、股东公众等。宣传可采用多种形式和手段,如内刊、宣传栏、宣传橱窗、员工手册、广播、闭路电视、全体大会、讨论会、座谈会、联谊会、联谊活动等。宣传的目的是让公众及时、准确地了解与组织有关的信息,如组织的现行方针和决策、组织各部门的工作情况、组织的发展成就或困难、组织正采取的行动和措施等,取得内部公众的谅解和支持,增强组织凝聚力,以使组织正常运行和发展。

对外宣传的主要对象是与组织相关的外部公众,如消费者、媒体公众、政府公众、社区公众等。对外宣传可采用大众传播媒介,也可通过举办或参加展览会、经验或技术交流会等。

在开展宣传型公关工作过程中,有几点情况值得注意:(1)宣传主题和目的要明确、突出;(2)宣传的事实或信息应客观、真实;(3)宣传工作的安排、开展必须及时、迅速;(4)宣传的方式方法一定要恰当、适宜。

三、征询型公共关系

征询型公共关系,是通过采集信息、舆论调查、民意测验等工作,了解社会舆论,为组织机构的经营管理者提供参谋咨询。这类公共关系活动主要为组织经营管理者提供决策依据,为组织发展出谋献策,起到"智囊"作用,在现代社会中其地位越来越重要。

提供这类服务的组织机构分为两类:一类是组织内部的公共关系部,另一类是独立的专门性咨询公司或机构。

1. 征询型公共关系的涵义

征询型公共关系有两方面的涵义:

(1)向社会征询、收集、整理包括市场、社会情况及公众意向等信息,以满足向组织决策层提供咨询和建议的需要。其功能主要在于为组织经营管理提供科学依据,设计适宜的或最优化的策略和方法,以及对有关情况进行预测,为组织发展出谋献策。

(2)通过向社会征集某种创意、策划、设计或征求公众意见等活动,实现扩大组织影响的目的。其功能是一种特殊意义的公共关系活动,是紧密围绕着组织生产经营的实际需要而精心策划的活动。有时并不是为了征询而征询,其目的是通过征询来吸引公众的参与,扩大组织的影响。

2. 征询型公共关系的工作手段

征询型公共关系的工作手段主要有舆论调查、民意测验、市场综合分析等。其目的当然是从提高工作效率出发,力求全面、科学地收集与征求有关信息,并进一步利用这些信息进行深入的科学研究,及时向有关组织提供咨询。

3. 了解民意及社会现象的调查形式

根据一般的经验,这方面的形式主要有鼓励合理化建议、举办征求所需信息的各种比赛、开展征文、征求产品设计意向、有奖测验等活动。另外,还应提倡开办为公众提供的咨询服务,如有关商品使用、保养、维修知识的咨询,交通运输部门设立旅客问讯处,制定公众来信来访制度和相应的接待机构等。

四、人际交往型公共关系

人际交往型公共关系是指社会组织使用人际交往艺术,通过主客双方个人之间的交往建立或改善组织的公共关系状态的公共关系活动,是在人际交往中开展公共关系工作的一种模式。交际型公共关系主要运用各种交际方法和沟通艺术,广交朋友,协调关系,缓和矛盾,化解冲突,为组织创造"人和"的社会环境。它的目的是通过人与人的直接接触,进行感情上的联络,为组织广结良缘,建立广泛的社会关系网络,形成有利于组织发展的人际环境。所以,交际型公共关系活动实施的重心是:创造或增进直接接触的机会,加强感情的交流。

1. 人际交往型公共关系的特点

(1)直接沟通,形式灵活,信息反馈快。即利用面对面交流的有利时机,充分施展公共关系人员的交际才能,达到有效沟通和广结良缘的目的。

(2）富有人情味,在加强感情联络方面效果突出。人际交往型公共关系的人情味强,以"感情输出"的方式,加强与沟通对象之间的情感交流。一旦建立了真正的感情联系,往往会相当牢固,甚至超越时空的限制。

2. 人际交往型公共关系的活动方式

人际交往型公共关系的活动方式分为团体交往和个人交往。团体交往包括招待会、座谈会、工作午餐会、宴会、茶话会、联谊会、现场参观、考察团、团拜和慰问等。

个人交往有交谈、上门拜访、祝贺、信件往来、个别参观、定期联络、问候、电话沟通、电子邮件、亲笔信函等。

3. 人际交往型公共关系的实施要求

（1）情真意挚。对公众要报以真挚的感情,真心实意地交往。要说真话,向公众提供真实的信息。对公众要一视同仁,不受社会地位、经济条件、文化程度的影响,一律平等相待。

（2）讲究礼仪、礼节。公关人员要按基本礼仪规则行事,注重个人的仪表、言语、行动和精神风貌,要以良好的形象出现在公众面前,并善于巩固和推进友谊。

（3）杜绝使用不正当的手段,把公共关系混同于庸俗关系,也不能把私人之间的感情交往活动代替具有交际性质的公关活动。

五、服务赞助型公共关系

服务赞助型公共关系是指社会组织通过向目标公众提供服务和赞助,并藉此获得公众对组织的好评的公共关系活动类型。其目的是以实际行动来获取社会的了解和好评,建立自己良好的形象。对于一个企业或者社会组织来说,要想获得良好的社会形象,宣传固然重要,但更重要的还在于自己的工作,在于自己为公众服务的程度和水平。所谓"公共关系就是百分之九十要靠自己做好",其含义即在于此。组织应依靠向公众提供实在、优惠、优质服务来开展公共关系,获得公众的美誉度;离开了优良的服务,再好的宣传也必将是徒劳的。

1. 服务赞助型公共关系的内容

（1）服务型的公共关系活动主要以实际的服务行为作为特殊媒介,吸引公众,感化人心,获取好评,争取合作,使组织与公众之间关系更加融洽、和谐,为组织提高社会信誉。

（2）赞助型公共关系目前已被社会组织所普遍应用,操作性较强,社会组织通过赞助社会公益事业、文化体育事业等拉近与目标公众的感情距离和扩大组织的社会影响。

2. 服务赞助型公共关系的特点

(1) 实在性。以行动作为最有力的语言,实在实惠,最容易被公众所接受,特别有利于提高组织的信誉度。(2) 隐蔽性。服务性公关效果如何,取决于公关得到实惠的多少。(3) 规范性。为了保证提供优质、实在、便利的服务,有必要建立合理的制度,确立活动的规范,从而使公共关系工作有条不紊、持续健康地开展下去。(4) 全员性。在许多情况下,尤其对于商业服务业等窗口行业而言,服务性公共关系活动是由全体员工实施的。

3. 服务赞助型公共关系的形式

(1) 以组织机构本身的重要活动为中心而开展的公关活动。(2) 以赞助社会福利事业为中心而开展的公关活动。(3) 为资助大众传播媒介而举办的各种活动,提高组织的知名度。

4. 服务赞助型公共关系的实施要求

(1) 提高自觉性。向公众提供优质服务,是与建立良好组织形象联系在一起的社会行为。(2) 注重实在性。以实际行动向公众证明组织的诚意,用实际行动去说话。(3) 提倡特色。服务性公关活动已逐渐成为企业普通的经营管理策略,要提倡人无我有,人有我优,形成特色。(4) 做重于说。服务型公共关系不在于说,而在于做。自己做得好,尔后受益。

六、维系型公共关系

维系型公共关系,是指组织在稳定发展的同时,为了巩固良好形象,保持原有公关状态或原有发展势头所进行的系统公关活动。维系型公共关系活动适用于组织为了维系其已享有的声誉,稳定已建立的良好关系,采取一种持续不断、较低姿态的传播方式,对公众施以不露痕迹、不知不觉的影响,保持一种潜移默化的渗透力,维系良好的形象。

1. 维系型公共关系的形式

维系型公共关系是针对公众心理特征而精心设计的,具体可分为"硬维系"和"软维系"两种形式:

(1) "硬维系"是指那些维系目的明确,主客双方都能理解意图的维系活动,其特点是通过显著的优惠服务和感情联络来维系同公众的关系。比如,许多西方航空公司明确宣布,凡乘坐公司航班多少次以上者或累计飞行里程达多少者,公司可提供免费旅行一次,目的是同顾客建立较长期联系。

(2) "软维系"是指那些活动目的虽然明确,但表现形式却比较超脱、隐蔽的公共关系活动。这一般是对广泛的公众开展的公共关系活动,其具体做法可以灵活多样,但要以低姿态宣传为主,如定期广告、组织报道、提供组织的新闻画片、散发印有组织名称的交通旅游图等等。保持一定的媒体曝光率,使公众在不知不觉中了解组织的情况,加深对组织的印象。

2. 维系型公共关系的作用

(1)公关实践证明,树立形象是拓荒性的基础工作,常需花大钱,而维系型公共关系常常只要花小钱就可以实现。(2)是以渐进而持久的方式,针对公众的心理因素精心设计活动,潜移默化地在公众中产生作用,为实现组织的公共关系目标铺平道路,追求水到渠成的效果。

七、矫正型公共关系

矫正型公共关系是指社会组织遇到问题与危机,公共关系严重失调,组织形象受到损害时,为了扭转公众对组织的不良印象或已经出现的不利局面而开展的公关活动。其目的是对严重受损的组织形象及时纠偏、矫正,挽回不良影响,转危为安,重新树立组织的良好形象。

矫正型公共关系又称危机公关。危机公关是公共关系的重要工作之一。据调查,89%的企业领导人认为"企业发生危机如同死亡和税收一样,是不可避免的"。近年来,在公共关系领域,危机管理已成为各类社会组织进行公关工作的重要课题。

1. 组织形象受损的原因及处理方法

(1)由于外在的原因,如某些误解、媒体不实报道、谣言或人为的破坏等造成组织形象受损。这时,公共关系人员应及时、准确地查明原因,迅速制定对策,采取行动,与相关公众进行沟通,通过各种大众媒体尽快做出情况说明,纠正或消除损害组织形象的行为和因素。

(2)由于组织内在的原因,如产品质量、服务态度、环境保护、管理政策、经营方针等方面发生了问题,从而导致公共关系严重失调。此时,应积极采取行动,迅速查明原因,与媒介取得联系,控制影响面,提出消除危机的办法,尽快挽回组织形象。

2. 矫正型公共关系工作程序

首先,查明事实真相及问题的症结。其次,制定积极有效的措施或采取主动进取的行动。最后,检验或调查事后的影响及反映。

开展矫正型公共关系活动的关键是:实事求是,以诚待人,不隐瞒不欺骗,努力在组织和公众之间架起信任的桥梁。

第三节 危机事件

一、危机事件的概念与特点

1. 危机事件的概念

危机事件指各种紧急的、意外发生的、对组织形象和经济利益有重大损失的突发事件。危机公关是指公共关系人员对组织面临的危机或问题的处理,也指应对危机的有关机制,具体来说,是指企业为避免或者减轻危机所带来的严重损害和威胁,从而有组织、有计划地学习、制定和实施一系列管理措施和应对策略,包括危机的规避、控制、解决以及危机解决后的复兴等的动态过程。

2. 危机事件的特点

危机事件往往具有以下特点:

(1)突发性。危机事件一般是在组织毫无准备的情况下突然发生的。这些事件容易给组织带来混乱和惊慌,使人措手不及,如果对事件没有任何准备就可能造成更大的损失。(2)紧急性。突发事件突然爆发,要求立刻做出有效的应急反应,在时间的紧迫性上往往刻不容缓。(3)难以预测性。组织面临的危机往往是在正常生产情况下难以预料的,它在某种程度上具有不可预测性,会给组织带来各种意想不到的困难。特别是那些组织外部的原因造成的危机,如自然灾害、国家政策的改变、科技新发明带来的冲击等。(4)危害严重性。无论是伤人损物的危机还是形象危机,对组织、对社会都会造成相当的损害。对组织来说,它不仅会破坏目前的正常生产秩序,使组织陷入混乱,而且还会对组织未来的发展、经营带来深远的影响,特别是发生有人身伤亡的事故之后。(5)舆论关注性。现代社会,大众传播十分发达,组织危机常常会成为舆论关注的焦点、热点,成为媒介捕捉的最佳新闻素材和报道线索。有时候它会牵动社会各界,乃至在世界上引起轰动。(6)处理难度大。在现实生活中,危机往往是由多种因素共同引发,因而不能机械地、简单化地寻找原因,而应整体分析,对症治疗。危机事件本身非常复杂,所以,处理起来就显得难度非常大。

二、危机事件的类型与成因

1. 组织内部的自身危机

发生在组织内部的危机事件通常有两类:(1)组织内部产品或服务方面的危机。(2)组织内部经营管理方面的危机。

引起危机的原因主要是:(1)组织和公众双方存在信任和合作问题;

(2)直接或间接损害公众的利益;(3)不能坚持不懈地努力,忽视小节。

2. 组织因环境变化而导致的危机

组织常因以下环境变化而导致危机:(1)组织因社会环境变化而导致的危机。(2)组织因自然界的因素而陷入危机。(3)意外灾难引发的危机。(4)宣传报道引发的危机。

突发事件和失实报道引起危机的原因有以下几个方面:(1)出于保护自身利益的考虑,公众会远离受到破坏的组织;(2)公众对社会组织功能的恢复会产生怀疑,从而对组织失去信心;(3)公众的逃避情绪和消极思维;(4)新闻媒体报道的负面影响;(5)新闻媒体的信任度高,他们的报道习惯上被理解为事实;(6)社会公众对于事件本身缺乏详细而全面的了解,对于事情的本质不会也很难进行科学的分析;(7)公众对某一时期存在的社会问题有一种痛恨的心理认同,很容易与新闻报道保持一致。

三、危机事件的处理

危机事件的处理是指针对危机事件而开展的一系列旨在减少损害程度、挽回影响、恢复形象的行为过程。

要做好危机事件的预防工作,必须要做好危机的预测分析,制订应急计划,成立危机管理委员会,建立处理危机事件的关系网络,搞好内部培训。

具体说来,主要抓好以下几方面的工作:(1)建立灵敏的预警系统,设立自己的情报信息网络,保持沟通联络,分析危机出现的可能性以及出现后对企业产生多大的副作用。(2)完善组织的管理系统,以便根据预警系统的信息制定应急措施和采取必要的行动,将危机损失降到最低程度或消灭于萌芽状态。(3)开展危机公关的模拟训练,锻炼员工在紧急情况下冷静处理问题的能力,积累处理公关危机的经验。

处理危机事件须坚持的原则是:及时、诚恳、准确、积极。

处理危机事件的具体过程涉及以下几个环节:(1)对导致公共关系危机事件本身,应迅速弄清原因,采取有效的处理措施,控制事态的蔓延。(2)利用传播媒介等有效手段及时公布组织所采取的处理措施,控制影响的扩大。(3)情况调查,收集信息,方法上强调灵活性和快速性,一般运用公众座谈会、观察法、访谈法等方法进行调查。(4)成立处理公共关系危机的专门机构,制定处理公共关系危机的基本方针和基本对策。(5)确定新闻发言人,公布的数据要认真仔细核实,避免使用技术性语和晦涩难懂的词句,以避免报道失实。(6)迅速、扎实、全面开展工作,并安抚好受害者。(7)认真做好检查,切实改进工作。

第四节 公共关系谈判

一、公共关系谈判的含义和特征

1. 公共关系谈判

谈判是有关方面就共同关心的问题相互磋商,交换意见,寻求解决的途径和达成协议的过程。一次成功的谈判,是谈判的双方都成为胜利者,都能获得应得的利益,也就是说,谈判的目的是让双方都能满足各自的需要,而且决不能损害国家利益。

公共关系谈判是指社会组织的代表与社会公众为协调利益关系而进行的信息交流行为。双方或数方组织就一项涉及各方利益的问题,利用协商的手段,反复调整各自的目标,在满足己方利益的条件下取得一致的过程。公共关系谈判可分为"谈"和"判"这两个相互关联的部分。"谈"是指参与谈判的各方详细阐述自己对现存问题的种种看法,充分说明自己观点的必要性和可行性,明确表达自己所要达到的目标。"判"是指对各方必须承担的责、权、利和有关义务达成一致的看法,并以一定的方式加以确认。"谈"是"判"的前提,"判"是"谈"的目的。公共关系谈判已成为组织与组织、组织与公众之间沟通、谅解和合作的桥梁和纽带,是协调关系的基本手段。

2. 公共关系谈判的特征

(1) 直接性。公共关系谈判一般是以谈话方式进行的口头洽谈、协商。谈判的每一方都能面对面地观察对方的态度、举止谈吐及特点,随时调整自己的态度与意见。

(2) 自愿性。参加公共关系谈判的每一方都是在自愿的前提下达成谈判意向的,这样的谈判才会有诚意,才会有成功的可能。

(3) 多样性。公共关系谈判的种类是多种多样的,如双边谈判和多边谈判;交易性谈判和非交易性谈判;建设性谈判和矫正性谈判;经济性谈判和非经济性谈判等。

(4) 利益性。公关谈判可能进行的条件是各方都存在着尚未满足的欲望与需求。这是谈判的共同基础,成功的谈判是双方利益都能获得相对满足,应是双赢的结果。

二、公共关系谈判的原则与程序

1. 公共关系谈判的原则

（1）开诚布公的原则。公关谈判首先是各方都能诚心诚意，以平等互利、广交朋友的良好愿望指导谈判。在谈判中，把自己的意图和要求真实地向对方交代清楚；同时，婉转而明确地指出对方不合理的要求，满足其合理的要求。

（2）实事求是的原则。就是各方围绕某一问题协商时掂量一下自己的要求是否客观、符合实际，对于对方的要求也要思考研究，哪些是符合实际的、合理的，哪些是过分的、虚假的要求。总之，要依据实际情况作出相应的对策。

（3）冷静和蔼的原则。谈判者应保持冷静的头脑，只要对方不是故意制造事端的，均应以诚相待、以礼相待，言谈举止和蔼可亲，给对方一个健谈、开朗的良好印象。

（4）求同存异的原则。求大同存小异，谈判各方在这一原则上必须一致，同时，在原则允许的范围内作出适当的妥协、让步，能够容忍与自己利益要求不符的"小异"存在于协议之中。

（5）时效性原则。公关谈判既要获得好的效益，又要有高的效率，求在最有利的时机进行谈判，在最短的时间内获得成功。

（6）平等互利原则。在公关谈判中，要做到：谈判双方以平等的地位参与洽谈协商，而不附带任何政治色彩和其他条件；自愿让渡，等价交换，互惠互利；重合同，守信用。

2. 公共关系谈判的程序

公共关系谈判的一般程序，分为准备、开局、交流、磋商、签约。

（1）准备阶段的主要工作，首先是收集信息，即摸清对方的实际情况，以求"知己知彼，百战不殆"。这是进行谈判的必要条件和重要步骤。其次是拟定谈判策略。即在收集信息的基础上，对自己和对方的情况进行充分的估计和认真的分析，确定谈判过程中所要采取的策略。再次是制订谈判计划。制订计划时要用精炼的语言准确地描述谈判的主要议题，确定谈判要点，安排谈判的日程和进度。最后是做好物质准备。主要是指谈判场所的布置、各种资料的准备、谈判人员的食宿安排以及安全保卫等工作。

（2）在开局阶段，谈判双方应首先通过自我介绍，增加彼此之间的了解，并尽力创造出轻松愉快、友善和谐的气氛。切忌开门见山，单刀直入，不加铺垫地直接涉入主题。

（3）交流，即所谓"谈"的阶段。这一阶段的主要目的是探测对方的虚实，所以应广开言路,对各种合作途径进行探讨,不要拘泥于单一的话题,更不能纠缠于枝节性的具体问题。

(4)磋商是谈判的主体阶段,是"谈"和"判"的真正展开。双方的目的都是要千方百计地说服对方最大限度地接受自己的观点。

(5)签约。签约从形式上宣告了谈判的结束,是磋商结束的体现。

三、公共关系谈判的过程

公共关系谈判的过程,一般分为六个阶段:导入阶段、概说阶段、明示阶段、交锋阶段、妥协阶段、协议阶段。

(1)导入阶段。主要是让谈判各方通过介绍相互认识,彼此熟悉,以创造一个有利于谈判的良好氛围。同时,通过前期的接触,找到各方关注的焦点,各自都做好相应的准备。

(2)概说阶段。这是谈判各方第一次正式的会谈,谈判各方应简要亮出自己的基本想法、意图和目的,以求为对方所了解。一般来说,谈判各方此时都较为谨慎,也不会出示关键的资料,只是利用这段时间摸底。

(3)明示阶段。谈判各方此时会根据前一阶段谈判各方表述的意见,尤其是双方意见存在分歧的地方,进一步明确各自的利益、立场和观点。

(4)交锋阶段。谈判各方都会尽力争取自己所需的利益,自然这就会有矛盾,而矛盾的激化就会导致对立状态的出现。这时,谈判双方相互交锋,彼此争论,紧张交涉,讨价还价,各方列举事实和数据,希望对方了解并接受自己的条件。

(5)妥协阶段。交锋结束后,各方便会相互让步,寻求一致,达成妥协。妥协是谈判不可缺少的组成部分,交锋阶段不可能无休止。只要谈判双方有共同利益,想达成协议,他们就一定会妥协。当然,妥协是有一定范围和限度的,妥协的原则就是既不放弃自己的立场和利益,又兼顾对方的利益。

(6)协议阶段。谈判各方经过交锋和妥协,求同存异,基本或一定程度上达到各自的目的,于是便拍板同意,各自在协议书上签字,握手言欢,谈判宣告结束。协议签订后,双方应严格按照协议内容,认真履行自己的承诺,不能因任何原因违背协议。

四、公共关系谈判的准备、策略与技巧

1. 公共关系谈判的准备

谈判是一项复杂的社会工作,谈判人员要想在谈判中取得预想的结果,事

先必须作好充分的准备工作。准备工作的具体内容包括以下几个方面：

（1）心理准备。谈判人员除了进行实力的比较,还要进行一场心理素质的较量。首先要有谈判取胜的信心；其次要有在谈判中克服困难的恒心；最后要有一颗参加谈判的静心。

（2）资料准备。谈判的胜利不仅取决于谈判双方的心理准备,更取决于双方的信息准备。一要对我方信息情况的全面了解；二要详尽地了解对方的各种情况。

（3）技术准备。谈判的技术准备包括明确双方的价值区域,并在此基础上制订谈判纲领。价值区域就是谈判者的利益在谈判过程中的具体体现,它是谈判者讨价还价的依据。谈判双方的起点、界点、争取点、协议区、协议点是五个必须明确的观念。① 起点是谈判者制定价格政策的出发点,也是全部谈判的价值基础；② 界点是谈判各方的基本利益防线；③ 争取点是谈判各方期望获得的最大利益；④ 协议区是谈判双方真正争夺的利益范围,它不是一个点,而是一个区间；⑤ 协议点是经过双方协商,最后确定的成交点。

（4）人员准备。谈判班子的成员应包括：① 主谈人。谈判工作的总负责人,也是谈判的主要发言人。② 助手。协助主谈人完成谈判的使命,可以是一个,也可以是几个。③ 专家。在复杂的技术谈判中,组织应成立专家组,以便发挥他们的知识优势。④ 辅助人员。他们不一定是代表团的正式成员,但成功的谈判离不开他们的辛勤工作。

（5）物质准备。谈判的物质准备包括：谈判会场布置；准备谈判所需的必要文件、文具、工具书；安排好会务后勤工作。

2. 公共关系谈判的策略

谈判策略是指采用各种技巧,通过谈判使问题得到圆满地解决。在公关谈判中,根据谈判现场情况需要采取不同策略。这里介绍几种常见的策略：

（1）让步策略。谈判时为了在其他方面取得优势,不得不对某些问题做一些让步。但必须把握让步的基本策略,促使对方先采取行动。

（2）时机性策略。时机性策略没有固定的模式,完全靠自己把握。如利用对方在日期上的紧迫感,迫使其作出让步。

（3）以迂为直策略。通过处理其他问题,引起联想和共鸣,最终解决想要解决的问题。

（4）以诚取胜策略。并不是所有的信息在谈判中都要求保密,有时开诚布公反而会收到意想不到的效果。

（5）模棱两可策略。所谓模棱两可,就是对事件不明确表态,不肯定,也不否定。该方法在谈判初期经常使用。一个成熟的谈判者要善于使用模糊语言,善于控制自己的情绪。不要使用"肯定是"、"毫无疑问"、"一定要"之类的语言,应该用"我认为"、"我假设"、"是否可以这样"的语言来表达自己的意思。实践证明,模棱两可的语言和态度,可以较好地表达自己的真实意图,减少失言和错误。

(6) 察言观色策略。所谓察言观色,指的是注意观察对方的谈吐、举止、神情、姿态,从中捕捉到对方的思想动态,并根据其思想动态,采取相应的对策。这种方法在明示阶段和交锋阶段使用最多。

(7) 抛砖引玉策略。所谓抛砖引玉,指的是设计一些特殊的问题,通过对方的回答,了解对方的意图和底线,为己方赢得更大的利益。

(8) 先苦后甜策略。在日常生活中,如果有两种外来信号的刺激,人们总是将第一信号作为标准,用来衡量后来的信号。先苦后甜法就建立在这种心理上。在谈判中,如果先向对方提出苛刻的条件,制造一种艰苦谈判的假象,然后选择适当的时机,作出让步,使对方满足,往往容易取得谈判的主动。先苦后甜法一般是在自己处于优势和主动的情况下使用。但要注意,所提条件不能过于苛刻,不能超过对方的底线,否则,对方会停止谈判。

(9) 避实就虚策略。意思是我方为了达到某个目的,有意识地将谈判的内容引向无关紧要的问题上,转移对方的注意力,在对方不察觉时,实现自己的目标。

(10) 沉默忍耐策略。这是在我方处于被动时的策略。其方法是:谈判开始就保持沉默,迫使对方先发言、先表态。其目的是给对手造成一种心理压力,使其失去冷静;在这种情况下,对手的谈判计划可能会被打乱,出现言不由衷,泄露信息的情况,为我方寻找突破口提供机会。注意事项:在对手采取咄咄逼人的攻势时,头脑要清醒,忍耐力要强,情绪要平稳。在对手锐气消失后,再提出自己的主张。

(11) 最后期限策略。即为谈判限定一个最后的期限。作为谈判中的强者,对于双方一时难以达成妥协的棘手问题,不必强求及时解决,要善于利用谈判的最后期限,不断向对方施加压力,迫使对方在压力下放弃原来主张,屈服于自己。作为谈判中的弱者,也可使用最后期限法,利用强者方急于取得谈判成果的急躁心情,迫使其作出某些让步。

(12) 利益引诱策略。在谈判双方利益冲突尖锐时,寻求双方对立立场背后的共同利益,利用这个利益来提醒对方,并诱导对手克制情绪,使谈判向正确方向发展。

(13) 情感沟通策略。就是通过情感交流,在人与人之间架起连心的桥,牵起感情的线,利用情感因素去影响对手,达到联络感情、增进友谊、促成谈判顺利发展的目的。

(14) 声东击西策略。声东击西策略是指在谈判过程中双方出现僵局,无法取得进展时,巧妙地变换议题,转移对方视线,从而实现自己目标的方法。

(15) 旁敲侧击策略,是指在谈判桌上很长时间难以取得进展时,不妨在谈判桌外用间接的方法和对方互通信息,与对方进行情感与心理的交流,增加信任,使分歧得到尽快解决。

(16) 红白脸策略。是指在谈判过程中,一个唱红脸,一个唱白脸;或者,有一个人同时扮演这两种角色,软硬兼施 使谈判的效果更好。

(17) 共识演绎法策略。是一种在谈判中善于发现并及时抓住对方与我方具有共识的某一观点,加以强调,并以此为前提,推演出必然性结论,从而实现谈判目标的逻辑方法。

(18) 真诚赞美策略。是指在谈判中真诚地赞美对方,显示出对方的重要性。因为在谈判中,对方受到赞扬和褒奖,心情愉快、神经兴奋时,最容易表现出宽宏大度,豁达开朗,而不至于在一些可让步的问题上斤斤计较或争执不休。

除上述之外,还有避免争论策略、攻心为上策略、多听少讲策略、留有余地策略、双赢策略等等,这里就不一一介绍了。

3. 公共关系谈判的技巧

公共关系谈判中常用到的技巧有:

(1) 发问技巧。公共关系谈判的过程也是沟通的过程,在沟通中如何"巧妙提问",即:"问什么"、"怎样问"才有针对性,才能方式得当,都需要讲究一定的技巧。发问的技巧有很多,如利用选择式诱问,往往以"能不能"、"可以不可以"、"要不要"、"是不是"等形式出现。

(2) 说服技巧。说服技巧是一种很复杂的技巧,其复杂性体现在如何从多种多样的说服技巧中(如软硬兼施、旁敲侧击、对症下药、随机应变、先下手为强或后发制人等)选择一种恰当的方式来说服对方。

(3) 答复技巧。公共关系谈判人员要使自己的回答巧妙,令对方心服口服,除了要具有广博的知识外,必须做到回答问题时,思维要有确定性。

(4) 拒绝技巧。公共关系谈判中,当你无法接受对方所提出的要求和建议时,如果直截了当地拒绝,可能立即造成尖锐对立的气氛,对整个谈判产生消极影响。此时,应学会如何巧妙地拒绝。

除上述之外,还有运用道具、交换条件、察言观色、代理人技巧、退出谈判、转变时机、另备腹案等等技巧,这里就不一一介绍了。

五、公共关系谈判需注意的问题和禁忌

1. 公共关系谈判需要注意的问题

公共关系谈判是一场心理较量,也是一场集知识、智慧、口才、耐力和团队精神等诸多要素的综合考验。成功的谈判可以使组织受益匪浅,失败的谈判则可能使组织损失巨大。因此,公关人员在组织或参与谈判时,应该认真对待,精心设计,精心组织,特别要注意做好以下几项工作:

首先是谈判前的准备工作,尤其是有关资料的搜集、背景情况的调查、对自身实力和对方实力的评估。其次,要善于调节或缓和气氛,使谈判重新步入正轨,特别是当谈判陷入僵局、濒于破裂时。最后,在谈判过程中,要认真倾听各方的意见,了解对方的确切意图或发现问题,及时为己方的主谈者出谋策划等。

总之,谈判是一项具有很强艺术性的工作,它牵涉的内容和能力都极为广泛,需要公关人员通过实践,积累经验,才能真正做好有关谈判的工作。

2. 公共关系谈判的禁忌

(1) 谈判准备阶段的禁忌主要有两点:一忌稀里糊涂,既不知己又不知彼。对自身实力没有一个正确的估价,对谈判对手的情况亦知之甚少或是全然不知。二忌谈判计划不周全,只是拟定一个大纲,缺乏缜密的计划。

(2) 磋商禁忌也有两个:第一,确认禁忌。双方的要求在确认后再进行讨价还价,不然易造成误会。第二,回答禁忌。在没有充分思考以前,不要回答问题。

(3) 谈判协议禁忌:第一,避免太快达成协议,欲速则不达。第二,避免协议内容与谈判内容不符,条款不清。

(4) 谈判心理禁忌。在谈判过程中忽略了谈判对手的心理与情感因素,就有可能导致谈判的失败。谈判过程中,双方的心理活动极为复杂,有兴奋、懊恼、愤怒、担忧、高兴、沮丧,这些心理的流露,是正常的。但下列情况属谈判心理禁忌:一是缺乏信心。谈判双方的学历、水平、地位并不对等,当处于弱势时,必须克服恐惧或惊慌,要认清对手无论多么强大,既然参加谈判,也必定和自己一样,希望成功,从而留下商谈的余地,所以最重要的是要保持从容不迫,态度不卑不亢。二是没有耐心。在谈判过程中,双方有时因为时间、环境、语言、脾气等等原因而失去耐心,这样极易导致谈判失败,没有耐心的人就不是一个成熟的谈判者。三是意气用事。在谈判过程中,人们无法忍受感情用事,因此,容易感情冲动的人不适合参加谈判。四是过于倾心。在有利可图时,人们往往会显示出巨大的热情。在谈判中则容易被对方识破并利用,从而失去时机。五是没有恒心。成熟的谈判者,具备坚强的自信、果断、持之以恒等优秀的品质。谈判中如果没有恒心,就会一事无成。

案例分析

北京"申奥"是政府公共关系活动成功的典型①

2001年7月13日,是全国人民难忘的日子。随着国际奥委会主席萨马兰奇的一声"Beijing",全中国都沸腾了,举国上下成为一片欢腾的海洋。中央电视台随即在屏幕上打出了四个大字"我们赢了",各地也举办了多种多样的庆祝活动,可以说北京申奥的成功也是中国政府公关的胜利。这次活动的公关主体是中国政府和北京市政府及其相关部门,整个申奥过程都是经过精心策划的。这次北京申奥,吸取了上次申奥失败的教训,无论从细致的礼仪公关、申奥口号的设计,还是整体形象塑造,都做了专门的公关整体策划,并认真实施了全方位公关,让世界对北京有了更全面、更细致的了解,终于赢得了申奥的胜利。

本章小结

本章讲述了主体或部门型公共关系、对象型公共关系、功能型公共关系、危机事件、公共关系谈判等内容及与之相关的基础知识。应掌握的知识点如下:

1. 社区公共关系;国际公共关系。
2. 人际交往型公共关系;服务赞助型公共关系;维系型公共关系。
3. 事业团体公共关系;协作伙伴公共关系。
4. 矫正型公共关系;征询型公共关系。
5. 公共关系谈判需注意的问题和禁忌。
6. 商业服务业公共关系;政府公共关系。
7. 消费者公共关系。
8. 新闻媒介公共关系;日常事务型公共关系。
9. 危机事件的概念、特点、类型与成因;危机事件的处理。
10. 公共关系谈判的原则与程序;公共关系谈判的过程;公共关系谈判的准备、策略与技巧。

---

① 资料来源:http://cache.baidu.com,有改动。

复习思考题

1. 简要陈述社区公共关系和国际公共关系。
2. 简要陈述人际交往型公共关系的内容。
3. 简要陈述协作伙伴公共关系的内容。
4. 简要陈述竞争对手公共关系的内容。
5. 简要陈述公共关系谈判需注意的问题和禁忌。
6. 简要陈述政府公共关系。
7. 简要陈述新闻媒介公共关系的内容。
9. 简要回答危机事件的概念、特点、类型与成因。
10. 简要回答公共关系谈判的含义和特征,以及公共关系谈判的原则与程序。

第八章　公共关系专题活动

本章提要

本章讲述公共关系专题活动的基础理论,重点讲解记者招待会、展览会、赞助活动、庆典活动与仪式、联谊活动等内容。

本章学习目标

- 熟悉公共关系专题活动的目的、作用和策划中应注意的事项;
- 熟悉记者招待会前的准备工作和会中的注意事项;
- 熟悉展览会举办效果评估和应注意的问题;
- 熟悉宴请活动的组织与策划、安排要求和程序;
- 熟悉庆典活动的注意事项;
- 掌握公共关系专题活动的特点、类型和策划原则;
- 掌握展览会的组织工作和实施;
- 掌握赞助活动的类型及应遵循的原则;
- 掌握庆典活动的类型和组织。

案例导入
最令人难忘和最值得纪念的签字仪式[①]

1945年9月2日,第二次世界大战日本投降签字仪式在美国"密苏里"号战

---

① 资料来源:http://mil.qianlong.com,有改动。

舰上举行。

1945年8月,美国对日本的广岛、长崎投下原子弹;同时,苏联红军从欧洲挥师东线战场进入中国对日作战。8月15日,日本天皇发表投降诏书,宣布330万日军放下武器,日本向盟国无条件投降。至此,以5500万人的生命和近5万亿美元的损耗为代价,人类历史上规模最大的战争终于结束了。美联社在这一天向全球发出的电文是:"最惨烈的死亡与毁灭的汇集,今天随着日本的投降而告终。"

"密苏里"号战舰的右甲板上摆着一张水兵餐桌,桌上铺着一块军官餐室的绿色毡毯,毡毯上放着要签字的文件和自来水笔架。

9时整,太平洋盟军最高统帅麦克阿瑟上将从"密苏里"号战舰的指挥舱来到甲板上,在他的身后是美国代表尼米兹将军,英国代表福莱塞将军,苏联代表杰列维扬科将军以及澳、法、加、荷、新等国的代表。中国作为战胜国派出的代表是国民党政府军令部长、二级陆军上将徐永昌。9时4分,麦克阿瑟来到水兵桌旁边的麦克风前。他说:"从这个庄严的时刻起,我们将告别充满血腥和屠杀的过去,迎来一个十分美好的世界。这个世界建立在信仰和谅解的基础上,致力于维护人类的尊严,以实现人类追求自由、容忍和正义的愿望。"然后,他宣布:"我现在命令日本皇帝和日本政府的代表、日本帝国大本营的代表,在投降书指定的地方签字。"日本外相重光葵于9时9分在投降书上签上了他的名字,之后签名的是梅津美治郎。麦克阿瑟则代表联合国在日本投降文件上签上了自己的名字,然后是同盟国各国代表签字。

当所有人都签完字后,麦克阿瑟说:"世界已经恢复了和平,让我们祈祷上帝保佑它。"

9时18分,"密苏里"号战舰上举行的日本投降签字仪式结束。

有关签字仪式的知识,正是本章要讲述的内容。

第一节 公共关系专题活动概述

一、公共关系专题活动的含义、特点和类型

1. 公共关系专题活动

所谓公共关系专题活动,指的是社会组织为了某个公共关系主题的有效传播,有计划、有步骤地组织目标公众参与的集体活动。

2. 公共关系专题活动的特点

(1) 鲜明的目的性。专题活动社会影响面大,如果目的性不强,会造成负面影响,不利于组织形象建设。所以,专题活动更强调鲜明的目的性。

(2) 广泛的社会传播性。专题活动有许多公众参与,会产生强烈的社会震撼性,加上大众传播媒介的宣传,其影响力就更大。

(3) 严密的操作性。专题活动牵涉的人员和社会因素很多,为保障活动的顺利开展,必须强化操作管理的严密性,稍有疏忽,就会导致难以预料的后果。

(4) 高投资性。大型专题活动的费用开支动辄数以百万元。一般情况下,投入的费用与活动的规模是成正比的。

(5) 创新力强。每一次公共关系专题活动,都应策划得新颖别致,富有特色,大胆创新,力戒平淡。

3. 公共关系专题活动的类型

在实际公共关系工作中,根据不同的划分角度,公共关系专题活动大致有以下几种:

(1) 按专题活动的规模可分为小型公共关系专题活动、大型公共关系专题活动和系列公共关系专题活动。

(2) 按公共关系专题活动的性质可分为公益性活动、社会工作活动、专业性活动、商业性活动和综合性活动。

(3) 按公共关系专题活动的内容可分为典礼型、喜庆型、会议型、展示型、新闻传播型、竞赛型等活动。

公共关系专题活动的分类方法没有固定模式,也不仅仅限于以上几种。但公共关系人员参考上述分类方法,可以掌握不同类型公共关系专题活动的策划重点。

二、公共关系专题活动的策划原则

策划原则是策划人员在策划过程中用于观察问题、分析问题、解决问题的准则。它可以说是策划的价值观念。一个成功的个案的策划,通常要遵循如下原则:

(1) 社会性原则。任何公众活动都是存在于社会,受社会因素制约,又反过来影响社会的。所以,策划首先应遵循社会性原则。社会性的原则,即大型活动要符合社会综合因素的要求,具体而言,包括:政策的要求,社会热点要求,传统习惯的要求和伦理道德的要求。总之,社会性的要求是很广泛的,包括社会制度、社会文化、人文关系等等。"适者生存"就是这一原则最好的注脚。

(2) 科学性原则。这里所说的科学性,包含两重意义:一是策划要符合科学的原则;二是策划时要充分应用现代科学技术的成就。科学性原则要求策划者充分运用现代科学思维方法、技术、设备,策划和实施社会大型活动。

(3) 实效性原则。对于大型活动而言,讲求实效具有重要的意义。大型公关活动的策划,不但从宏观的角度看,要十分重视其实效性,而且从微观的角度,即每个具体的项目上,也应精打细算,讲求实效。

(4) 创新性与可操作性相结合的原则。千篇一律是大型公关活动的大忌。只有具备创新性,才能使公关活动策划具有生命力。创新性就是提出创造性的主意,就是说,每次策划必须是一次创造性的劳动,其结果,应该是产生与众不同的效果。策划必须既要有创新性,又要有可操作性,这样才是圆满成功。

三、公共关系专题活动的目的

(1) 制造新闻。所谓制造新闻,是指在坚持真实性的前提下,举办具有新闻价值的活动,吸引新闻界和社会公众的注意,争取被报道的机会,以扩大企业的社会影响,提高企业的知名度。

(2) 为促销服务。通过公共关系专题活动,淡化推销的色彩,使社会公众从感情上接受一种新产品、新服务,制造有利的营销气氛,从而为进一步的销售活动开拓道路。

(3) 增强好感。利用重大节日或企业自身富有意义的纪念日,举办公关专题活动,可以表达企业对社会公众的善意,改变企业的社会舆论和关系环境,改善企业内部的人际关系。

(4) 联络感情。通过策划和举办公关专题活动,与社会各界广泛联络交往,为企业广结善缘。

(5) 挽回影响。当企业形象受到损害时,需要运用多种手段加以纠正,通过巧妙的设计和有效的工作,改善公众原有的印象,使受到损害的企业形象得以恢复。

四、公共关系专题活动的策划

现代策划已经发展到多学科会同合作、完成的阶段。现代策划已经从经验决策转向科学决策,从单一劳动转向集中各方人力共同完成。所以说,群体策划是现代策划的一个重要特征。

群体策划是一种人才组合的集体策划。具体形式为组成一个专责策划小组,由策划小组共同完成策划的任务。策划小组的最佳形式是由多学科的成员组成,而且应该有经验丰富的前线工作者参与,这样,有利于知识、信息的互补,有利于思维激荡。

策划小组的工作步骤可以归纳为:分头调研,共享信息,独立思考,小组讨论,专人提炼。在五个步骤中,策划小组的成员分头收集、整理、研究基本的调查资料;然后将个人收集、整理、研究的初步结果向策划小组成员互相通报,形成第一次信息冲撞效应;各人又再次独立构思至一定程度,由项目召集人召开策划小组讨论会。这个策划小组会是脑力激荡的过程,互相启发,十分有利于创造性的意见产生。有时一次会议未必产生结果,就需重复前面的程序,再择日召开会议,直至有一个基本的结论为止。最后由指定的专人将策划小组研究的成果整理在案,或者由不同的个人撰写不同的方案,形成多个方案。这是运用群体智慧执行的策划方式。最大优点是知识互补和产生冲击思维的力量。

五、公共关系专题活动策划中应注意的问题

(1)要有明确的目的。任何公共关系专题活动都应该有明确的目的,要设定影响哪方面的公众,要达到怎样的公共关系目标,要取得哪方面的效果。

(2)要有实施方案。应该把公共关系专题活动作为一个整体和系统工程来设计、规划。对于时间、地点、参加者、活动方式、环境、交通、经费、宣传报道、效果评估等各方面因素和细节都要考虑周全,事先要制订实施方案并请有关人士论证批准,然后按照活动方案进行操作实施,并且在实施过程中收集反馈信息,如有必要可根据实际情况和反馈信息对方案进行合理调整。

(3)要有传播计划。应根据主题设计一个既令人耳目一新,又有利于传播的标题或口号。标题或口号既要能反映文章的内容,又要有创意。活动开始之前,就要把有关专题活动的消息传播出去,以便渲染气氛,创造良好氛围。还要事先与新闻媒介联系,为记者采访报道提供便利条件。专题活动之后,要注意收集反馈信息和报道成果。总之,公共关系专题活动要有与之配合紧密的传播计划。

(4)要有专人负责。公共关系专题活动不仅要请专家精心策划,而且要有专人负责实施,最好是组成专门机构一抓到底,善始善终。

第二节 记者招待会

一、记者招待会的含义、特点和作用

1. 记者招待会的含义

记者招待会是指政府、企业、社会团体或组织等,为发布某种重大新闻或阐释重要方针政策而专门邀请新闻媒介记者参加的一种特殊会议。记者招待会是现代组织与新闻界保持联系的一种重要活动方式,是公共关系人员广泛传播各类新闻信息的最好工具之一。一般是由组织的发言人直接向与会记者发布有关本组织的重要信息,并且回答与会记者的有关提问,目的是通过与会记者把本组织的有关信息传递给公众。

有人也把记者招待会称为新闻发布会,其实严格来讲两者是不一样的。新闻发布会与记者招待会的主要区别是:新闻发布会往往是例行的,记者招待会一般是专题性的;新闻发布会侧重于发布新闻,发布者不一定需要回答记者的问题,而记者招待会则以"答记者问"为主要特色,具有双向沟通的特点;新闻发布可以采取公告、书面等形式取代口头发布,记者招待会则必须有口头的交流;新闻发布可以由一般层次的公关官员实行,而记者招待会则需要较高层次的官员出面。

2. 记者招待会的特点

(1)向广大公众传播信息时传播面广、传播速度快、传播效果好;(2)新闻传播的及时性与可信性;(3)形式比较正规、隆重,规格比较高;(4)是一种双向沟通,记者可以就自己感兴趣的方面或所着重的角度进行提问,更深入地发掘消息;(5)在深度上和广度上比其他新闻发布方式更具优越性;(6)比其他新闻发布方式占用记者和组织者更多的时间;(7)对发言人和会议主持人的要求很高,需要机智、敏感、反应迅速;(8)成本较高,因此不可随意召开记者招待会。

3. 记者招待会的作用

组织举行记者招待会具有一举多得的作用:(1)有利于组织与记者的双向沟通。一方面,组织发布有关信息,回答记者的提问;另一方面,记者直接听取和收集组织信息,对自己感兴趣和公众普遍关心的问题向组织发言人进行提问。这种方式有利于组织与新闻记者建立良好的人际关系,实现组织和记者的双向沟通。(2)有利于组织信息的传播。记者招待会为记者迅速掌握组织的

情况提供了充足的信息,有利于组织信息及时、广泛、准确、持久和有效的传播。(3)有利于组织与公众的沟通。在组织发生危机事件时,组织可以通过举行记者招待会向公众传播事件的原因、组织处理的态度,说明或澄清有关问题,取得公众的支持和谅解。

二、记者招待会前的准备工作

1. 研究会议召开的必要性和确定主题

首先,记者招待会要有明确的主题,要明确发布哪些方面的信息。其次,对所要发布信息的新闻价值进行研究。如果发布的消息没有新闻价值,就无法起到宣传的作用。

2. 确定应邀记者的范围

应根据记者招待会的主题、组织所要发布信息的内容涉及的范围和事件发生的地点等因素,确定应邀参加者的范围。一是确定邀请哪些新闻媒介的记者,如哪些报纸、杂志、广播、电视等方面的记者。二是要根据消息发布的范围来确定记者的覆盖面和级别,确定邀请哪些地区新闻媒介的记者,如是本地还是外地、省内还是省外、国内还是国外等。邀请对象一经确定,应提前7—10天发出邀请,临近开会时还应打电话联系落实。

3. 会议资料的准备

根据会议的主题收集有关信息,写出准确生动的有关资料。首先是发言人的发言内容、发言提纲和报道提纲的起草、讨论、口径统一、修改、定稿、打印和分发。发言内容和发言提纲应该根据会议主题,组织熟悉情况的人成立专门的小组负责起草,其内容要求全面、准确、简明扼要,主题突出。其次是有关宣传辅助材料的准备,包括口头的、书面的、实物、图片、模型,也包括将在会议进行中播放的音像资料等。需要特别注意的是,会前应将会议主题、发言稿和报道提纲在组织内部通报一下,以防会上口径不一而引起记者猜疑和混乱。如果上述资料涉及国防工业、军事机构的秘密或重要经济情报,要注意内外有别,分寸适当,严格遵守国家有关保密的法律法规和政策的有关规定。

4. 选择会议时间

举行记者招待会,在时间上应该尽量避开节假日和有重大社会活动的日子,以免记者不能来参加。首先要考虑组织信息发布本身的最佳时机,如放在重要活动庆典、重要会议召开、重要人士来访、重大成绩取得和突发事件发生之时。其次又要考虑邀请对象是记者的特点,应尽量避开节假日和有重大社会活动的日子,以免记者不能参加会议,影响招待会的效果。最后,避开特别民风民俗忌讳的日子,如不要选择在 4 月 1 日,这是欧美地区的"愚人节",也不要选择在 13 日举行,这是西方一些国家普遍忌讳的日子。

5. 选择会议地点

在地点选择上主要的考虑是要给记者交通、采访等创造各种方便的条件。首先是交通是否便利。其次是会议厅的大小是否能够容纳得下所有记者与嘉宾。再次,会场设施是否齐全。如记者发布信息用的通信设施是否便利畅通,是否能提供录音、摄像、书写等配套设施,能否提供播放电影、电视、录像、录音、幻灯等设备条件。顺次,场内的桌椅设置是否方便记者们提问和记录。最后,会议地点四周区域是否安静等。

6. 确定主持人和发言人

主持人不仅仅是会议召开时形式上的主持人,而且应当是本次公共关系活动中所有环节的总指挥,要求主持人思维敏捷,反应机敏,口齿伶俐,有较高的文化修养和专业水平。会议的主持人一般可由公关机构的负责人来担任。发言人是代表组织出面的,记者招待会的成败与发言人的素质密切相关,因此会议的发言人一般应由组织的高级领导来担任。

7. 组织记者参观

在记者招待会的前后,可以配合会议主题组织记者进行参观活动,给记者创造实地采访、拍摄、录像等机会,增加记者对会议主题的感性认识。首先要确定参观的地点、参观的路线、参观的内容。其次是确定参观的陪同人员和被参观地方的接待人员,介绍有关情况。

8. 宴请的安排

为了使记者招待会收到最大的实效,根据组织的财力情况,可以安排宴会或者工作餐招待与会记者和其他来宾。这也是一种相互沟通的机会,可以利用这种场合融洽与新闻界的关系,及时收集反馈信息,进一步联络感情。

9. 经费预算

根据记者招待会的规格和规模做出可行的经费预算。记者招待会的成本较高,费用项目一般有场租费、音响器材租用费、会场布置费、电话通讯费、交通费、印刷费、文具用品费、茶点、餐费和礼品等。整个会议经费应当在会议前做出预算。

10. 布置会场

记者招待会的会场布置要整洁、高雅、美观、安全和实用。主持人、发言人、嘉宾、记者、特邀人士等各种区域与席位都应布置安排合理,书写并按席位顺序摆放席位卡,准备好的文件材料袋和文书用具应放于每个席位上。最后检查进出通道与上下台的路线是否安全畅通,准备好会议所需要的其他设备,检查好用电是否安全等。

11. 邀请记者

首先,根据邀请的范围,将请柬较早地送到被邀请的记者手中。其次,临近召开日期还应用电话联系落实到会记者情况。最后,对交通不便的被邀记者应提供交通服务。

三、记者招待会的程序

召开记者招待会,会议程序要安排得详细、紧凑,避免出现冷场和混乱局面。一般来说,记者招待会的程序主要包括:

(1) 签到。在会议接待人员的引导下,让与会人员用预先准备好的笔在签到簿上签上自己的姓名、单位、职业、联系电话等。

(2) 发资料。会议接待人员要将会前准备好的资料,有礼貌地发给到会的每位与会人员。

(3) 介绍会议内容。主持人宣布会议开始,介绍发言人、来宾和新闻单位;会议开始时要由会议主持人说明为什么召开这次记者招待会,所要公布的信息或发生事件的简单经过。

(4) 发言人讲话。发言人发布新闻、介绍详细情况。发言人讲话措词用语要准确、贴切,要讲清重点,吐字要清晰、自然,切忌过长的讲话和啰嗦的发言。

(5) 回答记者提问。记者提问,发言人逐一回答。发言人要准确、流利地回答记者提出的各种问题,态度诚恳、语言精练,对于保密的内容或不好回答的内容不要回避,而要婉转、幽默地进行回答。如果吞吞吐吐,反而会使记者穷根究底,造成尴尬局面,甚至记者会因此发表对组织不利的报道。此外,对于记者的提问,不要随便打断,也不要以各种动作、表情和语言对记者表示不满。

(6) 参观和其他活动安排。提问结束后还应由专人陪同记者参观考察,给记者创造实地采访、摄影、录像等机会,增加记者对会议主题的感性认识。如果有条件,还可举行茶会和酒会,以便个别记者能够单独提问,并能融洽与新闻界的关系。

(7) 主持人宣布会议结束。

四、记者招待会中的注意事项

(1) 会议发言人和主持人应相互配合。新闻发布过程中,应始终围绕着会议主题进行。这就需要会议的发言人和主持人配合一致,相互呼应。如当记者的提问离开主题太远时,主持人要能巧妙地将话题引向主题,发言人通过回答问题将话题引到会议的主题上来。主持人要充分发挥主持和组织作用,活跃会议气氛,积极引导记者提问。对各个媒体的记者都一视同仁,不能厚此薄彼。

(2) 对于不愿发表和透露的内容,应婉转地向记者做出解释。记者一般会尊重东道主的意见,不可以"我不清楚"或"这是保密的问题"来简单处理。遇到不便回答的问题,应采取灵活而变通的办法给予答复。

(3) 遇到回答不了的问题时,应告诉记者如何去获得圆满答案的途径,不可随意说"无可奉告"或"没什么好解释的",这会引起记者的不满和反感。

(4) 不要随便打断或阻止记者的发言和提问。即使是记者带有很强的偏见或进行挑衅性发言,也不要显出激动和失态,说话应有涵养,切不可拍案而起,针锋相对地进行反驳。

(5) 对所发布的信息必须做到准确无误,若发现错误应及时予以纠正。

(6) 做好会议的接待和记录工作。

五、记者招待会后的工作

作为一项活动的完整过程,招待会结束之后,要及时检验会议是否达到了预定的效果。为此,会后工作主要有以下内容:

(1) 搜集到会记者在报刊、电台上的报道,并进行归类分析,检查是否达到了举办记者招待会的预定目标,是否由于工作失误而造成消极影响。对检查出的问题,应分析原因,设法弥补损失。如果出现不利于组织的报道,是组织自身行为引起的应虚心接受并致歉意,是记者方面的问题则应采取行动说明真相,要求媒体更正。

(2) 对照会议签到簿,看与会记者是否都发了稿件,并对稿件的内容及倾向做出分析,以此作为以后举行记者招待会时选定与会者的参考依据。统计已发表的稿件和记者姓名及媒体名称,计算发稿率,作为今后邀请记者的参考数据。对已发稿的记者,给予特别的联系和致谢,加强与他们的友谊。

(3) 收集与会记者及其他代表对会议的反应,检查招待会在接待、安排、提供方便等方面的工作是否有欠妥之处,以利改进今后的工作。电话追踪记者对会议接待、服务方面的意见。发现问题,抢先及时道歉。

(4) 整理出会议的记录材料,对招待会的组织、布置、主持和回答问题等方面的工作做一总结,分析得失、总结经验、吸取教训,写好评估报告,并将总结材料归档备查。

第三节 展览会

一、展览会的含义和特点

1. 展览会的含义

展览会是一种综合运用各种媒介、手段,推销产品、技术或专利,宣传组织形象,建立良好公共关系的宣传活动。通过实物展示和示范表演来展示社会组织的成果和风貌,由于它图文并茂,形象较为直观,往往会给公众留下深刻的印象,提高组织和产品在公众心目中的信誉。因此,展览活动是新组织、新产品、新技术等塑造形象的最优公共关系宣传媒介之一。

2. 展览会的特点

(1) 直观性。展览活动是一种非常直观、形象的传播方式。它把实物直接展现在公众面前,并有专人现场讲解和操作表演,给人以"亲眼目睹"、"眼见为实"的感受,增强了公众对社会组织及其产品的信赖。

(2) 双向性。展览会实现了组织与公众之间信息的双向沟通。展览活动不仅可以当面向公众展示自身形象,让公众了解组织、了解产品,同时还可以通过组织咨询、洽谈、征询等形式了解公众的需要,收集公众反馈意见。有针对性地就个别公众或某种特殊情况进行交谈,做到良性的双向沟通。

(3) 复合性。展览会是一种复合性的传播方式,它通常运用多种媒介进行交叉混合传播,往往以实物展出为主,配以文字宣传资料、图片、幻灯、录像、电脑等媒介,再加上动人的解说、友好的交谈、优美的音乐、生动的造型艺术,综合了多种媒介的传播优势。

(4) 高效性。展览会是一种高度集中和高效率的组织与公众进行信息交流的沟通方式,展览活动可以一次展示许多行业的不同产品,也可以集中同一行业的多种品牌来展示,它为参观者提供了更多的机会并节省了大量的时间和费用。

(5) 新闻性。展览会具有很强的新闻效应。它作为一种综合性的大型专题活动,一般事先制作各种广告,扩大宣传影响,还邀请政府领导、知名人士,所以容易成为新闻媒介追踪的对象,成为新闻报道的题材。通过新闻媒介的报道传扬,展览活动的宣传效应将大大扩展。

二、展览会的类型

展览会可以从不同的角度划分为不同的类型:

（1）从内容上划分，可分为综合性展览和专题性展览。① 综合性展览通常是由专门性的组织机构或单位负责筹办，不同组织应邀参加的一种全方位的展示活动。综合性展览的规模一般很大，参展项目繁多，参展内容全面，综合概括性强。② 专题性展览通常是社会组织或行业性组织围绕某一特定专题而举办的展示活动。与综合性展览相比，其内容较为单一，规模较小，但更要求主题鲜明，内容集中而有深度。

（2）从展览规模上，可分为名城街、博览会、陈列室、样品室、橱窗等。① 名城街是指具有重要文物价值的历史城街。例如，北京的文化街"琉璃厂"，安徽屯溪市的"宋城"老街，天津市的"食品街"等等。它们不仅是我国历史发展的活见证，而且更是大型的城街博览。② 博览会就是大型的展览会。③ 陈列室是小型的展览，是由某个组织为展示自己的发展历史或产品的更新换代状况而设立的。④ 样品室，也是小型展览，主要展示企业准备销售的产品样品，以供选择。⑤ 橱窗分为宣传橱窗和商店橱窗两种。宣传橱窗是组织为了进行某种宣传而设立的。商店橱窗是商店为配合销售而设置的展览橱窗，被称为商店的"门面"和"广告"，有引导消费的作用。

（3）从展览时间上分，分为长期固定形式的展览、定期更换部分内容的展览、一次性展览。

（4）从展览性质上分，可分为展览会和展销会。展览会是指展览的目的是宣传，不是销售，也就是说，参观者只能观看展品，不能购买展品。展销会则是我国销售花色品种较多，选择性较强的工业品的一种零售方式。

（5）从展览场地上分，可分为室内展览会和露天展览会。小型、精密、贵重的物品展览一般都在室内进行，而机械、汽车等大型工业品展览多在露天举行。

（6）从展览会目的上分，可分为以营利为目的的营销型展览会和以公共利益为目的的公益型展览会。以营利为目的的营销型展览会，如生产企业的新产品实物展览、商业企业的商品展。以公共利益为目的的公益型展览会，如科普知识展览、保密知识展览和防治"艾滋病"知识展览等。

三、展览会的组织工作

1. 确定举办的必要性

展览会是一项经费支出较大的活动，因此，社会组织在举行展览会前，必须要就社会影响、宣传效果、经济利益和社会利益等多方面进行充分的研究、论证，确定举办展览会的必要性和可行性。

2. 建立机构,确定人员

当组织决定举办展览会后,应当高度重视,建立展览会的组织机构,确定具体人员负责管理和落实。人员选配包括组织机构的领导、管理人员、设计与制作人员、讲解人员、接待与服务人员、后勤供给和保安人员等。

3. 确定主题,明确内容

展览会的主题,即展览会的精髓、要旨和主张。主题明确才能提纲挈领、确定展览活动的传播沟通方式和接待形式,有针对性地收集各种参展资料,把所有实物和文字、图片等组合排列成有机的整体。内容是主题的具体体现,要围绕主题来充实。只有主题确定了、内容明确了,才能使展览会更有针对性,才能使图、文、物的展示活动的整体效果得以体现。展览会主题要写进展示计划,是展览会效果评价的依据。

4. 指定展览活动主创与主编人员

指定展览活动主创与主编人员构思整个展览结构,策划新闻宣传,安排开幕式与闭幕式。负责设计并确定会标,撰写前言及结束语,为各部分的编辑讲明总体布局及各部分之间的衔接要求。

5. 准备展览材料

各部分编辑根据展览大纲收集各参展单位的实物和文字、图片、录音、录像资料,撰写展览脚本交设计室完成设计,再由制作组完成制作、加工美化。各种文字、电子辅助宣传资料、辅助设备以及相关服务都应在前期做好准备。

6. 经费预算,严格管理

展览会的费用预算通常包括:场地租用费、规划设计费、制作装修费、交通运输费、广告宣传费、交际联络费、水电费、通讯费、劳务费、保险费、运输费、印刷费及其他不可预见费用支出。展览会经费的使用管理,应该以预算为标准,严格执行财务纪律和管理制度,管理和使用好经费。

7. 确定展览时间、地点

展览时间大多按组织需要而定,同时要考虑展览的主题、内容。有些展览还要充分考虑季节性,如花卉展览、农副产品展览等。确定展览地点时,首先考虑的是方便参观者,如交通便利,容易寻找等;其次考虑会场空间大小、质量、设施和周围环境情况;再次考虑辅助设施是否容易配备和安置等;最后考虑展览会地点的社会发展,如社会治安状况和精神文明建设情况等。

8. 确定参展单位和参展项目

为了确定参展单位和参展项目,可以采用广告和发邀请信的形式组织参展单位,为其提供展览活动的宗旨、展出项目类型、对参观者人数与类型的预测、展览活动的要求和费用等基本资料,重点单位要上门联系,吸引有关组织参展。应给潜在的参展单位提供决策所需的资料,尽快确定参展单位、参展项目和展位需求情况。

9. 明确参观者类型和数量

针对特定目标公众来设计制作版面,确定传播手段、沟通方式,以保证展览效果。如:对专家观众一定要有内行的解说员和专业化的资料介绍,对一般的参观者就可以采取通俗易懂的解说和直观普及性的宣传。

10. 确定总体布局和规划

首先是总体设计。根据展览主题要求和参加展览的具体内容,进行整体的规划和构思,确定总体设计图。其次是精心制作。根据总体设计图,设计与制作各展区的展品、展板布置小样,待确定后再做成实样。同时,精心制作好展览会的会标、主题画、海报和说明书。最后是其他准备。准备好各种辅助宣传材料,如拍摄幻灯片和录像,撰写解说词,说明书内容要全面、易懂,解说词要具体、精练,有利于解说员正确流利地讲解。

11. 培训工作人员

展览会工作人员的素质和展览技能的掌握,对整个展览效果发生重要影响。为了提高工作人员展览技能和服务意识,对展览会的讲解员、接待员、服务员和保安人员等进行公共关系训练,并对每次展出的项目进行最基本的专业知识培训,能为观众提供咨询服务;善于礼貌文明地交际,能得体地与各类观众交流;仪表端庄大方,不落俗套,以满足展览会对人员素质的要求。

12. 搞好新闻发布

成立专门对外发布新闻的机构,其主要职责是:负责制订新闻发布的计划和组织实施,代表组织对外发布新闻;负责与新闻界保持友好的联系,为新闻媒介提供具有新闻价值的新闻稿,积极主动地邀请和接受新闻记者采访,最大限度地争取新闻媒介的正面报道,以扩大展览会的影响。

13. 邀请重点嘉宾

为扩大展览会的传播效果与影响,提高展览会的地位与层次,一要邀请与展览主题相关组织的负责人、社会知名人士和专家学者等作为展览会开幕式的嘉宾;二要邀请有关新闻媒介的记者采访和报道。

14. 搞好服务工作

一是备好有关设施,准备纪念品,印好入场券(参观指南、展览会示意平面图),备好售票点,设置咨询台。二是提供相关服务,如处理对外贸易业务的部门、附设产品订购的接洽室以及文书业务、邮政、检验、海关、交通运输、停车场等。

15. 举行开幕式

展览会开幕式的成功举办,关系到展览会的传播效果,因为新闻媒体报道展览会活动情况时,开幕式总是聚焦点,所以开幕式的举办一定要隆重、热烈和喜庆。开幕式的一般程序,一是主办者致辞,说明举办展览会的目的、宗旨,向协办组织致谢,向各位嘉宾、与会者表示欢迎与感谢;二是来宾代表讲话,表示祝贺之意;三是剪彩;四是开始展览。

16. 观展阶段工作

首先是搞好接待和咨询,为参观者讲解展品,做好服务咨询工作;其次是开展合作意向的洽谈活动;最后是开展有关活动,丰富参观人员生活,如安排现场演示,举办相关的知识测验、竞赛和小型文艺表演,赠送奖品、纪念品等。

17. 闭展阶段工作

主要有撤除展览、答谢公众、效果评估和工作总结等。展览活动结束后,公关人员应当注意收集新闻媒介对展览活动的有关报道、对于闭幕式的报道以及各种评价,总结经验教训,存档保留,作为下次举办展览活动的参考依据。

四、举办展览会应注意的问题

(1)确保组织信息网络渠道的畅通,及时了解展览会的信息和其他相关信息,正确决策,充分准备,利用好展览会时机宣传组织和产品。

(2)一旦展台场地合同签订,马上同展览会的新闻发布机构或人员取得联系;预先提供组织关于展览的详细情况,至少应提供组织的基本情况和展出的主要内容,借助展览的组织方对组织及产品进行宣传。

(3)提早了解清楚官方揭幕者或剪裁者的身份,预先直接同其洽谈,争取在正式开幕仪式举行时展览组织方能对本组织及产品进行宣传。

(4)参展者应利用"CI"企业形象设计原理,使用系统的视觉识别材料。有可能的话,在展台上进行特殊装修或对样品进行特殊安排,以增加其独特性和新鲜感。

(5)展览期间,组织重要人物出席或邀请知名度极高的社会名流来展台。参观者既可以直接邀请新闻记者,在展台旁组织记者招待会;也可以通过展览会新闻发布机构的新闻报道或信息发布进行宣传。

(6)展览会上,如果有大宗买卖成交或接待了一位重要的参观者,或者一种很有潜在价值的新产品将要展出等,都是新闻媒介注意的重要题材。参展方公关人员应注意挖掘这种素材甚至可以制造独特新闻,来引起新闻界和社会公众的注意。

（7）参展者应审时度势，在展览期间抓住或制造机会，如借助公益赞助等其他公关活动来促进产品销售和塑造组织形象等。

（8）展览会结束后，应争取记者给予报道，或者通过努力使本组织的展览成为有关的广播和电视节目构思的内容。

第四节　赞　助　活　动

一、赞助活动的含义和作用

1. 赞助活动的含义

赞助活动是社会组织通过无偿提供部分或全部资金或物质支持某一项社会事业或社会活动，向社会展示其承担的责任和义务，以及服务社会的宏远目标，同时通过形象传播取得社会和文化效益的公共关系活动，是一种宣传组织的方式和途径。它可以使提供赞助的组织与赞助的项目同步成名，是一种信誉投资和感情投资行为，也是一种有效的公共关系手段。

2. 赞助活动的作用

（1）通过赞助社会公益事业，能够表明组织作为社会成员愿意为社会的发展作出相应的贡献，乐于在承担企业社会责任的同时追求企业的社会效益，完善社会组织的道德人格形象。

（2）通过赞助社会公益事业，能够证明和展示组织的经济实力，赢得社会公众的信任，沟通并培养同目标公众的情感关系。

（3）通过赞助社会公益事业，能够提高社会资源的利用效率。

（4）通过赞助社会公益事业，能够大大提高组织的社会知名度和提升组织的整体社会地位。

（5）通过赞助社会公益事业，能够增强企业宣传的说服力和影响力。

（6）通过赞助社会公益事业，有助于企业产品的销售。

二、赞助活动的类型

赞助活动的基本类型如下：

（1）赞助体育活动。这是最常见的一种赞助形式。体育活动的影响面大，公众参与的感觉强烈，并且超越了民族、国界和政治因素的影响，特别是奥运会和世界杯足球赛这样的世界范围的大型体育比赛，其影响十分巨大。社会组织赞助这一类的体育活动,会扩大自身的知名度和美誉度,增强自身的广告效果。

(2) 赞助文化活动。赞助文化活动,不仅可以培养组织与公众的友好感情,还能通过知名度的扩大来创造良好的社会效益,许多组织对电影、电视剧、文艺演出、音乐会、演唱会、画展的赞助已经获得了成功。无论是对文化活动本身的赞助,还是对文化艺术团体的赞助,都是既繁荣和发展文化事业,又建树良好组织形象的有效形式。

(3) 赞助教育事业。这是一种效益长远的活动,不仅有利于教育事业的发展,有利于全民族素质的提高,也有利于赞助者自身的人才培养和选拔,为组织建树良好形象。其形式有:设立奖学金,成立基金会,捐赠图书设备,出资修建教学科研楼馆,赞助科研项目等。

(4) 赞助慈善福利事业。这是组织与社区、与政府搞好关系,赢得良好社会声誉的重要途径。它能表明组织的社会责任感和高尚品格,容易引起社会公众的好感。常见的做法有:救济残疾人,资助孤寡老人,捐助灾区人民,捐赠儿童福利等。

(5) 赞助纪念活动。赞助重大事件和重要人物的纪念活动,可以树立组织的独特形象,展示组织的文化内涵。

(6) 赞助特殊领域。赞助某一特殊领域,可以使组织在某一方面获得一定的知名度或美誉度,增强在这方面的形象竞争力。

除以上几种赞助类型外,还有赞助社会培训、赞助竞赛活动、赞助宣传品的制作等形式。

三、赞助活动应遵循的原则

社会组织无论是主动选择赞助对象,还是接到赞助请求时考虑是否赞助,都应当遵循以下基本原则:

(1) 社会效益原则。赞助活动要着眼于社会效益,即赞助对象和赞助项目具有较强的社会意义和社会影响,具有良好的社会背景和社会信誉。如社会救灾、希望工程、残疾人福利等。

(2) 传播效益原则。赞助活动直接提供了资金或物质,因此必须讲究传播效果,所赞助的项目和对象应该有利于扩大本组织的知名度和美誉度。同时,要调查和分析社会公众和新闻界是否关注、程度如何等。

(3) 合乎实力原则。社会组织无论开展什么形式的赞助活动,都应当量力而行,不要超过自己的承受能力。赞助经费的支出也要留有余地,以备意外之用。

(4) 合理合法原则。赞助者和赞助对象都应符合法律道德,符合社会利益和公众利益,坚持原则,严格按条件办理,杜绝人情赞助、人情广告等不正之风。

四、赞助活动的步骤

一次完整而成功的赞助活动,需要做好以下工作:

1. 明确赞助目的

每次赞助活动都有它的目的。赞助活动的目的一般有以下几种:(1) 追求新闻效应,扩大社会影响;(2) 增强广告效果,提高经济效益;(3) 联络公众感情,改善社会关系;(4) 提高社会效益,树立良好形象。

2. 选择赞助对象

社会组织可以主动选择赞助对象,也可以根据请求决定赞助对象。不论是什么情况,都要依据组织自身的发展战略和公共关系目标来选择和确定。

3. 制订计划与具体实施

提供赞助的社会组织要由赞助委员会根据组织的赞助方向和政策,以及经济实力等,提出年度赞助计划,写明赞助对象的范围、经费预算、赞助形式、组织管理办法等,以做到有计划、有控制地进行活动。计划制订好以后,要派专门的公共关系人员负责各项赞助方案的具体实施,运用公共关系技巧扩大组织的社会影响。如果遇到不正当赞助要求和摊派,应坚决拒绝,必要时可诉诸社会舆论和法律。

4. 检测赞助效果

赞助活动结束之后,组织应对赞助效果进行调查检测。可以对照计划检测指标完成情况,也可以收集社会公众、新闻媒体和受赞助者的看法,找出差距,评定效果,写出报告,存档备查。

五、赞助活动的注意事项

(1) 传播目标明确。即所赞助的项目须适合本组织的特点和需要,有利于提高本组织的社会影响,或有利于扩大业务领域。

(2) 受资助者的声誉和影响。要认真研究和确认被赞助的组织、个人或社会活动本身是否具有良好的社会声誉,是否有积极、广泛的社会影响,保证赞助活动取得良好的社会效益。

(3) 本组织的经济承受力。要考虑赞助额是否合理、适当,本组织能否承担,避免做力不从心的事情。

(4) 别具一格的赞助方式。一般来说,凡是符合社会及公众利益的赞助活动,都会引起社会各界特别是新闻界的关注。但是,如果能够以新鲜、别致的方式来实现赞助,效果必定会更好。

第五节　庆典活动与仪式

一、庆典活动

1. 庆典活动的含义、特点和作用

庆典活动是指组织利用重要节日和重要事件,举行的庆祝或典礼活动,也是公共关系专题活动的一种。

(1) 庆典活动的特点。庆典活动的种类繁多,规模有大、小之别,但是,它们的共同特点是突出喜庆气氛和隆重气氛。庆典所具有的热烈、欢快、隆重的特点,应当在其具体内容的安排上得到全面的体现。

(2) 庆典活动的作用:① 引力效应,指组织通过庆典活动吸引公众的注意力。② 实力效应,指通过举办大型庆典,显示组织强大的实力,以增加公众对组织的信任感。③ 合力效应。开展大型庆典,能增强组织内部职工、股东的向心力和凝聚力,提高公众对组织的信任感。

2. 庆典活动的类型

庆典活动的形式多种多样,常见的主要有:

(1) 节庆活动。节庆是利用盛大节日或共同的喜事而举行的表示快乐或纪念的庆祝活动。不同国家甚至同一国家不同地区,都有自己独特的节日。节日又有官方节日和民间传统节日之分。还有些地方根据自身文化传统、风俗习惯、土特产等,组织举办一些具有地方特色的节庆活动。

(2) 纪念活动。纪念活动是利用社会上或本行业、本组织具有纪念意义的日期而开展的公关活动。可供组织举办纪念活动的日期有很多,如历史上的重要事件发生纪念日、本行业重大事件纪念日、社会名流和著名人士的诞辰或逝世纪念日。本组织的周年纪念日及重大成就的纪念日,更是举办纪念活动的极好时机。

(3) 典礼仪式。典礼仪式包括各种典礼和仪式活动,如开幕典礼、开业典礼、项目竣工典礼、毕业典礼、颁奖典礼、就职仪式、授勋仪式、签字仪式、捐赠仪式等。在实际工作中,典礼仪式的形式多样,并无统一模式。

3. 庆典活动的组织

组织举行一次气氛热烈、隆重大方的庆典活动,就是一次向社会公众展示自身良好形象的机会,它所体现出的领导人的组织能力、社交水平及企业文化素质,往往成为社会公众取舍亲疏的重要标准,因此庆典活动必须精心策划和组织。

(1) 举办时间落实。

举办时间的选择,一定要结合组织的特点,如军队的立功、授勋仪式通常可以选择在"八一"建军节;经营妇女儿童用品的商场,开业典礼时间可以选择在"三八"妇女节、"六一"儿童节;模范教师的表彰会可以选择在教师节;以名人姓名命名的基金会的庆典活动,宜选择在名人的诞辰纪念日等。

(2) 形式、规模落实。

组织的性质、特点、经济实力和公共关系目标等因素,是确定庆典活动的形式和规模的重要依据。一般而言,与公众日常生活密切相关的服务性企业的庆典活动,最好选择能使公众最大范围地知晓该组织的庆典形式。业务性质具有广泛影响的社会组织,最好采取具有轰动效应的庆典活动形式。庆典活动的规模大小,可以根据组织的经济实力、场所的条件和实际需要来决定。

(3) 举办地点落实。

根据庆典活动的形式、规模、出席人数和一些附加活动等因素选好庆典活动的场所。

(4) 邀请嘉宾参加。

地方政府官员、上级组织的领导、社区知名人士、协作单位的负责人、兄弟单位的代表及各类传媒机构的新闻记者,往往是务必邀请的嘉宾。此外,地方政府官员、上级组织的领导和社区知名人士一般应该上门邀请,其他来宾可以通过电话和发请柬的形式邀请。

(5) 组织机构落实。

成立庆典活动领导小组,领导小组可以下设:宣传组、秘书组、会务组等。

(6) 分工负责实施。

① 领导组的任务是对整个庆典活动进行整体构思、策划、领导、协调、检查各部门和各环节的工作落实情况。② 宣传组的任务是负责活动的对内和对外宣传,设计制作组织标识、宣传品、招贴画、广告词、主题词、条幅等,营造良好的氛围。落实摄影摄像、美工制作、广告设计、乐队调音、国歌光盘、烘托喜庆气氛的唱片、录音带、新闻报道资料准备与记者联络等。③ 秘书组的任务是撰写、打印各种文稿,包括邀请信、演讲、致辞、报告和讲话稿;材料准备、装袋、分发;嘉宾邀请、迎宾礼仪、主持司仪等。④ 后勤组的任务首先是嘉宾接待,包括食、住、行、参观、游览、考察、娱乐的安排。其次是布置会场,应以隆重、热烈、大方、得

体为原则来布置会场。主席台及主宾位置应放在会场前方突出显眼的部位,并根据庆典活动的需要放置桌椅、台布、摆置鲜花和茶具、悬挂横竖条幅或张贴主题词、宣传画,以及安装调试好音响扩音器材、空调等设施设备。也可在室外悬挂气球、宫灯、插彩旗。再次是其他物品的准备。如剪彩用的彩带、剪刀;表彰用的奖品、奖金、荣誉证书;奠基、植树用的铁锹;收受礼品用的登记簿;赠送客人的纪念品;供公众提意见、建议用的留言台(簿)等。最后是负责清洁、勤杂、电工等后勤工作。

(7)庆典程序落实。

组织庆典活动的程序安排应当事先印制好,宾客人手一份,以便了解掌握活动安排。正式的庆典活动程序一般是:① 主持人宣布活动开始,奏国歌。② 介绍重要来宾,或者宣布来宾名单。③ 宣读重要单位的贺信、贺电,或者贺信、贺电单位名单。④ 致词,组织领导人或重要来宾分别致词。⑤ 剪彩(或者揭牌、揭幕)。⑥ 颁奖(颁奖仪式)。⑦ 宣布庆典活动结束,安排其他活动,如参观、座谈会、观看表演和宴请招待等。

(8)进行效果评估。

庆典活动之后,应进行效果评估,以便总结经验,吸取教训。为此,应主要做好以下工作:收集传播媒体以及公众舆论的有关反应;制作庆典活动的声像资料;写好庆典活动的总结报告;做好新闻报道剪报资料的存档工作。

二、仪式

仪式,多指典礼的秩序形式,如升旗仪式等。在古代,这个词也有仪态或者指测定历日的法式制度的意思。

仪式是一种比较正规、隆重的礼仪形式,往往具有程序化的特点,这种程序有些是人为地约定俗成。以下是常见的几种仪式:(1)迎送仪式;(2)签字仪式;(3)开业仪式;(4)交接仪式;(5)剪彩仪式;(6)颁奖仪式。

1. 剪彩仪式

剪彩仪式是指商界的有关单位,为了庆祝公司的成立、公司的周年庆典、企业的开工、宾馆的落成、商店的开张、银行的开业、大型建筑物的启用、道路或航道的开通、展销会或展览会的开幕等等而举行的一项隆重的礼仪性程序。

目前通行的剪彩仪式主要有剪彩的准备、剪彩的人员、剪彩的程序、剪彩的做法等四个方面的内容。

(1)剪彩的准备。剪彩的准备工作必须一丝不苟。具体而言,涉及场地的布置、环境卫生、灯光与音响的准备、媒体邀请、人员培训,等等。在准备这些方面时,必须认真细致,精益求精。除此之外,对剪彩仪式上所使用的某些特殊用具,诸如红色缎带、新剪刀、白色薄纱手套、托盘以及红色地毯等,必须仔细地进行选择与准备。

(2) 剪彩的人员。对剪彩人员必须认真选择,并于事先进行必要的培训。除主持人外,剪彩人员主要是由剪彩者与助剪者两部分人员构成。一般而言,助剪者多由东道主一方的女职员担任。现在,人们对她们的常规称呼是礼仪小姐。具体而言,在剪彩仪式上服务的礼仪小姐,又可以分为迎宾者、引导者、服务者、拉彩者、捧花者、托盘者。迎宾者的任务,是在活动现场负责迎来送往。引导者的任务,是在进行剪彩时负责带领剪彩者登台或退场。服务者的任务,是为来宾尤其是剪彩者提供饮料,安排休息之处。拉彩者的任务,是在剪彩时展开、拉直红色缎带。捧花者的任务则是在剪彩时手托花团。托盘者的任务,则是为剪彩者提供剪刀、手套等剪彩用品。

(3) 剪彩仪式的基本程序。按照惯例,剪彩既可以是开业仪式中的一项具体程序,也可以独立出来,由其自身的一系列程序所组成。独立而行的剪彩仪式,通常包含六项基本的程序:第一项,请来宾就位。在剪彩仪式上,通常只为剪彩者、来宾和本单位的负责人安排座席。在剪彩仪式开始时,即应敬请大家在已排好顺序的座位上就座。一般情况下,剪彩者应就座于前排。若其不止一人时,则应使之按照剪彩时的具体顺序就座。第二项,宣布仪式正式开始。在主持人宣布仪式开始后,乐队应演奏音乐,现场可燃放鞭炮,全体到场者应热烈鼓掌。此后,主持人应向全体到场者介绍重要来宾。第三项,奏国歌。此刻须全场起立。必要时,亦可随之演奏本单位的标志性歌曲。第四项,进行发言。发言者依次应为东道主单位的代表、上级主管部门的代表、地方政府的代表、合作单位的代表,等等。其内容应言简意赅,每人不超过三分钟,重点分别应为介绍、道谢与致贺。第五项,进行剪彩。此刻,全体应热烈鼓掌,必要时还可奏乐或燃放鞭炮。在剪彩前,须向全体到场者介绍剪彩者。第六项,进行参观。剪彩之后,主人应陪同来宾参观被剪彩之物。仪式至此宣告结束。随后,东道主单位可向来宾赠送纪念性礼品,并以自助餐款待全体来宾。

2. 签字仪式

签字仪式是政府、部门、企业之间通过谈判,就政治、军事、经济、科技等某一领域的相互关系达成协议,缔结条约、协定或公约时,所举行的仪式。签字仪式虽不算是一种纯礼仪性活动方式,但目前世界各国所举行的签字仪式,都有比较严格的程序及礼节规范。这不仅显示出签字仪式的正式、庄重、严肃,同时也表明双方对缔结条约的重视及对对方的尊重。

(1) 签字仪式的礼仪。

在涉外交往中,有关国家的政府、组织或企业单位之间经过谈判,就政治、经济、文化科技等领域内的某些重大问题达成协议时,一般需举行签字仪式。不同的签字仪式各有特点,在我国国内举行签字仪式,通常要考虑以下几个方面的礼仪问题:首先,要布置好签字厅,并作好有关签字仪式的准备工作。在我国国内举行的签字仪式,必须在事先布置好的签字厅里举行,绝不可草率行事。其次,要确定好签字人和参加签字仪式的人员,签字人由签字双方各自确定,但是他的身份必须与待签文件的性质相符。同时,双方签字人的身份和职位应当大体相当。最后,要安排好双方签字人的位置,并且议定签字仪式的程序。我国的惯例是:东道国签字人座位位于签字桌左侧,客方签字人的座位位于签字桌的右侧。双方的助签人员分别站立于各方签字人的外侧,任务是翻揭待签文本,并向签字人指明签字处。双方其他参加签字仪式的人员,应分别按一定的顺序排列于各方签字人员之后。

我方人员在国外参加签字仪式时,应尊重该国举行签字仪式的传统习惯。有的国家可能会准备两张签字桌,有的国家可能要求参加签字仪式的人员坐在签字人对面,对此不必在意,关键是要不辱使命,对此我方人员不应忘记。

(2) 签字仪式的流程。

① 确定类别。首先要从形式和目的两个方面弄清楚签字仪式的类别。

② 确定方案。具体涉及主席台桌位设计;邀请嘉宾;邀请媒体;签字仪式的流程;签字代表人选;主持人代表人选等。

③ 注意事项。具体涉及合影;宴会;嘉宾席和观众席的摆放;如有外方,是否需要翻译。

(3) 签字仪式的准备工作。

签字仪式的整个过程所需时间并不长,也不像举办宴会那样涉及多方面的工作,其程序较简单,但由于签字仪式涉及国与国之间的关系,而且往往是访谈、谈判成功的一个标志,有时甚至是历史转折的一个里程碑,因此,签字仪式一定要认真筹办。

① 参加签字仪式的人员确定。参加签字仪式的人员主要有签字人、助签人和出席仪式的相关人员。

签字人是代表一个国家、政府或企业进行签字的人员,所以,签字人的选择十分关键。签字人应视文件性质由缔约各方确定。有由国家领导人签字的,也有由政府有关部门负责人签字的。不管是哪一级,双方签字人的身份应大体相当。

助签人的职能是洽谈有关签字仪式的细节并在签字仪式上帮助翻阅与传

递文本、指明签字处。双方的助签人由缔约双方共同商定。

出席签字仪式的人员应基本上是参加会谈或谈判的全体人员。如一方要求让某些未参加会谈或谈判的人员出席签字仪式,应事先取得对方的同意,另一方应予以认可。但应注意,双方人数最好大体相等。不少国家与企业为了表示对签字仪式的重视,往往由更高级别或更多的领导人出席签字仪式。

② 签字之前的筹备。这项工作涉及五个方面:

一是签字文本的准备。安排签字仪式,首先应是签字文本的准备。负责为签字仪式提供待签文件文本的主方,应会同有关各方一道指定专人,共同负责文件的定稿、校对、印刷、装订、盖火漆印等工作。按常规,应为在文件上正式签字的有关各方,均提供一份待签的文件文本。必要时,还可再向各方提供一份副本。

签署涉外商务合同时,比照国际惯例,待签的合同文本应同时使用有关各方法定的官方语言,或是使用国际上通行的英文、法文。

待签的文件文本,应以精美的白纸印制而成,按大八开的规格装订成册,并以高档质料,如真皮、金属、软木等作为其封面。

二是签字物品的准备。要准备好签字用的文具、国旗等物品。

三是服饰准备。在签字前要规范好签字人员的服饰。按照规定,签字人、助签人以及随员,在出席签字仪式时,应当穿着具有礼服性质的深色西装套装、西装套裙,并配以白色衬衫与深色皮鞋。在签字仪式上露面的礼仪、接待人员,可以穿自己的工作制服,或是旗袍一类的礼仪性服装。

四是签字厅的布置。由于签字的种类不同、各国的风俗习惯不同,因而签字仪式的安排和签字厅的布置也不尽相同。签字厅有常设专用的,也有临时以会议厅、会客室来代替的,但一般要选择较有影响、结构庄严、宽敞明亮、适宜于签字的大厅。

五是签字桌。我国举行的签字仪式,通常是在签字厅内设置长方桌作为签字桌。桌面上覆盖深绿色的台呢。台呢色彩的选择,要考虑对方的习惯与忌讳。桌后放两把椅子,面对正门主左客右作为双方签字人的座位。座前桌上摆放各方保存的文本,文本前方分别放置签字用的用具,中间摆放一个旗架,悬挂签字双方的旗帜,主方国与客方国旗帜悬挂的方位是面对正门客右主左,即各方的国旗须插放在该方签字人坐椅的正前方。另外,还要与对方商定助签人员的安排,以及安排双方助签人员洽谈有关细节。

(4) 签字仪式的正式程序。

签字仪式是签署合同的高潮,它的时间不长,但程序规范、庄严、隆重而热

烈。签字仪式的正式程序一共分为四项:

一是签字仪式正式开始。各国签字仪式的程序大同小异。以我国为例,双方参加签字仪式的人员步入签字厅,签字人入座,双方的助签人员分别站立于签字人员的外侧,协助翻揭文本及指明签字处。其他人员分主方、客方按身份顺序站立于后排,客方人员按身份由高到低从中向右边排,主方人员按身份高低由中向左边排。当一行站不完时,可以按照以上顺序排成两行、三行或四行。

二是签字人正式签署合同文本。通常的做法是,先签署己方保存的合同文本,再接着签署他方保存的合同文本。每个签字人在由己方保留的合同文本上签字时,按惯例应当名列首位。因此,每个签字人均应首先签署己方保存的合同文本,然后再交由他方签字人签字(由助签人交换),其含义是在位次排列上,轮流使有关各方有机会居于首位一次,以显示机会均等,各方平等。

三是签字人正式交换已经有关各方正式签署的合同文本。此时,各方签字人应热烈握手,互致祝贺,并可相互交换各自方才使用过的签字笔,以示纪念。全场人员应鼓掌,表示祝贺。

四是饮香槟酒。交换已签的合同文本后,有关人员,尤其是签字人当场干上一杯香槟酒,是国际上通行的用以增添喜庆色彩的做法。一般情况下,商务合同在正式签署后,应提交有关方面进行公证,才正式生效。

(5) 多边条约的签字仪式。

三个或三个以上的国家一起缔结的条约,通称多边条约。其签字仪式大体与上述仪式相同。只是相应地增加了签字人员的座位、签字用具和国旗。在签订多边条约时,也可只设一个座位,先由公约保存国代表签字,然后由各方代表依礼宾次序轮流在公约上签字。

3. 谒墓仪式

许多国家首都都建有已故领导人的陵墓或无名英雄(革命烈士)纪念碑。谒墓、献花圈,是对被访国人民友好亲善的表示,也是对该国先烈的敬意。所以各国领导人出国正式访问期间,都按各国习惯做法,往谒陵墓或向纪念碑献花圈。

各国安排的领导人谒墓(或向纪念碑献花圈)仪式大同小异。一般的做法是,现场安排仪仗队、军乐队,并派高级官员陪同。仪式开始时,乐队奏乐,花圈由东道国礼兵(或谒墓者的随行人员)抬着走在前列,仪仗队分列两旁,向来宾致意,谒墓人随行于后。搁置花圈时,谒墓人往往要上前扶一下,有的还整理一下花圈上的飘带。然后稍退几步,肃立默哀,绕陵墓(纪念碑)一周。信仰宗教的谒墓人,有的还为死者祈祷。

我国领导人出国访问时,也往往按对方的习惯往谒陵墓或向无名英雄纪念碑献花圈。前来我国访问的国宾和其他重要的外国宾客,根据其意愿,安排向天安门人民英雄纪念碑献花圈或瞻仰毛主席遗容。

来访国宾向人民英雄纪念碑献花圈,由外交部副部长或礼宾司司长陪同。花圈由来访代表团或来访国驻华使馆准备。献花圈仪式的程序为:国宾乘车抵达纪念碑前,由中国人民解放军两名礼兵抬扶花圈走在前列。国宾及其随行人员缓步走向纪念碑,军乐团奏乐。陆海空三军礼兵持枪向国宾致敬,国宾安放花圈后,军乐团奏致敬曲,全体肃立。礼毕,绕纪念碑一周。

国际上,有时出于某种原因,特别是由于墓(碑)的政治背景等因素,而不参加这类活动。所以,在国外访问,如欲谒墓或向某纪念碑献花圈,应先将其政治历史背景了解清楚。

谒墓的整个过程充满庄严肃穆的气氛,参加仪式人员应穿着素色服装(有的国家要求着礼服),谒墓时应脱帽(军人若不脱帽应行举手礼)。

谒墓式的程序应事先扼要地通告对方。在国外往谒墓(碑)时,应事先向对方了解谒墓程序和其他习惯做法;花圈、飘带等物需早作准备,飘带上的题词要书写得恰当。

有些国家的陵墓建在寺院内,谒墓有其独特的宗教仪式,不信教者前往谒墓,对于宗教仪式中的一些动作,可不仿效,但应遵守对方的风俗习惯。如进入清真寺要脱鞋,妇女需用头巾包住头发等等。

4. 开幕式

开幕式包括各种展览会,如经济建设成就展览会、商业性的博览会、文化艺术展览会等的开幕式。工程项目的动、竣工典礼和交接仪式的情况与开幕式类同。

开幕式通常由经办一方的负责人员主持。如东道国主办,则由东道国方面主持,邀请有关国家的代表团、使节参加;或者由展览团主持,邀请东道国有关官员出席。重大的展览会开幕或重要工程的落成典礼等,东道国的国家领导人往往出席,仪式较为隆重。一般小型展览的开幕式,则比较简单。

开幕式除双方有关方面人员参加外,酌情邀请各国驻当地的使节、外国记者等参加。

隆重的开幕式,会场悬挂两国国旗(有的还奏国歌),致词(主办方先讲,另一方后讲),然后剪彩(邀请东道国或展览团参加开幕式人员中身份最高的官员或知名人士剪彩,亦有宾主双方各一位或各两位人士剪彩的)。接着参观展览,有时参观毕举行酒会招待。

5. 授勋仪式

许多国家对外国领导人或外国驻本国的外交使节或其他知名人士授予勋章,以表彰其发展两国关系的功绩。

各国对外国人士授勋,有时专门举行一定仪式,有时则是借会见、宴会、群众大会等场合授予。

各国在国内一般是由国家元首或政府首脑出面授勋,在国外一般委托外交使节出面,有时借元首、总理出国访问之便授予。不少国家往往借外国领导人访问本国的机会授予勋章。

授勋的仪式一般是由授勋人与受勋者相对而立,相隔三四步。授勋人先宣读授勋决定,然后将勋章佩带在受勋人胸前,再将勋章证书递交给受勋人。在专门的授勋仪式上,有时授勋人与受勋人还先后致词。

有的国家为授勋举行隆重庄严的仪式。授勋大厅设主席台和来宾席,授勋人和受勋人站立在主席台上,授勋国政府高级官员、受勋人随行人员以及外国使节在来宾席就座。仪仗队护卫两国国旗和勋章在军乐声中进入授勋大厅,将两国国旗竖立于主席台两侧,乐队奏两国国歌,授勋人致词,并将勋章佩挂在受勋人胸前,受勋人致答词。

有些国家对来访的国家领导人、学者授予名誉学位或名誉市民等称号,有的还授予城市的金钥匙,其仪式与授勋大体相同。

第六节 联谊活动

一、参观活动

1. 参观活动的含义

参观活动是社会组织为了让公众更好地了解自己,向公众宣传自己,表明自身的存在或为了消除某种误解而进行的开放活动。通常由公共关系部门负责组织一些社会公众到组织内部来考察、参观,使公众了解真相,增加兴趣和好感。虽然这项工作很麻烦,但却可以较好地提高组织的美誉度。也有人称之为开放组织参观活动。

2. 组织参观活动要做好的具体工作

(1) 明确目的、主题。对外参观活动的目的一般有几种:提高知名度,展示自己的优良工作环境,让更多的公众了解并宣传自己。如某烤鸭店,将自己的生产车间向消费者开放,使消费者可以看到烤鸭制作的全过程,从而对产品质量深信不疑。每一次参观活动都应根据目的来确定主题,主题的立意可以是多方面的,如组织的贡献、组织的独特成就等。根据主题来策划和实施,才能给参观者留下深刻的印象。

(2) 安排时间和路线。开放参观的时间最好能安排在组织的一些具有特殊意义的日子,如开业典礼、周年纪念节日之前等。尽量避开假期和节日,并且要考虑季节和气候因素。参观路线应提前划分好,防止参观者超越参观范围而出现意外事故或不必要的麻烦,也为了防止组织的秘密泄露和保证工作秩序的正常进行。

(3) 成立机构和安排程序。要把参观活动办得尽善尽美,最好成立一个由组织领导人、公关人员、行政人员和人事部门人员组成的专门机构,明确分工,紧密配合。程序的安排要具体,以免手忙脚乱。

(4) 制作资料,包括展品、展牌、展室的设置,标语、图片、图表的制作,解说词的编写,有关印刷品、纪念品的设计与制作等。不仅要精益求精,而且能够体现组织的风格与特色。

(5) 掌握人数。无论是经常性的参观,还是"开放日"活动,都要掌握参观者的大致数量,以便做好安排。可以通过事先联系、主动邀请等方式掌握参观人数,重要来宾更应逐个落实。

(6) 做好接待。要准备好开放组织所需的宣传品和公关礼品,还要准备足够的训练有素的接待人员、完善的接待设施,为来宾提供交通、饮食、休息、娱乐、咨询等方面的便利或服务。

(7) 通盘考虑。组织者要对参观的全过程进行周密的安排与考虑,特别是细节问题更要解决得当,要注意各位来宾的特点,不要因小事而影响整个参观活动的效果。

二、联谊活动

1. 联谊活动的含义、层次及类型

联谊活动是指社会组织为了加深组织内部员工之间、社会组织与社会公众之间、社会组织与社会组织之间的感情,增进相互间的友谊而举行的活动,是以实现一定合作目标为宗旨的信息沟通和感情交流专题活动。公共关系工作人员应有计划地经常举办一些联谊活动,这类活动既可以使人得到美的享受,又可以是创造组织内外"人和"的好方法,其目的主要是促进交往、增加感情、获取信息、增强合作。

联谊活动一般可分为三个层次:① 感情型联谊活动以联络感情为主要内

容,如出席对方的庆祝活动,互赠纪念品,使双方互相建立良好的印象,为今后进一步加强团结联系或合作奠定基础。② 信息型联谊活动以互通信息为主要内容,努力使双方在市场变化中,能够保持联系,共同获利。③ 合作型联谊活动是以经济合作为主要内容,通过一些生产项目或经营项目的合作,促进双方经济效益的共同提高。这是一种最具实质性的联谊,是组织公共关系人员的着眼点和落脚点。

联谊活动可以是参加者自娱自乐,也可以邀请文艺界专业人士参加。常见的联谊活动类型有:文艺演出及电影招待;交际舞会;知识竞赛、体育比赛、特技比赛、游艺活动等。

2. 联谊活动的策划和组织工作

(1)明确联谊目的,围绕目的去策划活动,同时又要兼顾客人的兴趣。一般应注意选择那些客人喜闻乐见的活动内容和具有客人本国民族风格的活动。(2)提出活动预算,筹措必需的经费,购买必要的物品。(3)根据场地、交通、气象、设备等条件,确定活动的时间、地点和场所。(4)确定应邀对象,及早发送请柬和通知。(5)安排活动程序,印刷节目单,并提前发给客人。(6)精心布置联谊场所,并安排专人负责接待和保安工作等。

3. 组织联谊活动需要注意的问题

(1)选择所需的联谊类型,最好是举办综合性的联谊会。参加联谊活动应有所值,不能无目的或仅以应酬为目的。(2)选择联谊对象。联谊对象的选择,要遵循互助互利的原则,它必须是联谊的双方或多方都有联谊的要求、联谊的内容、联谊的能力,三者缺一不可。选择联谊对象的过程就是一个奠定联谊活动基础的过程。(3)遵循联谊原则。首先要遵循真诚的原则,绝不损人利己、损公肥私。其次要遵循互惠互利的原则,应在不损害社会利益的前提下使联谊双方共同受益。最后还要遵循效益的原则,争取在有限的时间和空间范围内取得最大的效益,少花钱多办事。(4)联谊活动是合法的,涉及须审查的社团活动,应主动上报政府部门。(5)联谊活动是健康、品味高尚的,不损人利己,也不损害社会公众利益。(6)邀请人数要与场地相适应,过多会显得拥挤,太少又会造成冷场。

三、宴请活动

1. 宴请活动的含义和类型

宴请活动是最常见的公共关系活动形式之一,组织常常通过宴请活动的方式庆祝纪念日,答谢合作者的支持,庆祝成功,欢迎贵宾等。

宴请活动的类型,从形式上分主要有:宴会、招待会、冷餐会、酒会、茶会、工作进餐等;从规格上分主要有:国宴、正式宴会、便宴、家宴等;从餐别上分主要有:中餐宴会、西餐宴会、中西合餐宴会等;从时间上分主要有:早宴、午宴、晚宴等;从礼仪上分主要有:欢迎宴会、答谢宴会、饯行宴会等。

下面介绍几种常见的宴会:

(1) 国宴,是国家元首、政府首脑为欢迎外国元首、政府首脑或举办大型庆典活动等而举办的宴会。国宴规格较高,宴会厅内悬挂国旗,有乐队伴奏。国宴一般专设主持人,宴会的主人致祝酒辞或欢迎辞,主要客人致答谢辞等。

(2) 正式宴会,指各类社会组织为欢迎来访的宾客、召开各种专题性活动答谢合作者和支持者,或是来访宾客为答谢主人而举行的宴会。正式宴会规模可大可小,规格可高可低。它一般由组织或部门负责人主持,不挂国旗,也没有乐队伴奏。

(3) 便宴。常用于非正式宴请,通常是组织为招待小批客人、个别采访者、合作者等而举行的宴会。便宴的规模较小,规格要求不高,不拘于严格的礼仪,宾主可随意,气氛比较宽松、和谐。

(4) 家宴,是家庭为招待客人而举行的便宴。

(5) 招待会,是指各种不备正餐,只备食品、酒、水的一种方便灵活的招待宴请活动。招待会的形式主要有招待酒会(鸡尾酒会)、冷餐招待会(自助餐)等。

(6) 鸡尾酒会。正餐之前的酒会又称鸡尾酒会,大多提供香槟酒、红葡萄酒或白葡萄酒、白兰地、威士忌、啤酒和各种烈性酒等。此外,至少还要备好不含酒精的各种饮料,如汽水、矿泉水、果汁饮料等。鸡尾酒是一种混合酒,它由多种酒按一定比例混合而成。目前,许多酒会并没有鸡尾酒,但也统称为鸡尾酒会。

(7) 冷餐招待会。正餐之后的酒会又称冷餐招待会或自助餐,也是比较流行的招待宴请活动形式。冷餐招待会设餐台,餐台上摆放着各种食品、酒水、餐具,供客人自行选用。有的冷餐招待会也准备少许热菜。冷餐招待会有的设座位,有的不设座位,客人可自由活动,边吃边谈,交流信息,气氛融洽和谐。吃自助餐应注意一次取食品不要太多,可吃完再取,其他礼仪与招待酒会相同。

(8) 茶会,是一种更为简单的招待方式,它一般在客厅举行,不排座位,请客人一边品茶一边交谈。

(9) 工作进餐,是现代国际交往中经常采用的一种非正式宴请形式,它不请配偶,只请与工作有关的人员,利用进餐时间,边吃边谈问题。

2. 宴请活动的组织与策划

（1）宴请活动的前期准备。确定宴请的目的、名义、对象、范围与类型。确定宴请时间、地点，确定邀请对象，订菜，席位安排。

（2）宴请程序的安排。迎宾、入席、致辞、上菜、敬酒、送宾。

（3）组织和策划宴请活动的注意事项。① 邀请有关人员时切忌遗漏。② 掌握好入席时间。大型宴请时，主人应先等候在入口处迎接宾客。③ 宴请时，要注意仪表风度，进食要讲究文雅，忌高声谈笑。④ 用餐时，强调节俭，反对铺张浪费，做到文明用餐。

3. 宴请活动的安排要求和程序

宴请活动的安排要求包括：确定宴请名义及宴请对象；确定宴请规格、时间、场所；分发请柬；订餐；排定座位。

宴请活动需要遵循的基本程序如下：迎候→入场→介绍主要来宾→致词→祝酒→交谈→宴会结束→送别。

四、文艺活动

1. 文艺活动的含义

文艺活动也就是联谊娱乐性活动，是为加深组织或企业内部、外部感情，为组织或企业广结良缘，建立广泛的社会关系网络，形成有利于组织或企业发展的人际环境而举办的专题活动。如联欢会、舞会、文艺演出等。

2. 组织文艺活动要做好的具体工作

（1）确定演出主题。（2）选定文艺节目。（3）制作节目单。（4）发出邀请。（5）确定规格（舞厅、乐队、服务）。（6）安排场地（场地宽敞，与所邀人数相适应；能提供必要的服务）。（7）选好曲目（优美动听、各种节奏类型、主宾爱好与年龄特点）。（8）搞好接待服务工作。

案例分析

赞助使健力宝插上腾飞的翅膀[①]

被称为"中国魔水"的健力宝饮料，在中国家喻户晓。它不仅名气大，经济效益更令人吃惊。1991年上缴利税达5亿元人民币。健力宝取得如此经济效

---

① 资料来源：http://www.cqn.com.cn，有改动。

益,与其采取的恰当的公共关系赞助活动密不可分。事实上,健力宝三次大规模的赞助活动,直接促成了其经济效益的飞跃。1984年洛杉矶奥运会,健力宝集团抓住时机开展攻势,以实物赞助的形式,使其成为重返奥运大家庭后,首次参加国际最大规模体育盛会的中国体育代表团的首选运动饮料。十五枚金牌的巨大成功,使健力宝随中国体育走向世界,并确立了其"中国魔水"的地位和美誉。原本只有几百万元产值的小酒厂一举成名,产品供不应求。以此为契机,扩大生产后的健力宝迅速跃入现代化大企业的行列。1987年广州第六届全运会,健力宝集团再次以雄厚的经济实力,赞助250万元人民币,换取了全运会运动饮料专用权。集团当年的销售额猛增到3亿元人民币,产品出口到9个国家和地区。1990年北京亚运会,健力宝以600万元的赞助,又一次获得指定运动饮料专用权。同时,以260万元赞助亚运会火炬接力活动。中国首次举办大型国际体育盛会的空前成功,使健力宝再一次腾飞。

巨大的社会效益,直接带动企业经济效益的增长。三次大型体育盛会的成功,使人们认识到健力宝的贡献,也使社会认识到:健力宝是中国体育事业的支持者,健力宝促进了中国体育的发展。健力宝认为,赞助活动达到了社会和经济效益的双丰收。它集公共关系、广告、推销于一体,不仅提高了企业的知名度、信任度和美誉度,而且确立了企业的市场地位。健力宝从赞助体育事业中获得了巨大的经济效益。健力宝选择中国体育事业为赞助对象,迎合了国人对"增强人民体质,振兴中华体育"的美好愿望。这不仅赢得了公众的好感、信任,增强了健力宝对公众施加影响的广度和深度,并且最终得到了社会的支持与合作,也使消费者的选票(货币)投向了健力宝。

问题:
1. 试分析健力宝赞助体育活动的专题公共关系活动。

本章小结

本章讲述了公共关系专题活动,应掌握的知识点如下:
1. 公共关系专题活动的策划、构思方法。
2. 文艺活动的含义和要做好的具体工作。
3. 公共关系专题活动的作用和策划中应注意的事项。
4. 宴请活动的组织与策划、安排要求和程序。
5. 记者招待会的特点和程序;展览会的组织工作和实施;赞助活动的类型、应遵循的原则。

6. 庆典活动的类型和组织；参观活动的含义和要做好的具体工作；联谊活动的策划和组织工作；宴请活动的含义和类型。

复习思考题

1. 简要回答公共关系专题活动的策划原则以及公共关系专题活动的构思方法。
2. 简要回答记者招待会的含义、特点和作用。
3. 举办展览会应注意哪些问题？
4. 简要回答庆典活动的含义、特点和作用。
5. 简要回答联谊活动的含义、层次、类型，以及组织联谊活动需要注意的问题。

第九章 公共关系写作

本章提要

向公众传递信息是公共关系活动的一个重要组成部分。这种信息传递总要依托一定的信息载体,包括语言的、非语言的。文字的载体就是公共关系文书。因此,学习和掌握公共关系文书的种类、用途和写作要求,对搞好公共关系活动、树立良好的组织形象具有重要意义。

本章学习目标

- 了解公共关系文书的类型;
- 熟悉公共关系文书的特点;
- 掌握公共关系文书的写作要求。

案例导入

景区门票价格"顶风涨"的背后①

新华网北京 9 月 22 日电("新华视点"记者张丽娜、王立武、伍晓阳)临近"十一"黄金周,四川、贵州、天津、云南、安徽等地多个景点门票纷纷涨价,涨幅有的达到 70%。这是今年以来国内景区首次大规模提价,也是发改委等部门去年发布"限涨令"到期后的又一轮涨价风潮。

---

① 资料来源:http://cache.baidu.com,节选。

旅游景区涨价大煞风景,尽管相关部门给出了充足的涨价理由,游客对此仍心怀不满。景区门票涨价应不应该?这轮调价背后是逐利还是保护?景区发展该坚持公益化还是商业化?"新华视点"记者近日进行了追踪采访。

"限涨令"不奏效:多少景点冲动提价

今年8月27日,国家发改委下文,明确规定旅游景点不得在国庆节前集中上调门票价格。内蒙古、宁夏、江苏、湖南等地也纷纷承诺"十一"期间旅游景点不涨价。但是,记者调查发现,一些景区仍然"顶风涨",有的景区则酝酿把涨价劲头延迟到节后。

8月31日,由昆明市发改委委托石林县发改局组织举行了听证会,拟调整石林景区门票价格,由140元上涨为每人次200元,涨幅达到40%。安徽天柱山门票近期也举行了调价听证会,旺季门票可能从120元调整至150元;广德县物价局9月初举行听证会,国家4A景区太极洞门票价格由60元调整为旺季90元。

在今年"五一"期间,已有不少景区按捺不住涨价冲动。黄山景区就把门票价格由200元上调至230元,今年以来的这一轮涨价风只是近年来旅游景点竞相攀比涨价的一个缩影。早在2004年,北京故宫、天坛等著名景点门票集体涨价。随后2005年、2007年和2008年国内旅游景点门票不断掀起恶性涨价狂潮。

为规范游览参观点门票价格管理工作,发改委先后四次发出关于进一步做好游览参观点门票价格管理工作的通知。然而,"限涨令"并不奏效,景区始终走在"涨价"路上。

中青旅国内旅游公司部门的一位工作人员说,即使在限涨期内什么都不做,也能够坐享其利。而"限涨令"到期,又可以进行新一轮的提价,几乎是逢"听证会"必涨,逢节假日就调,这等好事谁不热衷?

这是一篇公共关系新闻稿,请大家在学习本章相关内容时参考借鉴。

第一节 公共关系写作概述

一、公共关系写作的含义

公共关系写作,是指在公共关系活动中,通过书面语言进行沟通联系,开展工作的一种行为过程。

公共关系写作属应用文范畴,其内容根据工作需要而定,和公共关系活动紧密相连。例如,企业要开一次新闻发布会,则需要发出函件或请柬,还需要新闻报道,这些活动都离不开写作。因此,可以说,公共关系写作是公关从业人员和其他相关工作人员的一项基本功。

公共关系写作是组织与公众之间进行沟通协调的桥梁和纽带。组织系统内部的上下沟通联系,组织与其他组织和个人的联系等,都离不开公共关系写作这一载体。

公共关系写作又是组织的窗口和门面,是树立组织形象的重要因素,反映着一个组织管理水平的优劣和从业人员素质的高低。例如,对外发出请柬或聘书,如果词句典雅庄重、用语恰当,会为组织赢得美誉;反之,如果用语不当,甚至出现错字,受损害的将是组织的形象。

二、公共关系写作的特点

1. 格式相对固定

所谓格式固定,是相对而言的,人们在写作过程中,一方面严格按照某些格式写,另一方面又不断地探求和改革,不断地完善格式。有的文体,其内部组成部分往往不能随意增减,但具体某一部分的写作又是相对灵活的。

2. 语言简练质朴

公共关系写作以应用为主,其语言应质朴大方、简练通俗,把目的意图和相关事项明白清楚地表述出来即可。即使在提出某些问题时须注意必要的礼节礼貌,但也通常不需要华丽的辞藻。

3. 表达谦恭得体

公共关系写作的多数文书属于对组织外部交流的范畴,相与关系是平等的,因此表达时要讲究礼节礼貌,要注意符合组织的身份,应尽量做到谦恭得体。

三、公共关系写作的类型

在公共关系活动中,许多环节都要用到写作,因此其写作类型也相对较多,常用的大约有以下几种:

1. 公共关系新闻稿

任何组织,如果要让公众了解自己,都离不开新闻媒介,因此公共关系新闻稿就成为组织公关活动必不可少的工具。

2. 公共关系广告文案

从某种意义上说,广告是一种综合性的公共关系活动,广告文案是广告的有机组成部分,其作用是通过简短的文字,宣传产品或组织形象。

3. 公共关系简报

简报是组织内部传递信息的重要工具,可以被看作是组织内部的新闻稿,常用来汇报工作、沟通情况、反映组织及外部环境动态、交流经验等。

4. 公共关系调查报告

公共关系调查是一项重要的公关活动,为将公共关系调查所获得的事实与结果反映给有关部门而写成的书面文字,就是公共关系调查报告。

5. 公共关系策划书

任何一个组织都需要通过公共关系活动来提高自身的知名度和美誉度,而在进行任何一项公关活动之前都要进行公共关系策划。公共关系策划书就是为备忘和便于实施而将公共关系策划方案写成的书面文字。

6. 公共关系日常文书

主要包括信函、请柬、聘书等,这些文书在日常的公关工作中使用频率非常高。

第二节 公共关系应用文写作

一、公共关系新闻稿

公共关系新闻稿是对与组织有关的新近发生的事实的报道。这里所说的新闻,特指狭义新闻,即消息。公共关系新闻稿除了应具备一般新闻真实性、及时性的特点外,还应注意亲近性,即要让公众在了解信息的同时,对组织产生一个良好的印象。

公共关系新闻稿在内容上一般应具备六个要素,即"五个 W"和"一个 H",具备来说就是何人(who)、何时(when)、何地(where)、何事(what)、何故(why)、如何(how)。但并非每篇新闻稿都要将这六要素全部列出,有时也可根据具体情况而定。

从结构上看,公共关系新闻稿应包括以下几部分:

1. 标题

常用新闻标题有以下三种形式:

(1)三行标题。即由引题、正题、副题组成的完全式标题。引题也称眉题

或肩题,起交代背景、烘托气氛的作用。正题也叫主题,起概括主要内容的作用。副题也称辅题,起补充、解释正题的作用。例如:

  1—8月累计社会消费品零售总额稳中有降　　　（引题）
   消费需求进一步增长受制五大因素　　　（正题）
   平稳运行将是下半年消费品市场主基调　　　（副题）

（2）双行标题。即由引题、正题或正题、副题组成的标题。例如:

   "说"公关的不少,"做"公关的不多　　　（引题）
    北京公关广告业喜中有忧　　　（正题）

（3）单行标题。即只有正题。例如:

    龙年舞龙灯　神州处处春

2. 导语

导语是新闻稿的开头部分,要求用简洁的语言概括主要内容,揭示主题。写法可采用以下方式:

（1）叙述式,即用简练的语言,概括叙述新闻中最重要、最新鲜的内容,这是最基本、最常用的方式之一。

（2）结论式,即先提出一个结论性的观点,或先告知读者事件的结果,然后再作阐述。

（3）提问式,即不直接叙述新闻的内容,而是提出问题,以引起读者的兴趣和注意。

（4）描写式,即生动地描写所要报道的主要事实,或某一有意义的场景,使读者有身临其境的感觉,产生引人入胜的效果。

（5）悬念式,即在导语中制造某种紧张气氛,使读者急于了解事件的进展情况。

3. 主体

主体是新闻稿的主要部分,它承接导语,围绕主题具体地展开新闻的事实和内容,进一步表现和深化主题。主体要对导语里提到的主要事实加以阐述,使其更完整,还要补充导语里未提到的次要材料,从而增强新闻的可信度。同时要注意不能与导语的内容重复。

4. 背景

背景又称背景材料,是指新闻产生的环境和条件,可分为:

（1）对比性背景材料,即对事件进行前后、左右、正反的对照,以突出事件的重要意义。

（2）说明性背景材料,即介绍新闻的政治背景、地理环境、物质条件等,以说明事件产生的原因、条件和环境。

（3）注释性背景材料,即对人物的出身、经历,产品的性能、特点,专业术语等加以解释。背景材料的位置不固定,可以安排在新闻稿正文的任何部分。

5. 结尾

结尾是新闻稿的结束语,或归纳全文、点明主题,或发出号召、鼓舞人心,或照应全文、自然收束。能短则短,能无则无,不拘一格。

公共关系新闻稿在整体结构的安排上有以下三种方式：

（1）倒金字塔结构,即按新闻事实的重要程度依次排列的形式,导语部分要写出新闻中最重要、最吸引人的事实,这是最常用的写作方式。

（2）金字塔结构,即按新闻事实发生的时间顺序来写。

（3）折衷式结构,即将前两种方式结合使用,以达到二者相辅相成、相得益彰的效果。

二、公共关系广告文案

公共关系广告文案是公共关系广告的有机组成部分,是广告主体和创意赖以表现的重要载体。它应通过含蓄、委婉、真诚的文字表达,唤起公众对组织的注意、信赖、好感与合作,从而达到使公众热爱本组织、使组织取得成效的目的。

公共关系广告文案的基本格式如下：

1. 标题

标题应起到引起公众注意、诱导其仔细阅读正文的作用,主要包括以下几种：

（1）直接标题,即直接体现广告内容或一语点明主题,如"康师傅方便面,好吃看得见"。

（2）间接标题,即不直接揭示广告主题,而是用迂回的办法宣传组织或其产品的特点,诱导公众阅读正文,如"上菱冰箱唯一不能回答的是：什么是霜"。

（3）复合标题,即把直接标题和间接标题结合起来的多行标题,如：

　　　　时尚魅力完美演绎　　　　　　　（引题）
　　　佳能 LBP-800 激光打印机　　　　（正题）
　　　　　每分钟可达 8 页　　　　　　　（副题）

2. 正文

正文是公共关系广告文案的主体部分,应主题鲜明、创意新颖。在结构上可分为以下三个部分：

（1）开头。提出问题,用简洁、概括的语言展示组织形象,引出下文。

（2）主体。这是正文的主要部分,应使用具有说服力的语言或具体数据对开头提出的事实或问题进行论述。或总体介绍组织形象,或突出组织的个性特征,或用逻辑推理,或用情感诉求,可谓形式多样。但遣词造句应力求真诚朴实,不要过分雕琢,显得"高人一等",不然会给公众留下华而不实的印象,更不要玩弄文字游戏。

（3）结束语。如可能的话,应尽量用精炼的语言深化主题,以达到令人回味的效果。当然,也可自然收束。

3. 标语

公共关系广告的标语也称公关口号,应具有简练、传神的特点。好的标语能给公众留下深刻、美好的印象,如"孔府家酒,叫人想家"。有时,标语与标题可合二为一,但标语一旦成形,则相对稳定,而标题可随广告文案的不同而随时变动。

4. 随文

随文即公共关系广告的落款,主要是为了便于公众和组织取得联系,以加强彼此的信息沟通。随文的内容包括组织的名称、联系地址、邮政编码、联系电话、传真号、电子信箱、网址等。

三、公共关系简报

这里所说的简报即情况的简要报告,是组织内部汇报工作、沟通情况、反映动态、交流经验的一种专用文体,有时也被称为"内部参考"、"简讯"、"动态"等。

1. 简报的种类

（1）工作简报。主要反映组织内部工作进程、方法以及出现的问题,用以推动日常工作,具有经常性的特点。

（2）会议简报。反映组织内部或与组织相关的会议的进展情况。

（3）专题简报。为某一项专门工作而编发,主要用于向有关主管部门通报情况,其专业性较强,如铁路春运简报等。

（4）动态简报。为组织内部的新动态、新情况而编发,时间性较强。

2. 简报的特点

（1）快速。简报具有较强的新闻性。

（2）简洁。简报多为一事一报,内容集中,篇幅较短,语言精练。

（3）新颖。简报从立意到材料都要新颖,否则便失去了参考价值。

3. 简报的结构

（1）报头。报头位于简报首页上方的三分之一处，中间用粗体醒目的大字印上简报名称，名称下面写上简报期号。期号之下、间隔线之上的左侧，顶格写上编发单位名称（一般多为办公部门或会议秘书处），右侧写上印发日期（应年月日齐全）。有的简报还带有密级，标注于报头左侧上方，如"内部材料，注意保存"等。

（2）标题。标题位于间隔线之下的中间位置，可用单行标题或双行标题两种形式。标题应概括出简报的中心内容。

（3）按语。按语是对本期简报内容发表的评述性意见。根据内容和作用的不同，按语分为三种类型：① 说明性按语。简要说明正文的来源、批转（或转发、刊载）的依据，目的在于告知情况、表明态度。② 提示性按语。篇幅较长的按语一般使用此形式，以便于读者抓住中心。③ 指示性按语。对具有启发性或典型的简报内容，可通过按语传达上级意见或提出有关要求。

按语的篇幅一般较短，且多数简报没有按语，其位置的安排可分两种情况来处理：如按语是对正文内容加以必要的说明或评议，则可位于标题下方；如按语是说明转发材料的原因和目的，则可位于标题的上方。

（4）正文。正文是简报的主体部分，开头多用简练的语言概括简报的主要内容，给读者一个总的印象。主体部分一般宜用典型的、有说服力的材料，把开篇时的观点和内容具体化。结构上可采用时间结构法（也称纵式结构，如会议简报）和逻辑结构法（也称横式结构，如综合性的工作简报）。主体部分之后可使用结束语，对全文进行小结，也可不用结束语，片段收束全文。

（5）报尾。位于简报末页下端的两条横线之间，包括两项内容：① 抄送单位，位于左侧。② 印发份数，位于右侧。

四、公共关系调查报告

针对公共关系历史或现状的某一问题，经过充分认真、科学准确的调查研究之后，形成的书面文字就是公共关系调查报告。

1. 公共关系调查报告的类别

根据调查的内容，公共关系调查报告大致分为以下几种：

（1）组织形象调查报告。组织形象调查报告通过分析外部公众对组织形象的评价、态度及其原因，为领导者在进行组织形象定位或重塑组织形象时提供科学依据。

（2）公众意向调查报告。公众意向调查报告是就公众对组织的某一决策或共同关心的某一问题进行的单一指标调查而写的报告。

（3）公共关系活动条件调查报告。活动条件调查报告是指组织在开展公共关系活动之前，对开展活动的自身条件和客观环境条件进行调查而写的报告。

2. 公共关系调查报告的写作格式

（1）标题。公共关系调查报告的标题可分为两类：① 公文式标题。由事由加文种组成，如《关于劳动力市场的调查》。② 新闻式标题。分为单行标题和双行标题两种。单行标题属普通文章式，标明调查事项和范围，如《一个令人关注的现象》。双行标题由正题和副题组成，正题标明调查的中心内容，副题标明调查的事项、范围或对象等，如《特区经济腾飞的加速器——深圳发展"三资"企业调查报告》。

（2）正文。正文由开头、主体、结尾三部分组成。

开头部分一般介绍调查对象的基本情况，说明调查的目的、范围、方式，可概括全文的主要内容，揭示主旨。

主体部分是调查报告的核心，一般要运用大量的事实材料对调查对象做具体说明，主要包括事实真相、经验或教训、意见或建议等。不同种类的公共关系调查报告，内容上也有所侧重，如企业形象调查报告的重点在公众对企业和品牌的认知度，而市场调查报告的重点在产品的供销状况。由于公共关系调查报告内容较多，篇幅也相对较长，因此要精心安排结构，使文章条理清晰，多采用序号和小标题进行过渡。

其结构形式常采用：① 纵式结构。指按照调查的时间顺序进行叙述，或按照对问题的了解和认识的不断深入来进行阐述。这样做的好处是条理清晰，便于从本质上说明问题，使读者能清楚地了解事物发展的来龙去脉。② 横式结构。指根据事物的内在联系，把内容分为并列的若干部分，分别进行分析，但要始终围绕一个中心。其优点是重点突出，适用于内容比较复杂的调查报告。③ 纵横结合式结构。指在叙述事件的发生和发展过程时使用纵式结构，写收获、认识或总结经验教训时使用横式结构。

结尾部分可总结全文，点明中心；可提出问题，展示未来；也可表明态度，提出建议。有话则长，无话则短，根据需要而定。

3. 公共关系调查报告写作的注意事项

（1）明确目标，搞好调查。没有调查，就没有发言权。搞好调查是写好报告的基础，因此，写作者要针对公共关系目标全面、客观地进行调查，充分占有资料。

（2）鉴别材料，抓住典型。由于各种原因，调查来的资料难免会出现偏差，有的是不全面的，有的是不准确的，有的甚至是错误的，因此必须仔细认真地对材料加以分析鉴别，选取典型材料，突出中心。

（3）结论准确，建议合理。写作时，必须具有科学的分析态度并使用科学的分析方法，应注意材料内部的逻辑联系，如此才能得出准确的结论，也才能提出相应的合理化建议，体现公共关系调查报告的真正价值。

（4）文字数据相结合，增强内容的真实感。在调查报告写作中具体数据非常重要，只有对事物有定量化的认知，才能上升到定性化的认知。

五、公共关系策划书

一个组织要提高知名度和美誉度，或希望达成其他方面的目标，都要进行公共关系策划。将公共关系策划方案用书面文字表示出来，使其具体化和可操作，就是公共关系策划书，有时也称公共关系企划书或公共关系计划书。

公共关系策划是一项内容复杂的活动，各种策划方案也不尽一致，因而策划书也就没有严格固定的格式。一般来说，一份公关策划书大致包含以下几方面的内容：

1. 封面

封面包括策划书的名称、策划者、策划书完成时间三项内容。其中，策划书的名称一般应具体清楚，内容准确，如《关于"力士"香皂的广告企划书》。

2. 正文

正文一般包括以下内容：

（1）目标和目标群。公共关系策划首先要确定实际工作的目标。在确定目标的过程中，要根据公共关系调查的结果，主要弄清哪些公众与组织有直接的联系，哪些有潜在的影响，哪些联系不大或没有联系，如此才能明确目标，采取对策。目标确定后就要根据目标选定目标群，例如，如果某公关策划针对的是消费者市场，则其目标群一般包括：消费大众、公司员工、经销商、传播媒体等；而如果某公关策划针对的是产业市场，则其目标群就可能不包括经销商（产业市场的购买者本身也是一个厂商，且一般购买的量比较大，因此可能会采取不通过经销商而直接向制造商购买的方式）。

（2）媒介与活动。媒介包括大众传播媒介、公司传播媒介和其他传播媒介。在选择公关活动的传播媒介时，要注意媒介的受众与企业公关活动的公众的范畴是否相符，以及组织使用媒介的能力与时间、活动方式等，应根据企业的具体情况加以选择。

（3）预算。负责公共关系活动的部门应尽量准确地编制出本次公关活动的具体预算，其中主要包括人力预算、时间预算、费用预算等，以便组织合理地安排人力、时间和资金。

3. 附件

附件主要包括参考资料以及有关的注意事项等。

六、公共关系日常文书

1. 公共关系函件

公共关系函件是公共关系人员或组织之间报告事项、阐述观点、答复问题、商定事宜的专用文书。

公共关系函件从内容和作用上可分为公函和便函两类。公函是组织之间按公文体式制发的信件，比较庄重；便函是指公共关系人员之间因公务往来而制发的信件，比较灵活。

从语言运用等形式要素上讲，公共关系函件可分为国内普通函件和海外汉语函件两类。海外汉语函件主要是面向华侨和海外华裔，他们多数还保持着古汉语的某些习惯，如使用繁体字、使用某些文言词汇等，与国内普通函件不同。

（1）海外汉语函件的写作主要包括以下内容：

① 信头。主要包括发函者的名称、事由、地址、邮政编码、发文字号等。

② 收发单位。收发单位既可以是组织，也可以是领导者个人，应顶格书写。如果是个人，则用××台鉴、台览、钧鉴或雅鉴等敬称。

③ 正文。开头可简述事由或引述对方来函要点，经常使用"兹启者"、"悉"、"顷接"等词语。主体部分阐述发函者意见，即表明态度，提出解决问题的办法和意见等，常用词语有"鉴于"、"拟于"、"业经"、"系"等。结束语主要提出对对方的希望或某些要求，常用"函复"、"函达"、"见复"等词语。

④ 信尾，包括礼貌语、落款、附件等。礼貌语也叫颂祝语，多与问候结合使用，常用语有"台安"、"台祺"、"台绥"、"钧安"等。落款处注明发函者名称及发函时间，如有附件，则在落款下一行的左下角注明名称和份数。

（2）国内汉语函件的写作。国内汉语函件的写作格式也相对固定，比较正式的公共关系函件一般包括标题、对象、正文、结尾四部分。内容简单的函件有时可不写标题。函件的各部分内容与国外汉语函件相近，只是在用语上稍有不同。

2. 柬帖

柬帖是公关信件、名片等的总称，是一种简便、亲切、自然的沟通方式和交际工具,是组织在公关活动中较常用的文书。作为日常社交和公关活动中经常使用的沟通媒介,它可以向公众迅速、简洁地传递信息、通报事务、表达感情。

公关柬帖不同于普通信函和通知,它比普通信函更正式,对接受柬帖的对象也显得更尊重。一般来说,只有在重大活动或节庆、会议等场合才使用。

柬帖的常用形式有请柬和贺卡。

(1) 请柬。

当组织要举办周年纪念、庆典等活动或某些社交活动时,往往要通过专门的文体形式去告知受邀请者,这就是请柬。请柬是一种庄严与谦恭、严肃与简便相结合的公关应用文体,在公关活动中使用非常频繁。

请柬的写作格式多种多样,横式、纵式均可,但不管哪一种请柬,都应包括如下内容:

① 标题。如请柬有封面,封面上用大字标出"请柬"或者"请帖"字样;无封面的,则直接在第一行居中列出"请柬"(或请帖)二字。字体稍大,且要醒目、美观、大方,以示尊重。

② 称呼。一般是在正文上方第一行顶格书写被邀请人个人或组织的名称。有时为了表达尊重之意,在姓名后面可以加上职务或者尊称。

③ 正文。这一部分主要交代活动内容,包括活动主题、举办时间、地点等具体事宜,一些特殊活动还可以说明宗旨,必要时附上主要议题,以便被邀请者决定是否参加或者做必要的准备。正文结尾处一般要加上邀请语,以表示谦恭和期待,如"欢迎光临"、"敬请届时光临"、"恭候您的光临"等。

④ 落款。落款一般用来书写邀请人的姓名或组织的名称、邀请发出的时间等。落款的位置在正文的右下方。如果是几个单位联合发出的邀请,一般要联合署名。

⑤ 附启语。根据不同的场合,有些请柬还要加上附启语,做出补充说明,如"每柬×人"、"凭柬入场"、"地址:××路××号"、"联系电话:××××"等。如果需要对方反馈是否参加以便安排,还会有回执之类的附件。

请柬的书写应注意如下事项:① 措辞务必做到典雅、得体,语气应宛转、含蓄,应表示出协商、期望、请求的态度,切勿命令、强制,要表现出主人的热情与诚意,切忌怠慢、随便。② 样式设计要美观大方,表现出欢庆的气氛和热烈的情趣,要注意色彩的搭配和美饰的效果,尤其是自行制作的请柬,更应把握好整体的格调。③ 务必清晰、准确,绝对避免差错,尤其在书写受邀请者时,应事先核实名称、职衔等,以免发生误会。

(2)贺卡。

贺卡可分为生日贺卡、贺年卡、庆祝贺卡等。以往一般用于私人之间表达友谊,现已发展成为组织之间、组织与个人之间简便地表示祝贺的一种文书形式。制作贺卡虽然简便,但也不要过分草率,在印有贺词的贺卡上最好加上亲笔签名,在未印有贺词的贺卡上应该认真思考后再用恰当的文字表达你的祝贺之意。

为了使贺卡更加亲切感人,一些规模较大的组织还特意制作本单位专用的贺卡。是否需制作专用的贺卡,应视公关工作的需要和本单位的财务状况而定。设计贺卡时,先要根据本组织的特点构思色彩、图案,再拟好祝词。贺卡内页上应有更亲切的贺语,并标明制作单位的名称、地址、电话、网址等。

贺卡的形状和大小无严格规定,一般应为长方折页型,封面应有恭贺新禧之类的祝词。

3. 函牍

函牍是一种当事人双方就某事物进行联系的书信,常用的有慰问信、感谢信、表扬信、祝贺信等。函牍的写法不一,没有规定的格式,但通常都遵循一定的程式,大致可以分为:

① 标题。一般是函牍的性质名称,如"慰问信"、"感谢信"等,通常写在第一行正中,用醒目的大字书写。

② 正文。这是函牍中最主要的内容,一般包括称谓、正文、结束语三部分。正文是函牍的主体,所以一定要有事实、有分析,要讲清事情。其要求是:层次清晰,逻辑关系严密,言简意赅,重点突出。

③ 署名和日期。函牍和公文的不同之处就在于它是在情感沟通的基础上传递信息的,所以在言辞中要以诚恳、亲切的态度说话,文字要朴实,篇幅要短小,同时应避免消极词汇的出现。文笔要轻松自如,谈吐活泼,尽可能融进和谐的语气,表示出理解之意,使对方有一种情深意厚、温暖如春的感觉。如果能达到见函如闻其声、如睹其容的效果为最好,因而掌握大量丰富的词汇是写好函牍的关键。

4. 海报

海报是一种用于公开张贴的就某件事情向公众报告的通知。它适用于具有开放性质的"事件",也就是知道的人数越多越好。海报的内容一般要求集中,只需表达"事件"的主要点,其余的不必细述,文字凝练简洁,篇幅宜短。从传意的要求看,它只需要讲出五个"W"(when、where、who、why、what)即可。从表情的角度看,它又要像新闻稿中的导语一样,极其讲究第一印象的冲击力、吸引力。否则,就不会给人留下深刻印象,达不到应有的效果。

案例分析 >>>

这份《简报》究竟想说明什么问题①

有一份反映食糖在省外销售困难情况的《简报》,文中说:"从全国食糖的销售形势来看,近几年由于国际市场糖价大幅下降,进口较多,加之国内食糖增产,各地都有一些储备。去秋广东、福建等省由于甘蔗受灾,食糖预计减产四五十万吨,今年国家进口由每年200万吨减少到100万吨。在这种情况下,目前各地对食糖的需求并不迫切。"

问题:

1. 请说说这份《简报》在材料和观点上有何问题?

本章小结

1. 公共关系写作,是指在公共关系活动中,通过书面语言,进行沟通联系,开展工作的一种行为过程。

2. 各种类型的公共关系文书在写作时有不同的要求,需要遵循不同的格式。

3. 公共关系人员要塑造组织形象,必须善于与公众进行交往、沟通。书面语言表达能力,是公共关系人员进行社交活动的基本技能,每个公共关系人员都应该掌握。

复习思考题

1. 公共关系写作和其他写作有何联系与区别?
2. 从电视或报纸上选取三种以上的广告文案,并比较其优缺点。
3. 假设你所在的学校要扩大招生,为实现这一目标,学校计划做广告宣传这件事,并树立学校的形象,请你为这个广告设计公共关系广告词。
4. 调查某个季节服装市场的情况,写一份调查报告。
5. 设计一份《请柬》,要求有中、英文两种文字。

---

① 资料来源:http://cache.baidu.com,有改动。

第十章　公共关系语言艺术

本章提要

本章讲述公共关系语言艺术的基础理论,重点讲解公共关系语言艺术的原则、公共关系语言艺术的类型、公共关系活动中的非自然语言、跨文化沟通中的语言等内容。

本章学习目标

- 了解公共关系语言的基本形式;
- 熟悉公共关系语言艺术的基本原则、非自然语言和自然语言的关系、公关活动中运用非自然语言应注意的问题;
- 掌握公共关系语言艺术的含义、特点和作用,公共关系语言的表达技巧,公关活动中非自然语言的运用、跨文化沟通中的语言运用。

案例导入

巧妙运用公关语言艺术带来意想不到的收获①

美国前总统罗斯福在一次宴会上,看见席间坐着许多不认识的人,他找到一个熟悉的记者,从记者那里一一打听清楚了那些人的姓名和基本情况,然后主动和他们接近,叫出他们的名字。当那些人知道这位平易近人、了解自己的人竟是

---

① 资料来源:http://cache.baidu.com,有改动。

著名政治家罗斯福时,大为感动。以后,这些人都成了罗斯福竞选总统的支持者。

请问:

这里运用了什么类型的公关语言艺术?

第一节 公共关系语言艺术概述

一、公共关系语言艺术的含义与特点

1. 公共关系语言

作为人类所特有的一种符号系统,语言是人们思想的衣裳,也是人们传递信息、交流感情的工具。在长期的人类社会发展过程中,语言对推动社会进步发挥了重要的作用。公共关系语言是指社会组织为了塑造良好形象,在与公众传播沟通、协调关系、塑造形象过程中所使用的一切有意义的符号。它在公共关系实务活动中发挥着巨大的作用,因此,公关人员必须认真钻研公共关系语言艺术。

2. 公共关系语言艺术

公共关系语言艺术作为树立组织良好形象的手段之一,是指在公共关系实践活动中,活动主体在公共关系基本原则和语言理论的指导下,创造性地使用语言而表现出来的给人以美好感受并能取得良好效果的各种方法和技巧。它应该在沟通中使对方感到满意和愉悦,从而形成一个良好的情感交流氛围,产生最佳的社会效应。这就要求公关人员善于把握环境的特点、随机应变、熟练地驾驭语言,能畅通信息传播,调谐人际关系,影响公众态度,激发公众行为。

3. 公共关系语言的特点

公共关系语言作为人类语言的组成部分,有着和一般语言共有的基本特征,也有其自身的一些特点:(1)功效性。公共关系的目的是争取公众对组织的了解、理解、支持和合作,建立双方的良好关系,为组织营造一个和谐的生存发展环境。为此,公共关系语言的运用必须为这一目的的实现而服务,发挥相应的功效。(2)情感性。人类的语言本身就担当着交流感情的功能,相比较而言,公共关系语言更加着重强调语言的情感性,这是由于组织对公众强烈的依赖关系所决定的。在公共关系传播沟通过程中,公关人员通过对公众告之以事、喻之以理、动之以情、诱之以利,来满足公众物质、情感方面的需要,从而实现组织和公众的良好互动,争取公众的理解和支持。(3)礼仪性。礼仪性是公

共关系语言的一个重要特点,公关人员在与各类公众交往的过程中,除以诚待人、以情感人外,还应该在仪容、服饰、举止和说话等方面,遵守约定俗成的礼仪,仪态大方、穿着得体、谈吐文雅。这样不仅体现个人的优雅风度,而且还可以展示组织的良好形象。

二、公共关系语言的基本形式

公共关系语言中的"语言"概念,是一个超越自然语言界限的广义的"语言"概念,归纳起来主要有三类:① 自然语言。自然语言是由语言成分和语法规则构成的符号系统,包括口头语、书面语,以及书面语言口头表达的朗诵语言和广播语言等。② 体态语言,是指传递包含影响组织形象公关信息的肢体动作和眼神表情等。③ 实物语言。经过装饰、布置、陈列展览的实物(包括样品、试销品等),也可以传递某些特有信息。

公共关系语言在实践中的表现形式多种多样,其基本形式主要有:有声语言、书面语言、体态语言、辅助语言和标识语言。

1. 有声语言

有声语言是指能发出声音的口头语言,即人类社会最早形成的自然语言。或者说,它是音和义结合而成,以说和听为传播方式的语言。它是人类交际过程中最常用、最基本的信息传递媒介。有声语言具有音义结合的相对性,思考表达的同步性,瞬间即逝的短暂性,信息反馈的迅速性,语体风格的简洁性,相互比较的基础性等特点。一般来说,有声语言的三要素是:说什么(内容)、为什么说(目的)、怎么说(方法)。有声语言可分为会话语言和独白语言两种类型。

2. 书面语言

书面语言是指字和义结合而成,以写和读为传播方式的语言。它的特点是以说明为主要方式,以准确为基本要求,以简洁为鲜明特色,以庄重为独特风格。它在修辞方面的特点是:坚持"立诚"①原则,使用语词朴素贴切,使用语句自然妥当,结构安排清晰严谨。公关书面语言还具有准确性、鲜明性、生动性等逻辑特点。书面语言包括公文语言、新闻语言、说明语言、礼敬语言和契约语言等类型。

3. 体态语言

体态语言是体态与意义相结合,以表现与观察为传播方式的语言。它的作

---

① 所谓"修辞立诚",原指整顿文教,树立诚信,后多用以指撰文要表达作者的真实意图,不可作虚饰浮文。语出《易·乾》:"修辞立其诚,所以居业也。"孔颖达疏:"辞谓文教,诚谓诚实也。外则修理文教,内则立其诚实,内外相成,则有功业可居。"

用是增加有声语言的表现力,使表达的含义更加明确、表达的情感更加真挚,能昭示或掩饰内心的情绪,迅速传递反馈信息,有效地体现公关人员的气质和风度。体态语言具有综合性与交叉性、真切性与直观性、多样性与丰富性、先天性与经验性、民族性与文化性、含蓄性与模糊性等特点。体态语言的类型主要有:动态体语,其中包括手势语、身势语、表情语和接触语;静态体语,其中包括立姿、坐姿和人际距离等。

4. 辅助语言

辅助语言也称类语言或副语言,是指口语表达过程中伴随有声语言出现的不分音节但能表示特定含义的语言现象。其基本特征是伴随性和辅助性。辅助语言分为两种类型:一是伴随有声语言出现的语音要素;二是能够表达含义的功能性声音。具体有语调、语速、重音、停顿和笑声。辅助语言丰富多彩,各自有着不同的公关交际含义。一个人的嗓音具有许多特点,如音量大小、音质柔软度、音高及其变化、发音、共鸣、音调高低、呼吸、鼻音、喉音圆润、平淡等。在公关交际活动中,这些特点的单个或结合运用,可以表达语言的特定意思,或友好的,或嘲讽的,或兴奋的,或悲哀的,或诚恳的,或虚假的,甚至自觉不自觉地打开情绪状态的"密码",展示一个人的身份和性格。

5. 标识语言

标识语言是指能够通过视觉识别其含义的图形和符号系统。它具有具象表述法、象征会意法、抽象表征法和文字标识法等特点。标识语言主要有:标志语言(包括字体标志、图形标志和组合标志)与标点符号等类型。

三、公共关系语言的表达技巧

公共关系语言表达技巧,是指公关语言表达既要遵循公共关系活动的原则和规律,又要遵循语言表达自身的要求和规律,完美地使用公共关系语言,以达到语言表达的最佳效果的各种方法和技能。

公共关系语言的基本形式多种多样,这就决定了其表达技巧也是丰富多彩的。下面仅就书面语言、有声语言、体态语言和辅助语言的主要表达技巧,作一简要介绍。

1. 语言通顺

这是对书面语言最基本的要求,就是要求语言运用要规范、准确、连贯、得体,读起来文从字顺,通畅流利。

(1) 语言规范。为符合语言规范的要求,须注意三个方面:一是用词要体会词义的轻重、词语适用范围的大小、词语的感情色彩,不能随意生造词语;二是句子不能有成分残缺、搭配不当和误用关联词语等毛病；三是除了在记叙性文章中为了描写风土人情的需要，可以适当使用方言、俚语外，一般不使用方言、俚语。

（2）语言准确。要符合语言准确的要求，就要注意有些问题和看法，必须要表达得十分准确才行。有些说法还需婉转，如："发牢骚，是人们将内心积压的意见、见解、看法说出来，虽然有时态度或形式有些不太合适，但终究是一些真实的意见。当然，里面不免有些偏激的成分，但是我们一定要认真地对待啊！"这段文字表达的分寸就比较好，"有些不太合适"，"里面不免有些偏激的成分"，两个"有些"界定了牢骚的特点，使人们更清楚地认识到了"牢骚"的弊端。这正是语言准确的体现。

（3）语言连贯。要做到语言连贯，应注意以下几个方面：一是文章中的每一段文字，都要统一于一个话题，围绕着一个中心；二是一段话要按照各句与中心的关系以及各句之间的关系合理地组织起来，可以根据人们认识事物的客观规律，按照句子的意思和思路的展开依次排列，也可以凭借语法手段（关联词、方位词、数词、代词等）或修辞手段（排比、对偶、层递等）来组合各个句子；三是句子之间要有语言和语气上的联系，如用主语承前省略、利用代词呼应、使用关联词语、适当重复上下文的内容或语言等方法来确保语言呼应；四是增添必要的过渡性语言，避免由于思维的速度大大高于表达的速度而带来中间环节被省略或淡化了的"跳跃"现象。

（4）语言得体。要达到语言得体的要求，一要注意表达对象，"心中要有读者"是写作的重要原则。二要注意区分不同的文体，记叙性文体要以情动人，以叙述、描写为主，语言形象生动；议论性文体要以理服人，以阐述、议论为主，语言严密概括；说明性文体要以知授人，以解释、说明为主，语言准确简明；应用性文体要以事告人，以叙述、说明为主，语言平实简洁。

2. 词语生动

词语生动是指在恰当的基础上增强词语的表现力，要求我们选用恰当精妙、新鲜传神、具有形象性的、极具表现力的词语，使所描述的对象给人以如闻其声、如见其形、如临其境的感觉，以增强感染力；把所阐发的事理表达得清楚明白，深刻透彻，以增强说服力。

（1）精心锤炼动词。动词是文章活的灵魂，动词运用得妙，就能增强文章的精确性、鲜明性、生动性，使文章富有文采，令人耳目一新；动词运用得有灵气，还能增强文章的气韵，使文章活起来，给人以美的享受。

（2）精心锤炼叠音词。运用叠音词，可以增强语言的音乐美，同时使词语描述更形象,表情更细腻浓烈,增强语言的意境美。如朱自清在《荷塘月色》中描写月光:"月光如流水一般,静静地泻在这一片叶子和花上。"仅仅把月光比作流水不算稀奇,而一个"泻"字配上"静静地"这一叠音词,就准确、生动地写出了月光既像流水一般地倾泻,又无声响,引起读者无限的遐思。

(3) 精心锤炼色彩词。色彩词能增强语言的意境美、绘画美。如朱自清的《春》描绘春景:"桃树、杏树、梨树,你不让我,我不让你,都开满了花赶趟儿。红的像火,粉的像霞,白的像雪。"作者抓住色彩的连锁关系,写景物色彩层次清晰、意趣盎然,洋溢着春之生命舞动的美感,烘托出了一个生机勃勃的春之世界,如诗如画,意境优美。

(4) 精心锤炼成语及其他四字短语。成语及其他四字短语能形成一种整体和谐美。成语的主要特点是形式简洁,意义蕴丰,可以达到言简意赅的效果,成语的连用有时还可以有增强情势的效果。

(5) 精心锤炼词语的活用。一是巧借词语。一个词,由于词义不同,色彩不同,就有了约定俗成的种种规矩。但在使用过程中,我们可以结合具体的语言环境,临时打破这些俗规,改变词的适用对象、场合、范围,改变词的感情色彩和语体色彩,这样就可以使语言富有情趣,充满生气,收到特殊的表达效果。二是活用词性。活用词性,就是临时把某一类词转化为别的一类词使用。其中,最常用的情形是名词活用为动词、形容词活用为动词、名词活用为形容词、形容词活用为名词等。根据具体的语言环境和表情达意的需要,恰当地活用词性,同样是增强语言生动性的有效方法。

3. 句式灵活

所谓句式灵活,就是指根据中心内容的需要灵活地运用多种句式。一篇文章,一段话,选择句式,要根据表达的目的和具体的语言环境,灵活变换,综合使用。这样,能使语段更为和谐流畅,从而达到文采飞扬。

(1) 灵活运用长句与短句。长句字数比较多,结构比较复杂,节奏舒缓,表意严密、细致、精确;短句结构简明,节奏紧凑,表意简洁、明快、有力。因此,我们在缀句成篇时,要根据表情达意的需要,根据整篇的语言格调,慎重选择。或用长句,或用短句,或长短结合,如果调配得好,语言就能因此增色。在一般情况下,记叙性文章多用短句,修饰成分较少,追求简洁明快的风格;议论性文章多用长句,有较多的修饰、限制成分,常常靠虚词来连接,追求严密周到的风格。

(2) 灵活运用常式句与变式句。常式句就是按照主语在前、谓语在后,前因后果,先轻后重等正常语序组成的句子。变式句则是为突出表达某方面的内容,临时改变某些成分的位置的句子。变式句能取得常式句所无法达到的表达效果。变式句一般有下面几种：句子成分的倒装，正句和偏句倒装（如"虽然……但是"的倒装，"尽管……也"的倒装等）。根据具体的语境，选择恰当的句式，可以更好地表达情意。

当然，如非特殊需要，尽量少用变式句。为了使句子生动，变式句偶尔用一用还可以，不能多用，毕竟我们说话和听话还是以常式句为主。变式句也是一把"双刃剑"，用好了，确实能产生语言新鲜生动的效果，用不好，就会伤了自己。

（3）灵活运用整句与散句。运用整句即运用排比、对偶、比喻、拟人等修辞手法，采用骈句、整句的形式，来议论点题、抒发感情、总领全文，以达到引人入胜的效果。整句适用于以抒情和议论为主的文章。

4. 善于运用修辞手法

修辞，就是修饰词句的意思。对于语言表达来说，语法是解决通不通的问题，逻辑是解决对不对的问题，修辞是解决好不好的问题。广义的修辞包括炼词、炼句等许多问题；狭义的修辞是指运用修辞格来增强语言的表达效果。常见的修辞格有比喻、比拟、借代、夸张、对偶、排比、设问、反问。

（1）修辞手段可以使表达富有文采。运用多种修辞手段，使语言骈散结合，形象鲜明，气韵流畅。音调铿锵有力，就是有文采；有文采往往可以使文章产生一种思辨的魅力。给读者以艺术的享受，或者使文章具有内在的气势，引起读者强烈的共鸣。

（2）力求铺排取势。表达能力强的公关人员在书面语言中，最好侧重排比，兼容对偶、比喻、拟人、引用等其他修辞，从而获得充沛畅达的气势。排比可以各式各样，有短语的排比，也有单句、复句的排比，还有段落的排比，交错使用能各得其宜，各尽其妙。"铺排"要讲究对事物、事理的"立体透视"，进行多层面、多角度地认知和剖析，避免单调重复。

（3）注意修辞新颖。恰当地使用修辞手法，能使文章语言形象鲜明，气势贯通，音韵和谐，显得文采飞扬。连用或综合运用修辞手法，就显得新颖灵活，回味无穷。

（4）注重情理美感。修辞要合乎事物的情理、民族的习惯，要有审美情趣。汉族说"姑娘像花"，藏族说"姑娘像初升的太阳"，蒙古族说"姑娘像小羊羔"，这些都蕴含着各民族的愿望，都富有美感。

5. 文句有意蕴

文句有意蕴，主要是指在叙事、抒情一类的文章中，语言不直白，不浅露，言简意赅，内涵丰富，含不尽之意于言外，让读者有咀嚼、回味的余地。文句富有意蕴，能启迪人思考，给人以教益。

（1）形象表达。运用象征、比喻、拟人、双关等手法，形象化地抒发情感、发表见解。比如，不说"我很悲伤"，而说"我心灵的天空一直下着雨"；不说"没有钱"，而说"囊中羞涩"或"与孔方兄无缘"……

（2）注重引用。恰当地引用一些精辟的名言警句，能收到言简意丰、增添文采的效果。如："面对玫瑰的艳丽，'离离原上草'的我不会叹息；面对高山的峻拔，'低矮黄沙土丘堆'的我不会自卑；面对别人的荣耀，'俯首甘为孺子牛'的我不会忧伤……"但是要注意，不能以引用代替自己的议论。引用仅仅是表达个人观念的手段，不是目的。

（3）移花接木。优秀文学作品中的典型形象以及寓言故事、成语典故、历史传说等，表现了人们对社会现象的概括和总结，蕴含着丰富的内涵或哲理，具有永久的魅力。恰当地将其借用，或者作为论据来形象说理；或者从一个全新的视角，对此予以加工、演绎、包装，即进行再创作……都能增强文章的意蕴。

（4）留有余地。质朴的语言让读者易于理解，平易近人。但质朴不等于简单、浅陋。如果能在质朴的语言中感受到作者深刻的思想，让读者深入思考，这样质朴就和深邃结合在一起了。含蓄的语言能使读者体会朦胧美，使文句之中有言外之意。这种暗示的方法也会取得好的效果。

6. 语调技巧

语调即句调，反映整个句子声音的高低曲折的变化。语调主要有平直调、弯曲调、降抑调和高升调四种类型。

语调不仅能配合有声语言更有效地传情达意，而且能代替有声语言传递各种情感。俗话说："锣鼓听声，听话听音。"口头表达中一些弦外之音，往往也是通过妙用语调表现出来的。例如：意大利悲剧明星罗西应邀参加一个宴会。席间，他用意大利语念了一段台词。外宾们尽管听不懂，但却被他那悲惨凄凉的语调和悲悲切切的表情所感动，许多人都流下了同情的眼泪。可是，在场的罗西的一位朋友却忍俊不禁，只好跑出厅外大笑不止。原来，这位悲剧明星朗诵的并不是什么悲剧台词，而是宴席上的菜谱。罗西之所以如此成功，主要是因为他充分发挥了语调的传情作用，将悲伤的情感倾注在多变的语调之中。

7. 语顿技巧

语音的间歇或停顿就叫语顿。一般情况下，词语的语顿最短，句子间的语顿稍长，段落间的语顿最长。语顿是公关人际传播中重要的口语表达技巧。世界三大短篇小说家之一的马克·吐温说：恰如其分的停顿能产生非凡的效果，而这往往是语言本身难以达到的。例如：有一次，周恩来与国民党代表辩论，他话语机敏、言辞犀利，驳得对方理屈词穷。国民党代表恼羞成怒，胡说同我方谈判是"对牛弹琴"!周恩来灵机一动,接过话题:"对,牛弹琴!"由于巧设语顿,收到了奇妙的表达效果。

需要注意的是,运用语顿切忌该停顿而不停顿、该连接而不连接。

8. 语速技巧

语速,就是语流的速度。语速可以直接影响交际效果,也是一种不可忽视的口语表达技巧。一般情况下,在平静的语境中,常常使用中速说话;处理紧急公务时,常常是快速表达;在哀悼等场合,说话则应该是慢速。此外,我们还可以对语速进行特殊处理:为了增强表达效果,该用中速的地方改用快速或慢速,该用慢速的地方改用快速等。为了节省时间,电视商品广告一般运用中速或快速。而"威力"牌洗衣机的广告却反其道而行之,采用慢速,不仅利于抒发对长辈的敬爱之情,更使听众听得一清二楚,真正感受到"威力"牌洗衣机的非凡之处。

9. 重音技巧

所谓重音,就是说话时有意把某些词语讲得响些的语音现象。重音有语法重音和强调重音两种类型。语法重音是句中按照语法成分的主次自然形成的,一般不表达特殊的内容和感情;强调重音则是在不同的语境下由于表情达意的需要而赋予的,饱含着说话者特殊的意义和情感。强调重音的表达技巧主要有四种:一是重音重说,强调重音加大音量,非强调重音则用力较小,形成鲜明的强弱对比;二是重音轻说,重音词语语势减弱,由实变虚,声少气多,与非重音的响亮实在形成强烈的反衬;三是重音高说,强调的词语说得高些,非强调的词语说得低些,在高低的映衬中突出重音;四是重音慢说,强调的词语适当延长音节,有意慢说,在快慢跌宕中突出被强调词语。这四种表达方式不是截然分开的,可以相互配合,从而收到强烈的表达效果。

10. 笑声技巧

笑声能传递信息,它常常是人们内心情感的外部展露。笑声千姿百态,有哈哈大笑、捧腹大笑、开怀大笑、纵声大笑、捂着嘴笑、狂笑、傲笑、奸笑、狞笑、冷笑、嘲笑等。新中国成立之初,西方某国家元首率团访问我国,周恩来总理在中南海设宴为他们洗尘。当宴会进行到最后一个程序时,服务员端上来一碗"万福汤"。汤中莲藕的形状在来宾眼里竟然是一个德国法西斯的党徽!于是,宾客脸色大变,疑惑之情油然而生。原来,这个国家在第二次世界大战期间深受德国法西斯之害,对其恨之入骨。这时,周总理马上明白发生了什么,只见他神态自若,先是哈哈一笑,接着拿起筷子,夹起汤中的藕片,对客人们说:"来,我们一起消灭法西斯。"总理话音刚落,笑声再起。周总理面对宴会上外宾因民族文化背景不同而产生的误会,感到不便解释而又难以解释,于是干脆来个顺水推舟。他那巧妙的"哈哈一笑"犹如一股春风,辅助有声语言缓和了僵局,消除了紧张气氛,使宾主顿觉轻松,继而笑声四起,宾主又沉浸在欢乐的气氛之中。

四、公共关系语言运用的制约因素

1. 注意交际的时空环境

语境中的时空因素对公关语言运用的制约性主要表现在两个方面:一是公关语言受特定时代、特定氛围的限制和要求,不可能具有超越时代性,必须遵循当前的事实原则。在谈话的气氛、格调及语言材料和表达手段的选择上都必须适应时代的特色。二是语言交际的具体时空因素制约着语言表达手段的具体选择和话语总体规模的确定。

2. 重视社会文化背景的把握

文化背景在公关活动中尤其是语言交流上有十分重要的影响,是公关人员选择语言材料及场合语境的基本要求之一。重视社会的文化背景,可以避免、克服与特定背景不协调、不适应的情景,从而实现有效的语言交际。20世纪60年代,外交部长陈毅访问亚洲某国。在当地的公众集会上,一位宗教界的长老代表万名僧众向陈毅外长赠献佛像。这件事意义重大,如果应对不当,后果不堪设想。陈毅外长虔诚而十分高兴地双手捧过佛像,并大声说:"靠老佛爷保佑,从此我再也不怕帝国主义了。"话音一落,全场大笑,气氛十分活跃。共产党人是唯物主义者,不信佛,但这是一个外交场合,又身处佛教国度,这样的社会文化背景让陈毅外长决定采用了上述语言表达形式,把对该国人民宗教信仰的尊重和共产党人不忘信仰宗旨这两层意思融于一体,并以诙谐、幽默的形态表达出来,收到了良好的交际效果。

3. 注意特定的上语下文

书面表达及口头单项表达时特定句段都处于特定的上下句段之中,口头双向语言交际时不但自己的话语有上下句段、前言后语,而且对方的话语也是自己每一轮表达的前言后语。这些特定的上下句段、前言后语构成了语言表达的一系列语文环境,并随着说话和写作的进行而不断发展演进。

第二节 公共关系语言艺术的原则

公共关系语言艺术是一种言语活动、言语行为,其根本任务在于运用自然语言并借助体态语言向特定的内部公众或社会公众传达信息,从而实现与公众之间的双向交流。公共关系语言艺术的目标是追求理想的表达效果。要实现这个目标,公共关系语言运用就应当遵从公共关系语言艺术的基本原则。

1. 双向有效

公关语言运用的目的在于沟通社会组织与公众的关系,在双方的相互适应中使组织求得更好的发展。因此,语言交流具有整体性和相互依存性。在沟通中,双方必须不断地进行自我调节与控制,也就是要各自作出宽容的姿态,才能使交流得以继续并形成双赢。有效沟通要求在公关交际中不失时机地充分利用信息,以求最大限度地减少和消除沟通交流中可能产生的冗余信息,最大限度地增大沟通信息总量,从而不断提高沟通的有效率,达到最佳的传播效果。这是公关活动中必须遵循的原则之一,也是公关活动的一大目的。

2. 切合语境

切合语境是指公关语言的运用与所处的语言环境相切合、相适应。构成语言环境的因素很多,它包括社会环境、自然环境、交际场合、沟通对象、交流双方的各种相关因素以及语言出现的起承转合。在公关语言传播中,沟通双方在语言的使用上,必须符合自己的身份地位,了解彼此的社会背景,文化传统及个人经历、性格等因素,否则就很难达到公关语言艺术需要创造的一个良好的情感交流的氛围。

3. 准确得体

准确是语言表达中最基本的要求。语言媒介的作用就是真实、准确地表达公关组织要传播的信息,这就要求首先在语言运用的目的、意图、语言的整体风格、语言形式等方面进行选择和设计,使语言表达具有特指性、确切性和鲜明性;其次要考虑到预定接受者的特点,尽可能减少信息损耗和误差。在语言运用当中要注意在使用基础上的平时语言风格、语言色彩的中性化倾向、话语表达上要恰如其分、在相互尊重的前提下典雅、庄重。语言表达要实事求是、谦恭有度,说话留有余地;适当运用模糊词语,多用陈述句和一般疑问句;再说话时语气上应少用或不用役使语气,尽量使用商洽语气等。

4. 繁简适度

语言的繁简是在表达过程中根据表达需要而确定的,没有固定的规律。公关语言的繁简,主要根据语境和目标公众的情况而定。繁简适度能提高信息的传播效果,有利于达到公关目的。相反冗余信息、信息低量或信息超量都是影响公关成败的关键因素。俗话说"一言不当,反目成仇",这也应当是公关语言表达中必须注意的问题。

5. 立诚可信

"诚"在促进公关目标的实现上,有着奇异的功效。公共关系,可以说是以"诚"作为立身之本的。真诚,即真实而可信。"讲真话"、"说实话"、"传真情"、"如实相告"是对这种涵义的一种通俗而简明的解释,它要求社会组织如实地向社会公众传递真实而准确可靠的信息。热诚,即热心诚恳。"真诚"所要求的着眼点是在内容方面,"热诚"所要求的着眼点是在语言表达的形式方面。公关口才所指的热诚主要表现在:对公众的尊重和话语的恳切礼貌,言行一致、真心实意地为公众着想。真实可信的内容加上热心诚恳的表达形式,语言交际就能达到理想的效果。公关语言所要表达的热诚,归根到底,可以说是公关人员忠于组织和公众双方利益而在态度、说话上的一种自然流露。

第三节 公共关系语言艺术的类型

公共关系语言艺术的类型主要有:接近的语言艺术、说服的语言艺术、应急的语言艺术、拒绝的语言艺术、赞美的语言艺术、批评的语言艺术等等。

一、接近的语言艺术

所谓接近,是指公关人员正式接触对象公众,为正式面谈的顺利展开做铺垫的过程。它是公关人员正式接触对象公众的第一个步骤。其目的在于引起对方的注意,激发对方的兴趣,创造轻松友好的气氛,使双方顺利转入洽谈阶段,促成合作成功。

接近的语言艺术表现为以下几个方面:

(1)介绍要得体。和陌生人见面,第一程序是介绍。可以由第三者出面介绍,也可以自我介绍。不论采取何种介绍方式,都必须介绍得体。所谓得体,表现在三个主要方面:① 介绍语言要简洁明了,使对方一听便明白;② 通过简单介绍就使别人对你有所了解;③ 通过介绍立即能给人一个好印象和希望与你继续交谈下去的心理态势。

(2)称谓合适。初次见面,称谓合适与否关系到交际气氛。所谓称谓合适,即对交际对象的称呼要符合对方的实情,使对方接受并感到愉快。

(3)巧用"我"字。在人际交往中经常要讲到"我"字。运用"我"要巧用。所谓巧用,首先,对"我"字不宜过分强调、过多使用,避免突出自我;其次,一定要用时,注意不要把重音放在"我"字上,避免给他人留下突出自我的印象,要语调平和,给人以谦和的感觉;最后,多用"我们"替代"我"字,使人感觉到你是一个尊重集体,能够与他人团结协作的人。

(4) 善于提问。提问艺术对接近对方起着重要的作用。艺术化的提问不仅能起到投石问路的作用,还能使交谈沿着自己的思路向深层次展开,达到相互沟通的目的;反之,可能造成难堪场面,使交流中断。

(5) 投其所好。俗语说,"话不投机半句多"。所谓投机,实际上就是交际双方有着共同感兴趣的话题。因此,公关人员在最初接触中要发现和找到双方感兴趣的话题,以便引起交谈心理需求。这样,对方就愿意与你接近,乐意与你交谈。

(6) 利用中介。公关人员在公关活动中,应当主动与他人交谈,而不应当被动交往。在没有第三者介绍的情况之下主动交往,就需要利用中介。所谓利用中介,即以某一"因子"为交往的媒介去接近对方、认识对方。

(7) 熟记人名。心理学家指出,在人们的心目中有许多美好的东西,其中自己的姓名是最美好、最动听的。甚至说,当你自己的姓名被初次认识的人很快地说出来时,这时的姓名简直是一种令人欢快的音乐。公关人员作为组织对外交往的"亲善大使",熟记人名是其职业基本功。

二、说服的语言艺术

所谓说服,就是通过摆事实、讲道理的语言交谈,使对方取得与自己相一致的认识和看法。掌握说服的语言艺术,是公关人员必备的能力之一。

说服的语言艺术常用的有以下几种:

(1) 循循善诱。"循循"是指有步骤、有耐心;"善"是指得当、巧妙;"诱"就是启发、开导。因此,所谓"循循善诱",就是指有步骤地、巧妙地启发开导他人。

(2) 以此喻彼。在交际中,公关人员要想说服别人,不一定非用直截了当的语言,间接语言往往比直接语言更有效。间接说服的手法最常用的是以此喻彼,就是利用两事物之间的某些相同之处,借甲事物来说明乙事物。

(3) 侧击暗示。这种方法通常是出于礼节,为避免难堪的局面而采取的一种语言艺术。它的主要特点是通过委婉、隐晦的语言形式把自己的思想观点传送给对方,使对方顺着你的思路作进一步理解。

(4) 运用逻辑语言。在说服他人的过程中,逻辑的力量是最能征服别人的,一环扣一环,环环深入,层层递进,以思想、理性来说服人。以理服人高于以情感人。

(5) 以褒代贬。所谓以褒代贬,就是把明明是应当批评的人和事,通过含蓄、幽默的表扬语来说明。在公关活动中,更需要以褒代贬的语言艺术来维系双方的合作,否则,会使友好的合作受到影响。

(6) 巧用辞令。这是指充分发挥语言表情达意的作用,采用一系列修辞方式,如比喻、暗示、类比、夸张、抑扬顿挫等手段说服公关对象。比喻、类比、夸张等修辞手法的运用,常常能使说服变得生动、形象,而且寓意深刻,效果显著,是说服行为中不可或缺的有力工具。

(7) 激将法。通常是指从反面刺激对方以达到正面激励的效果,从而接受建议的方法。有时由于种种原因,有的人正面鼓动难以奏效,就不妨有意识地运用反面刺激方法,直接贬抑对方,以激起其正面心理冲动,不自觉地接受说服。

(8) 引证权威。是指在说服过程中,引用经典文献、名人名言等具有较强说服力的事例、言行等来进行说服的方法。

三、应急的语言艺术

所谓应急,是指在公关的语言交流中,有时会出现一些意外事件使交谈的话题发生急转。此时,就需要公关人员有语言应变的能力,从而使交流继续下去。

应急的语言艺术常见的有以下几种:

(1) 因势转言。所谓因势转言,就是在交流中需要根据话题的变化使语言相应转变。因势转言要注意四个基本环节:首先,对形势的判断要准确;其次,转语要自然、巧妙;再次,新话题的形成要没有时间差,给对方以连续感;最后,新的话题要使对方有兴趣。

(2) 妙用谐音。在语言交流中,有时由于交流对方的某些不当之辞,往往会使谈话的气氛变僵,这时可以通过妙用谐音的方法来调和气氛,使交谈由"冷"变"热",由"死"变"活"。

(3) 反唇相讥。在公关活动中,既有友好交谈,也有挑战性的谈话。对待挑战性的话语,反唇相讥以维护组织的形象是公关人员的基本职守之一。必须指出的是,公关场合中的反唇相讥,不应当采用针锋相对的反击,而应该通过含而不露的方式来达到目的。

四、拒绝的语言艺术

所谓拒绝,是指在公关交际中,难免遇到这样的情况:对方提出不合理的、不正当的要求,这时唯一正确的选择就是拒绝。但是简单直接的回绝,必然会加深对方的不满和失望,有时会给人以不够礼貌或不合规矩的印象,从而使双方都陷于僵局。场面出现了困境,有可能使此次的公关活动不欢而散。相反,恰当得体的语言表达,可以减少对方的不快、失望,并能得到对方的谅解和认可。通常人们在遭受拒绝时会感到不悦与失望,会影响人的情感,进而妨碍交际双方的沟通。公关人员在拒绝时要以尊重和理解对方为前提,努力把对方的不悦和失望减少到最低限度。

拒绝的语言艺术常见的有以下几种:

(1)转折式。先认同对方的意见或先肯定对方,然后再予以拒绝的方法。这是世界上最古老的心理技巧,用起来十分奏效。

(2)诱导式。不直接答复,而是先讲明条件、说明理由,诱使对方自我否定的拒绝方法。该方法的特点是"不战而屈人之兵",让对方自动放弃提出的要求。

(3)推脱式。不去正面回绝对方所提出的问题,而是找一些借口和托词来委婉地应对,以达到拒绝的目的。

(4)模糊式。对事情不讲得过于明白,而是避重就轻、避实就虚,用暗示的方法让对方明白自己拒绝的意图。这种方法既避免了双方的尴尬,又达到回绝的目的。

除以语言拒绝而外,还可以用沉默、中断微笑、假装没听见等方式拒绝。

五、赞美的语言艺术

所谓赞美,是指在公关交际中,恰到好处地赞美对方,以满足他的自尊和自信,从而获得他的好感与友谊。生活中大多数人希望自身的价值得到社会的承认,得到他人的认可,希望别人欣赏和赞美自己。因此,能否获得赞美以及获得赞美能达到何种程度,便成了衡量一个人社会价值的标尺之一。每个人都希望在赞美声中实现自身的价值,所以说,赞美是交际的润滑剂,是争取朋友的有效手段,公关人员在公关活动中应当学会赞美自己的交际对象。

赞美的语言艺术常见的有以下几种:

(1)直言式。直接表白对他人赞扬的方法,这是最常用的赞美形式。直言夸奖不在话多,但要真诚、真切,有针对性、恰如其分,充满热情。

(2)对比式。通过与他人的比较来赞美对方的方法。在交际中,通过同类事例的比较,展现对方的优点、长处,这样不但使赞美内容更加具体充实,而且能显示出赞美的诚意,容易为对方所接受、认同。

(3)反语式。在特定的语境下通过反话正说来赞美对方的方法。在某些特定场合下,运用反语,看似批评,实则赞扬,语言会显得轻松诙谐,从而达到显著的效果。

（4）夸张式。为追求交际效果，有时可以采用适当夸大的方法，去寻求赞美对方的效果。恰当地使用此法，可以让对方感到赞美之情溢于言表，对融洽双方情感有积极作用。

（5）目标式。即为对象树立一个目标，从而促使其为之奋斗的赞美方法。赞美本身就具有激励作用。为对象树立一个明确的目标，为之增强信心，坚定信念，可以对被赞美者产生巨大的鼓舞力量。

（6）挖掘式。通常是指化批评和指责为赞美的方法。事物总是处于变化之中，有时看似坏事，未必不会向好的方向发展。对任何事情都要用辩证的观点来看待，不要走极端，把事情绝对化。当他人暂时受挫，身处逆境时，最需要的是理解、支持和鼓励。一句及时的赞扬，犹如雪中送炭，温暖人心。

以上六种赞美的语言艺术告诉我们，真诚的赞美在公关活动中多么重要。当然，赞美他人的方式远不止于上面的六种。除此之外，还可以用非语言表示，如微笑、竖起大拇指等。

六、批评的语言艺术

所谓批评的语言艺术，就是公关人员通过对对方的缺点、错误进行否定评价，使对方省悟悔过、提高认识的一种言语形式。它同表扬赞美语一样，是公关人员常用的一种公关交际手段。

批评的语言艺术常见的有以下几种：

（1）幽默。幽默用于批评总是意存宽厚，是批评劝说的有效手段。轻松幽默的批评风格可以借助双关、反语、隐喻等修辞格得以表现。① 双关。即借甲而指乙或指桑骂槐。批评者往往利用语义双关的利剑影射生活中乖讹和不通情理之事。② 反语。反语是指在特殊的语言环境里赋予词语或句子以临时的与本来相反的意义，亦即正话反说。明明不对，却故意"表扬"或使用褒义的词语，受批评的人自然会觉察出批评者的意图而接受。③ 隐喻。就传统修辞学而论，隐喻是一种修辞格，即通过某一领域的经验来认知另一领域的经验。隐喻具有激起情感反应的潜力，因此有助于讲话者避免直接表达意图就能达到劝说批评的目的。

（2）模糊。有经验的管理者在"表扬与批评"的问题上都知晓一个基本原则：表扬须明确，批评宜模糊。批评以及给别人提意见要顾及对方的自尊，批评应以治病救人为出发点。

（3）委婉。批评的出发点在于帮助和爱护，如果经过批评给对方留下了不愉快的心理感受或与之结下仇怨显然与批评的初衷背道而驰。为避免上述情况的出现,就需要批评者考虑周全,多用些委婉的话语,采取些曲折的方式,才能够消除潜在的碰撞与矛盾,完成批评的真正使命。

(4) 点到为止。一般而言,不管采用哪种方式,人们对批评都是比较敏感的。所以,批评的话语应该点到为止,解决问题即可。

(5) 先赞扬后批评。批评前先赞美,能化解被批评者的对立情绪,使其乐于接受批评,达到预想效果。每一个人都有自己的优点和缺点。如果我们只是一味地批评,在某种程度上讲就会放大缺点,使对方觉得自己一无是处,那样的话,既使可以改正的缺点也无法接受了。

批评是一门语言艺术,内蕴丰富,方法多样。总而言之,批评应当本着实事求是的原则,不主观武断,做到对事不对人,方能与各种语言表达技巧相得益彰,尽显公关人员的风度。

第四节　公共关系语言艺术的方法

公共关系语言艺术的方法主要有:幽默法、委婉法、暗示法、模糊法、激励法等等。

一、幽默法

幽默,是英语"humour"的音译。幽默不是指一般意义上的"笑话"、"滑稽",而主要是指语言中最富审美价值的那一层精神现象,指一种风格;是一种行为的特性;以一种愉悦的方式让别人得到精神上的快感。《辞海》的解释是:"通过影射、讽喻、双关等修辞手法,在善意的微笑中,揭露生活中的讹谬和不通情理之处。"

幽默的力量绝不仅仅在于博人一笑而已,它是人际关系的润滑剂,能祛除忧虑愁闷,提高生活涵养,针砭社会弊端。因此,有人称幽默是公关语言中的高级艺术。

幽默法是运用意味深长的诙谐语言传递信息的方法。它以一种愉悦的方式让别人获得精神上的快感。语言要表达得幽默,最根本的在于超乎常规的语言表达方式。深沉的幽默,闪烁着智慧之光,是个人良好修养、丰富学识的折射。具有幽默感的公关人员在实际公关活动中容易得到他人的好感与接受,从而达到良好的沟通效果。稳重大方的气质,诙谐幽默的语言,会给人如沐春风、平易近人的良好印象。幽默语言的一个重要特征就是智慧。幽默是思想、学识、智慧和灵感在语言运用上的结晶,因而公关人员有必要不懈学习,全面提高自己的学识修养,达到出口成章、妙语连珠的效果。

幽默法在公关交际中的作用主要体现在三个方面:首先,在喜庆欢乐的场合制造愉悦的气氛;其次,当言语交际由于某种原因陷入僵持或难堪的境地时,恰当地运用幽默语言,可以有效地缓和和化解紧张气氛;最后,有助于融洽人们的感情,缩短交际双方的心理距离。

在公关实务中,常见的幽默技法有以下几种:(1)化庄重为诙谐,造成幽默。对于庄重的场合,大多讨论的是严肃的问题,多注重理性的思维模式。然而利用正常的言语方式无法达到目的时,就不妨采用一些非常理的手段,通过感性的手法缓和气氛,从而另辟蹊径,达到公关的效果。(2)归谬而成幽默。在很多场合,公关人员为了保持良好的沟通氛围,在与对方主张和观点相左时就需要谨慎行事,尽可能地避免正面冲突。此时就可以采取这种方法,不批驳对方的不合理观点或想法,而是以此为出发点,顺势推导,最后得到一个荒谬的结果,从而使对方不合理的观点不攻自破。(3)曲解言语而成幽默。有时为了交际的需要而故意曲解言语,以诙谐、幽默的口吻,纵横捭阖、左右逢源。公关人员在日常活动中肯定会遇上许多尴尬或不可控制的局面,这时便要学会审时度势、随机应变,以幽默或诙谐的语言化解一些不愉快的场面,这便是曲解言语而成幽默的效用。(4)仿造词语而成幽默。遇到一些难堪、不愉快的场面时,只要能镇定自若,利用特殊的语境,巧用词语便能化险为夷,挽回面子。(5)一语双关而成幽默。利用语言的歧义,在特定的语境中,另有所指,从而形成幽默。一语双关的语言技巧需要公关人员对语言的把握能力和对外部事态的机敏应变,学会灵活应对。(6)揶揄而成幽默。有时难以从正面阐明一个事理,可以借用一个形象的比喻来达到目的,获得异曲同工之妙。(7)避重就轻而成幽默。在言语交际中,有时为了避免对方逃脱责难,采用避重就轻、避实就虚、虚实相济、请君入瓮的策略,效果则更胜一筹。(8)利用悬念而成幽默。通过语言的铺垫,使之产生一种心理期待,而结果却是这种心理期待的突然扑空,其效果类似于相声中的"甩包袱"。(9)语言"错位"而成幽默。幽默作为一种"错位"语言艺术,常常运用意外的甚至"驴唇不对马嘴"的移植或组合,构成令人捧腹的幽默,因此要突破常规思维,这样才能巧发奇中。公关人员如果希望锻炼自己的语言表达能力,以幽默的语言来增强个人的人格魅力,就要平时多留意以"错位"为特征的幽默言语。

公关交际中的幽默方法还有很多,远不止上述几种,我们只是列举一些常见的主要方法。在使用幽默法时,也不要以为幽默是万能的,应当特别注意对象的特点,如年龄、职业、文化背景等因素,更应当适应当时特殊的语境,不要为幽默而幽默,流于油腔滑调、低级趣味。只有恰如其分地运用幽默方法,才能获得良好的交际效果。

二、委婉法

委婉语就是通过一定的措辞把原来令人不悦或比较粗俗的事物说得听上去比较得体、比较文雅。在公关交际中,总会有一些使人们不便,或者语境不允许直接说的东西。如用餐时上厕所,一般称去"洗手间"或"化妆室"等等。在社交场合用这些委婉语,不至于大煞风景,也有人称"委婉"是公关语言中的"软化"艺术。

委婉法是运用迂回曲折的含蓄语言表达本意的方法。人与人交往常常有许多禁忌是不能被打破的,这成了一种潜在规则。公关是一种人际交往的艺术,对此更应当有所了解。公关人员在交际中用语犯忌,违反了双向沟通原则和礼貌得体原则,便可能致使交际无法正常进行。

在公关交际中,除了明显的禁忌需要用委婉词语之外,还有以下几种形式:(1)讳饰式委婉。"讳"即避讳,不直接说出来;"饰"表示粉饰,避免锋芒太露,凡事往好处着想。(2)借用式。利用类比、比喻、双关、典故、歇后语等手法或其他事物的特征来代替直接表态的方法。这种借用的方式主要将其同样的情况或场景与对方置换,使其面对同样的境遇而结束对话,以同样的逻辑推理使对方从中得出相同的结论而结束。(3)曲语式。是指用含蓄的、意味深长的语言来表达观点的手法。该手法的主要特征是藏而不露、意味隽永。在公关交际中,曲语的方法有很多,如舍近求远、以退为进、声东击西、先隐后现、避实就虚等。

三、暗示法

暗示,是一种信号化的刺激。从社会心理学的角度看,暗示是在无对抗的条件下用含蓄、间接的方法对人的心理和行为产生影响。暗示的方法比直接点破的效果要好得多,正确应用这一方法将在公关活动中受益不少。

暗示法是一种常用的手法。由于客观环境的需要,不适于用语言直接表达时,公关人员常常会通过行为或其他符号把自己的意图传递给对方,并引起反应。暗示法可以通过手势、表情等非语言的表达形式或特定的语境等来实现。

暗示法是公关语言中很有效的艺术。暗示的技巧有很多,常见的有以下几种:(1)谐音暗示。通过语音的相同、相似给出暗示。(2)语义双关暗示。明言此而实指彼形成暗示。(3) 反意暗示。正话反说,或者故意调换相关顺序而成暗示。(4) 即景暗示。根据交际的场景临时使用的问候语。也就是看见对方刚干完什么,或正在干什么,或将要干什么,就以什么为话题,这是一种最为便当的寒暄方式。在公关交际中这种应酬方式可产生认同与亲和作用,使交际得以顺利进行。

四、模糊法

模糊,是自然界中物体类别之间的一种客观性。这种客观性导致人们认识中关于对象类属边界和情态的不确定性。模糊法是运用不确定的或不精确的语言进行交际的方法。在公关语言中运用适当的模糊法,是一种必不可少的艺术。在交际中出于种种考虑,宜用不置可否的模糊语言来回答。这样的回答既没有实质性的内容,又能保持沟通渠道的畅通。有时对不愿、不便回答的问题,也可使用此方法。

公关语言中模糊法是很有效的艺术方法。模糊法的类型有很多,常见的有以下几种:(1) 宽泛式模糊法。是用含义宽泛、富有弹性的语言传递主要信息的方法。其语言结构往往是:较明确的词语 + 模糊词语。(2) 回避式模糊法。是按照某种场合的需要,巧妙地避开确指性内容的方法。(3) 选择式模糊法。是根据不同的交际目的,用具有选择性的语言来表达的方法。

五、激励法

激励,是以语言信息的反作用作为刺激,激起对方依据说话人的意向说话或回答问题。激将法,就是利用别人的自尊心和逆反心理积极的一面,以"刺激"的方式,激起其不服输情绪,将其潜能发挥出来,从而得到不同寻常的说服效果。激将法是一种很有力的口才技巧,在使用时要看清楚对象、环境及条件,不能滥用。运用时要掌握分寸,不能过急,也不能过缓。过急,欲速则不达;过缓,对方无动于衷,无法激起对方的自尊心,也就达不到目的。

激将法是人们熟悉的计谋形式,既可用于己,也可用于友,还可用于敌。激将法用于自己时,目的在于调动己方将士的杀敌激情。激将法用于盟友时,多半是由于盟友共同抗敌的决心不够坚定。

公共关系语言艺术中的激励法有多种类型,常见的有以下几种:(1) 反语式激励法,即以正话反说,用故意扭曲的反语信息和激励的语气表述自己的意思,以激起对方发言表态,达到目标的方法。(2) 身教式激励法,即以己推人,将心比心的心理效应,激发对方作角色对换,设身处地地同意他人的意见反馈身教式的激励成功,就在于由己及彼,再由彼及己的有效反应。(3)贬低式激励法。这是说话人的一种善意贬低他人,促使发话生效,引起互动的言语激励方法。

公共关系语言艺术的方法还有很多,由于篇幅有限只能做简单介绍,随着公关实践的发展,还有待于进一步丰富和完善。

第五节 公共关系活动中的非自然语言

一、公关活动中的非自然语言

1. 非自然语言的含义

非自然语言即无声语言,是指人际交往中用以表情达意的姿态、神情和形体动作。它作为有声语言的辅助形式,是口语交际的重要辅助手段,甚至可以部分代替有声语言或表达有声语言难以表达的感情和态度。美国心理学家艾伯特·梅瑞宾认为,在一条信息的传递效果中,词语的作用占7%,声音的作用占38%,而面部表情占55%。正如欧文·戈夫曼所说:一个人可能停止说话,但是他不能停止身体习惯动作的传播。所以,要想取得良好的沟通效果,一定要注意无声语言的运用。

(1)表情语言,指人的面部表情,即通过面部表情来交流情感,传递信息的语言。表情语言的核心是目光和微笑。目光是通过眼的动作和眼神来传递信息的。微笑是通过面部的笑容传递和善、友好信息的特殊语言。目光和微笑可以表达内心的情感、愿望和信任等,传达着最丰富、最有效的信息。

(2)动作语言,指身体的部位作出表现某种具体含义的动作符号。在人际交往中,最常用且较为典型的动作语言为首语、手势语、手指语、握手语、鼓掌语、挥手语。可以表达友好、祝贺、欢迎、惜别、不同意、为难等多种语义。比较而言,握手是人际交往中用得最频繁的手势语。

(3)体姿语言,指通过人的身体的姿势、动作来表达情感、传递信息的态势语,主要包括首语、坐姿语、站姿语和行(步)姿语。它可表达自信、乐观、豁达、庄重、矜持、积极向上、感兴趣、尊敬或与其相反的语义。人的姿态是人的思想感情和文化教养的外在体现。

2. 非自然语言的意义

在公关活动中,有时有些无法或不适于以言辞表达的意思,往往须借助于表情、动作和体态的作用。利用这些表情、动作、体态可以加深语义和语感的效果。心理学家甚至认为,无声语言所显示的意义要比有声语言多得多、深刻得多,而且在特定的语言环境中,非自然语言的作用是其他载体所无法替代的。"无声语言"常常可以收到"无声胜有声"的效果。

二、非自然语言和自然语言的关系

(1) 非自然语言能辅助和补充自然语言。非自然语言能加强自然语言的表达效果,起到加深语义和语感的作用,甚至传递出来的无声信息是自然语言所不能取代的。

(2) 非自然语言有时能取代自然语言。在许多情况下,非自然语言可以代替自然语言独立使用。

(3) 非自然语言和自然语言有着结构性和非结构性的差异。自然语言交际必须遵循约定俗成的惯常用法;非自然语言交际没有特定原则制约,随情况而变。

(4) 非自然语言和自然语言在交际中有着间接的和持续不断的差异。在交际中自然语言交际有时间限制,谈话结束,交际随即结束;非自然语言在交际过程中持续不断地传递信息。

(5) 非自然语言和自然语言在来源上的差异。自然语言交际是后天习得而来的;非自然语言交际依靠天生的本能。

三、公关活动中非自然语言的运用

1. 表情语言的运用

表情主要是指人的面部表情,表情语言是指由人脸上各部位动作构成的表情语言。表情语言不仅给人以直观印象,而且还能给人以艺术感染;它同有声语言配合,能产生极佳的交际效果。

面部表情主要有眼神和表情两种。关于表情语言的运用,我们重点讲述目光和微笑的运用。

(1) 目光语。目光语是运用眼的动作和眼神来传递信息和感情,实现交际的语言。

目光语的作用通常表现在以下三个方面:首先,目光能塑造自我形象,能给人以鲜明的"第一印象"。目光炯炯,给人以健康、精力旺盛的印象;目光迟钝,给人以衰老、身体虚弱的印象;目光明彻,给人以坦诚的印象;目光浑浊,给人以糊涂的印象;目光闪烁,给人以神秘、心虚的印象;目光如炬,给人以威严正义的印象。其次,目光"会说话",能传达细微、复杂的思想感情。目光语所传达的极为细微、深邃、美妙、复杂的思想感情,有时连有丰富表现力的有声语言也无法胜任,无法替代。最后,自然流露的目光语,能反映人物的遭遇、性格和深层心理。

据科学研究发现,眼睛是大脑在眼眶的延伸,眼球底部有三叉神经元,具有分析综合的能力。目光语的运用就眼睛自身的动作来说,包括瞳孔的变化(人极端兴奋时瞳孔就放大,反之则缩小),眼球的活动(急速思考对策时眼球转动就快,反之则慢),眼睑肌的运动(遇到感兴趣的人与事,眼睛睁大;不愿意理睬某人某事,就耷拉下眼皮),泪腺的分泌(过于激动时,眼泪像断线的珍珠般落下)。这些都受脑神经的支配。目光语的运用,还与交际者眼睛注视的部位有关,与停留的时间长短有关,与注视的方式有关,与控制对方的眼神有关。这几方面处理得好,交际效果就会好。① 注意目光的投向。目光注视的部位不同,表明双方的关系不同,投入的信息也不同。亲密的注视,是注视对方两眼与胸部之间的三角形区域。社交的注视,目光停留在对方的双眼与腹部之间的三角区,但要注意各民族的习惯与文化背景。② 注意目光的时距。目光注视对方时间的长短,也是很有讲究的。长久不注视,则被认为是冷落对方,或者是对对方不感兴趣;长时间地盯着对方,也被认为是失礼的行为,或者是向对方挑衅。刚一注视就躲闪,则被看作是胆怯和心虚。③ 注意目光的视式。目光视式,确切地表明交际者的态度。当他对对方非常重视,或者在谈严肃的话题时,一般是正视;当他对某人表示轻蔑或者反感,会采用斜视;当他对某人毫无兴趣,甚至厌恶,就会采用耷拉眼皮的姿势。这都是很有讲究的。④ 控制对方的眼神。如果你向对方讲解什么问题或传授知识,需要用图画、实物、手势作辅助,应设法控制对方的眼神。当然,主要是靠你的注视,使对方不便"走神",觉得你时刻在"盯"着他,注视着他。

(2)微笑语。微笑是面部表情语的重要组成部分。那么,什么是微笑语呢?微笑语是通过略带笑容,不出声音的笑来传递信息的体态语言。微笑语是一种跨文化即超越文化的通用的体态语言。

微笑的功能是多方面的:① 微笑能美化自我形象。微笑是健康长寿的途径,又是身体健康的标志。不仅如此,微笑还可以美化人们的外形,陶冶人们的心灵。因此,发自内心的微笑,还是美好心灵的外现。② 微笑能改善交际环境。交际环境对交际成功有着重大的影响。构成交际环境的一个重要方面是人际关系。交际时人际关系并不都是很好的,有时交际的对方很不欢迎,很不友善,关系很不融洽。遇到这种情况,交际者可以主动地用微笑语言去加以改变。改变这种环境,微笑比有声语言更方便,更直观,更得体,更有效。③ 微笑能委婉和得体地达意。有时人们要表达某种思想感情,但是在特定的时间里,只可意会,难以言传,这样可以用微笑来沟通双方的思想,完成交际任务。总之,微笑的魅力是多方面的,微笑能使"强硬的"变得温柔,"困难的"变得容易,"刁难的"变得通融,"对立的"变得和解,"疏远的"变得亲近,"友好的"变得更友好。微笑能弥补嫌隙,微笑能化解嗔怨,微笑能增进友谊,微笑能招财进宝。微笑是一种能够沟通双方情感的桥梁。

在运用微笑语传情达意时,要做到以下几点:① 要笑得自然。微笑是发自内心的,是美好心灵的外现。这样才能笑得自然、笑得亲切、笑得美好、笑得得体。② 要笑得真诚。微笑语既是自己愉快心情的外露,也是纯真之情的奉送。真诚的微笑令对方内心产生温暖,有时还可能引起对方的共鸣,共同陶醉在欢乐之中,加深双方的友情。③ 要笑得合适。微笑并不是不讲条件的,也并不是可以用于一切交际环境。它的运用,是很有讲究的,这讲究就是艺术。从场所到程度、对象都要合适。

2. 动作语言的运用

日常生活中,人们的一举一动、一颦一笑,往往是心灵的显露、情感的外现。人体是一个信息发射站,它发射出的种种动作是无声的"语言",常常可以补充有声语言的未尽之意,从而帮助人们正确、完整地表达自己的思想,理解别人的思想。

关于动作语言的运用,我们重点讲述首语、手势语、手指语、握手语、鼓掌语和挥手语。

(1) 首语的运用。

首语,是人体头部动作所传递的信息。① 点头可以表明这样一些意思:如表示致意;表示同意;表示肯定;表示承认;表示赞同;表示感谢;表示应允;表示满意;表示认可;表示理解;表示顺从。② 摇头可以表达这样一些意思:表示不满;表示怀疑;表示反对;表示否定;表示拒绝;表示不同意;表示不理解;表示无可奈何等。③ 歪头(侧头)也有多种义项:表示思考;表示天真。④ 昂头表示的义项有:充满信心;表示胜利在握;表示踌躇满志;表示目中无人;表示骄傲自满。头一直往后仰,还表示陶醉。⑤ 低头表示的义项有:表示顺从;表示听话;表示委曲;表示无可奈何;表示另有想法等等。

首语的运用,要做到这样几点:首先,动作要明显,尤其是当它发挥替代功能时,如到底是点头还是摇头,动作要稍大些,让对方看清,正确领会,正确解读;不能似是而非,造成误解。其次,注意配合其他交际语言使用。如点头时配合一个"嗯",就不致造成误会。也可以配合其他体态语使用。最后,注意民族习惯。不同民族的人交际时,先要弄清他们的首语用法,以免闹笑话。

(2) 手势语的运用。

手势语是人体上肢所传递的交际信息。其中,尤其是手指语、握手语、鼓掌语和挥手语的交际功能最强。它常常被用来弥补有声语言的不足,起辅助或者强化作用。

在交谈中,手势可以加强语气,使表达更加有声有色。手势在沟通过程中还能独立地表达某种意义。例如:① 竖起大拇指——表示称赞、夸奖;② 翘起小指——表示蔑视、贬低、"差劲"等意思;③ 十指交叉,拱手放在脸前——表示敌意或不满意;④ 十指交叉,大拇指相顶或转圈——进退两难;⑤ 两手指合拢向上——高傲、自信;⑥ 两手指合拢向下——让步或不感兴趣;⑦ 搓手——焦虑、无奈、信心不足;⑧ 背手(一手握住另一手的腕和前臂)——隐蔽其沮丧无力、心理紧张;⑨ 背手(两手相握)——至高无上、自信甚至狂妄;⑩ 双臂在胸前交叉——缓解紧张与矛盾心情,下意识地达到防御、镇定与伪装的作用。

在日常交际活动中,手势语言的运用范围很广,使用频率也相当高。手的动作对说话的效果也有很大的影响。由于手势有具体、鲜明、形象,动作幅度较大的特点,所以在辅助表情达意、增强演讲的吸引力、使听众得到美的感受等方面,都具有特殊的功能。通常情况下,可以根据具体的表达情况与真实需要,将具体运用的手势在动作范围内分为三个区域:① 上区为肩部以上,多表现宏大、积极、张扬的、有气势的、鼓舞性的内容和感情,在演讲、辩论中应用较多。② 中区为肩部至腰部,多用于一般性的叙述事物和说明事理,表现坦诚、平静、和气等中性意义,这是用得最多的一个区域。③ 下区为腰部以下,多表示憎恶、不悦、不屑、不齿、排斥、否定、压抑等贬义。

以上各种手势动作,不管是哪一种,都要做到有感而发,准确、自然、优雅而不生硬,一定要从实际出发,使动作恰当而简明地说明问题,表达感情。

(3) 手指语的运用。

手指语是指通过手指的各种动作传递信息的体态语言。这种体态语言从古至今在交际活动中经常运用。在语言不通的情况下,手指语还有替代功能。手指语还有一种社会、民族约定俗成的传递信息的功能,这为交际带来了方便。

手指语言运用应做到以下几点:① 看语境。如在庄重和谐的场合,直伸食指指向对方,就显得对对方不尊重;在怒火满腔的情况下,直指对方就非常有力,加强了有声语言的表达效果;在长辈、上级面前说话,一般不宜用手指语,更不应把手指捏得呱呱响;在一般社交场合,也不应该用拇指和中指、食指打出响声,但在招呼自己非常亲密的朋友时是可以的。② 不要滥用手指语。在与别人交谈时,做出不友好的手势动作,会发生意料不到的后果。③ 手指使用的频率、摆动的幅度等都要讲究,如果频率过多、幅度过大,轻则给人以缺乏修养的印象,重则会给人以张牙舞爪的感觉。

(4) 握手语的运用。

握手语是通过交际双方以手相握来传递信息的体态语言。握手语是信息的双向交流,能表达许多复杂微妙的思想、感情,是现代交际活动中不可缺少的礼节和手段。握手的作用很多,如表示友情;表示祝愿;表示诚意;表示谅解;表示合作;表示期待鼓励;表示欢迎;表示告别;表示信心;表示感谢;表示挑战;表示达成协议;表示握手言欢;表示结束不愉快;表示试探对方,等等。

握手语的运用技巧:一般在相互介绍和会面时握手。遇见朋友先打招呼,然后互相握手,寒暄致意。关系亲近的则边握手边问候,甚至两人双手长时间地握在一起。握手是交际双方直接的身体接触,是一种微妙的思想情感的交流,带有很大的试探性,也有很强的可感性。因此,要敏锐地注意对方的反应。在社交时,你伸出手,然后握住他人的手,如果你能立即感受他人的反应,这无论是对理解对方的态度还是决定自己的言行,都是非常必要的。握手又是多义性的,当你遭受挫折或者蒙受委曲时,旁人不理解你,都疏远、冷淡甚至嘲笑、奚落你的时候,你以往对他看法不好的朋友,向你表示珍贵的理解和鼓励,这时,你可以不说什么话,只是紧紧地握住对方的手。这时,你传出的信息是丰富的:有道歉、有感激、有惊喜,也有表示"请看我的行动"的含意。真可谓"此时无声胜有声"。

(5) 鼓掌语的运用。

鼓掌语是交际者通过双手相拍发出声响传递信息的体态语言。它在交际中也是经常用到的。鼓掌语的特点是:① 它的表意相对说来显得单纯些,不如握手那么复杂。一般传递两种信息:一种是正面的,表示欢迎、感谢、支持、称赞等;一种是反面的,表示不满,喝倒彩、鼓倒掌(但这样用时不大文明)。② 鼓掌一般是用来代替口头语言,传达信息,替代功能显得突出。一般在鼓掌时就不说话,鼓掌本身就是"表态"。③ 鼓掌语言在更多的时候是用在大庭广众之中,表示群体的一种意向和态度。这种时候不需要每人都说一番话,限于人多,也没有条件让每人都说一番话。

运用鼓掌语的注意事项:① 分别情况,运用不同程度的鼓掌。一般来说,有三种程度的鼓掌:第一种是应酬式的,动作不大,声音较轻,时间不长,仅仅表示一种礼貌;第二种是激动式的,这种发自内心的鼓掌,动作较大,声音较响,时间较长,常用"热烈"来形容;第三种是狂热式的,心情难以抑制时使劲鼓掌,动作大,声音响,时间长,常以"暴风雨般的"、"雷鸣般的"来形容。要区别情况加以使用。② 把握时机,在该鼓掌的时候鼓掌。在别人讲话未告一段或意思没有说完时,在文艺节目的表演过程中,在表演处于惊险状态时,不要鼓掌,等表演完后再鼓掌,以免妨碍讲话、表演的进行。③ 根据场合和对象,决定鼓掌还是不鼓掌。鼓掌既是一种礼仪,又是一种道德风尚。在看表演或比赛时,对双方都要尊重,要报以同样的掌声,给观众与客方留下良好印象。在非常亲密的同志之间,就不必鼓掌。

(6) 挥手语的运用。

举起或挥动手臂来传情达意,称为挥手语。我们在电影、电视中常会看到:战场上要冲锋时,指挥员往往右手一挥,高喊"冲啊!"这不仅给战士指明了冲锋的方向,还给人以锐不可当、所向无敌的坚定气势,强化了有声语言的效果。

挥手语的作用主要有:① 表示正确的决断、坚定的信心和一往无前的精神。② 表达依依惜别之情和对告别者的安慰和鼓励。③ 激发听众的情绪,使听众产生巨大的鼓舞。

运用挥手语时应注意:① 挥手语是一种很有表现力的体态语言,但它使用的频率不宜太高。② 运用时,要根据情况的允许和表情达意的需要,不可到处乱用,不可生搬硬套。那样不仅收不到好的效果,还有可能弄巧成拙。

3. 体姿语言的运用

体姿语是通过静态和动态的身体姿势传递交际信息的一种手段。在交际活动中,它是传递信息的重要体态语言。静态的体姿语包括立、俯、坐、蹲、卧;动态的体姿语只有步姿。重要的体姿语为立、坐、步,次要的体姿语为俯、蹲、卧,不过这后三种体姿语在人际交往中较少运用。

在日常交际中,当人们的身体略微倾向交谈对象时,表示对对方尊重或者对对方的话比较感兴趣;微微欠身表示谦恭有礼;身体后仰表示若无其事与轻慢;侧转身子表示厌恶和轻蔑;背朝对方表示不屑理睬。这些都是我们在日常生活中约定俗成的"体姿语"。

体姿语实际上是由两部分内容构成的:一是指交际双方的空间距离。二是指各种不同的身体姿势。关于身体姿势,下面要分别讲述,这里只着重介绍交际双方的空间距离。在交际中,空间位置和距离会对交际产生一种媒介效果。专门从事这项研究的学者称之为空间语或空间界域语。国外心理学家在研究中,将交际空间分为亲密界域(夫妻),较亲密界域(父母子女),社交界域(同学、同事、朋友)和大众界域(指一般交往或陌生人之间)。空间界域体现着一种人际关系,传达着一种社交信息。

（1）坐姿语的运用。

坐姿是指人们就座时和坐定之后的一系列动作和姿势。一般来讲,坐姿应当高贵、文雅、舒适、自然。基本要求是:腰背挺直,手臂放松,双腿并拢,目视于人。

① 坐姿的一般要求:入座时,应当轻而稳,不要给人毛手毛脚、不稳重的印象;坐的姿势要端正、大方、自然;无论什么坐具,都不要坐得太满;上身要挺直,不要左右摇晃;腿的姿势配合要得当,一般不能翘起二郎腿(腿压腿);交谈时,上身要稍许前倾,表示对对方的尊重和自己的专心。上身需后仰时,幅度不能太大,否则会给人困扰、无聊、想休息的印象。

若是走向他人对面的坐椅落座,可采用后退步接近属于自己的坐椅,尽量不要背对自己将要与之交谈的人。公关小姐若坐下之后所要面对的是异性,则通常应当在入座前用手将裙子拢一下,显得娴雅。

② 坐姿的基本类型分为以下几种:

一是正襟坐姿。即人们常说的"正襟危坐",用在外事谈判、严肃会议或主席台就座等场合。这种姿势的要求是:上身挺直、精神集中、两手平放膝上或手按着手,双脚并拢或略微分开。女性也可为双膝并拢或脚踝交叉的姿势。这种坐姿的信息是庄重,尊重对方和公众。但要注意不可过于紧张,造成呆板僵直的形象。

二是半正襟坐姿。介于正襟坐姿和轻松坐姿之间,适用于交谈、接待、座谈会、联谊会等场合。坐的姿势较轻松,如头部稍稍后仰,背靠椅背,手随便放在扶手上,腿可以架在另一条腿上等等。采取这种坐姿显得宽松、自如、不拘谨,可以造就和谐融洽的气氛,缩短交际双方的心理距离。不能身子左右摇动,或腿不断地抖动。

三是轻松坐姿。即非常自由自在、随随便便的坐姿。身子可以斜着,手可以交叉放在胸前,或两手抱着后脑,一条腿可以翘在另一条腿上。这种坐姿一般只适用于非正式交际场合,而且交际双方或是老朋友、老同学、学生,或是邻居,常在一起的亲戚等,彼此非常熟悉和了解,并且又不是正式交谈,只是在家中或宿舍随便聊天。这样的对象和场合才取这种坐姿。

③ 坐姿的运用,需注意以下事项:

第一,选用什么样的坐姿,是受交际环境制约的。比如国家领导人在接见外宾时,采用正襟坐姿;到灾区视察,在灾民家中问寒问暖时,采用半轻松坐姿;在家中休息时,采用轻松坐姿。所谓"坐有坐相",很重要的方面是指坐得"得体"。

第二,在现实交际中,往往两种坐姿结合起来运用,它们之间没有不可逾越的界线。比如交际双方谈判开始,气氛还不融洽,彼此还不了解,双方目的还不清楚,便采用正襟坐姿。等到谈判有了较大进展,气氛比较融洽,相互了解逐步加深,各自目的已经达到,就自然而然采用半轻松坐姿。一则正襟危坐不能维持太久,二则后面这种坐姿更适合变化了的交际环境。

第三,要牢记:一个人的坐姿也是他的素养和个性的显现。得体的坐姿可以塑造社交者的良好形象,否则就会使人反感。从这一点看来,也可以说"坐如其人"。

(2)立姿(站姿)语的运用。

优美而典雅的站姿,是体现人的动态美的起点和基础。良好的站姿应该是直立,头端,肩平,挺胸,收腹,梗颈。具体要求上,男女略有不同。前面我们讲坐姿语的时候,实际上提到了古人对立姿的要求,如"站有站相"、"立如松"等。立姿有"静立"、"侍立"(垂手)、"直立"(昂首)、"挺立"、"侧立"等等。

立姿(站姿)可以分为庄重严肃型、恭谨谦虚型、傲慢自负型和无理粗鄙型四种。① 庄重严肃型:腰板挺直,全身直立,精神振作,给人以庄重、严肃的印象。如就职演说、大会讲话、被人介绍、接受奖励等,一般都采用庄重型立姿。② 恭谨谦虚型:略微低头,垂手含胸站立,给人以谦虚、诚恳、恭谨的印象。③ 傲慢自负型:两手交叉在胸前,两脚向外分开,斜倚式站着,目光睥睨,给人以傲慢、自负、骄矜的印象,让人气愤。④ 无理粗鄙型:歪斜着身子,一腿在前,一腿在后,或交叠着双膝站着,抖动着脚尖,给人以无理、粗鄙的印象,让人看了反感或厌恶,自然也就谈不上跟他交际了。

以上介绍了四种立姿(站姿),但"傲慢自负"和"无理粗鄙"型,对一个有教养、有身份、善于交际的人来说,是不采用的。不管对方的态度如何,也不管交际顺利与否,都要注意自己的形象。

(3)步姿(行姿)语的运用。

步姿(行姿)即人们行走时的姿态,它是以优雅、端庄的站姿为基础的。一般说来,行走时步履应自然、轻盈、敏捷、稳健。通过行走的步态传递信息的语言,叫步姿语。人们在社交场合采用什么步姿,是很有研究的。心理学家史诺嘉丝的试验发现,人们的步姿不仅和他的性格有关,而且和他的心情、职业有着密切的关系。

根据人们行走时的步态,步姿可以分为自如轻松型、庄重礼仪型、稳健自得型和沉思踱步型。① 自如轻松型:行走时,心情轻松,步子幅度不大不小,速度不快不慢,上身直立,两眼平视,两手自然摆动,或一手提包或托着大衣。这种步姿的语义是"自如轻松、安详平静"。适用于一般会见,前去访问,出席会议,走进社交场合等。这种步姿比较大方而又稳重,是使用频率很高的步姿。② 庄重礼仪型:行走时,上身挺直,步伐矫健,双膝弯曲度小,步子幅度、速度都适中,步伐和手的摆动有强烈的节奏感,眼睛正视前方。这种步姿所传递的信息是"庄重、热情、礼貌"。领导在检阅仪仗队、参加剪彩、登上主席台或作报告,或颁奖等隆重场合,适合用庄重礼仪型步姿。一般群众在接受检阅、受奖、被重要领导人接见时,也应采用这种步姿。③ 稳健自得型:行走时,步履稳健,昂首挺胸,仰视阔步,步伐较缓,步幅较大。这种步姿的语义是"愉悦、自得、有骄傲感"。如当某人实现了自己的某一个理想或某一目标时,当重大谈判达成协议时,当讲演或表演获得极大成功时,常常自觉或不自觉地使用稳健自得的步姿,这样才能表现自己的兴奋和踌躇满志、自得意满的心情。④ 沉思踱步型:行走时,步子速度时快时慢,快的时候,步子急促,慢的时候,低视地面,缓缓徐行,或偶尔抬头回顾,或不时停下搓手。总的步态是"踱来踱去"。这种步姿的语义是"焦急、心事重重、集中思考"。这种步姿常见于:在战争中,指挥者正在筹划一次重大的战役,或为某一战况焦虑不安;在学习上,碰到难题不能解决;在工作上,遇到了关键问题难于决策定夺;在爱情上,产生了情感上的矛盾,取舍不定等等。

　　研究步姿语言的运用,应该与研究坐姿、立姿语有所区别。步姿是一种动态信息,而不是静态信息,所以要放在动态中来考察。比如,一个职员在礼堂听经理做年终总结报告,经理接着又宣布发奖时念到了他的名字,这时,大家催他上台领奖。在从座位上走出来到领到奖品,这个过程需要变化运用三种步姿,由最初的稳健自得型到自如轻松型,再到庄重礼仪型,正是这种步姿的变化,才适应了交际的需要。又如,两名中学生在校园自如轻松地向教室里走去,当看到老师在教室门口向他们招手时,就立刻加快了步子,步姿也改为庄重礼仪型。正是这些,体现了步姿语运用的要求。

四、公关活动中运用非自然语言应注意的问题

　　1. 全面、准确地理解对方的非自然语言

　　(1) 结合对方的生活习性来理解。在了解公关交际对象的真实意图时,只有结合他们的性格、教养、文化程度、个人经历、生活习惯等,才能全面、准确地理解其非自然语言。

　　(2) 结合国家、民族、地区的文化背景来理解。非自然语言有着鲜明的民族性,这是一种文化特点的反映。所以,理解非自然语言必须非常重视各国、各民族的习惯。

（3）结合"体态簇"来综合理解。什么叫"体态簇"呢？一连串互相配合的用来传递某一复杂信息的体态就是"体态簇"。交际的实践表明，不能只观察个别体态，而是必须整体观察一连串的各种体态（即体态簇），注意它们之间的一致性或不矛盾性，才能准确地理解非自然语言。单凭某个表情就骤下结论，难免会犯下"断章取义"的错误，造成误解的后果。

（4）认真领悟对方的隐喻体态语。体态语与情感外现并不是简单、直线对应的。有时会出现很复杂的、有隐喻含意的体态语（或叫悖逆性体态语）。比如，小孩子看到一种可怕的东西，一边用双手捂着眼，一边又将手指分一条缝，偷偷地看一眼闭一眼。理解这种非自然语言时，既不能只注意捂手的动作，也不能只注意从一条小缝偷看的眼神，简单地说它表示哪一种信息都是不对的。

（5）仔细观察、领会交际场合的群体体态语。在社交场合，交际对象有时不是单个人，而是两个以上的人，形成群体，这就给理解每一个人的体态语带来了困难。比如，你在路上碰到一对恋人散步，你与其中的男青年是很久不见的好友，寒暄之后，又继续各种久别重逢的谈话。这时女青年不高兴了，她一会儿用脚踢石子，一会儿抬起手腕看表；男青年一面同你热情交谈，偶尔不安地用眼看看冷落在一边的女友。如果你注意并理解了他们的体态语，就应立即结束交谈；如果你不"识相"，没完没了地拉着他叙旧，那就成了不受欢迎的交际者。

2. 恰当地运用非自然语言

运用非自然语言的总体要求是：准确、适度，自然、得体，和谐、统一。

（1）准确、适度。所谓准确、适度，就是要根据交际内容、交际环境、交际对象、交际目的的需要，准确恰当地运用非自然语言。

（2）自然、得体。就是要求体态的运用不故做姿势，要适合自己的身份和交际场合。无论是从审美的角度，还是从表达功能的角度，体态的运用都要自然、得体。做到既要符合审美的原则，给人以美感，又要符合特定的情况。

（3）和谐、统一。这包括两个方面：一是非自然语言和自然语言配合统一，有声语言和体态语言配合一致，才能准确表达自己的思想和愿望，否则，就不能收到既定效果。二是各种非自然语言之间要求一致而协调，各种体态语之间配合使用必须协调一致。运用非自然语言，要有整体观念，表情、手势、体姿不仅要配合有声语言，它们之间也应该彼此呼应与配合。

第六节 跨文化沟通中的语言

跨文化沟通（Cross-Cultural Communication），通常是指不同文化背景的人之间发生的沟通行为。地域不同、种族不同等因素常导致文化差异,因此,跨文化沟通可能发生在国际,也能发生在不同的文化群体之间。

一、跨文化对语言沟通的制约

任何民族语言都是在其特定的社会历史、风俗习惯、文化背景下形成的,相对具有不同的特指性。同时,特定的社会环境、历史背景、文化特征,往往赋予语言除本身意义之外的特殊附加意义和功用。在跨文化沟通中,不同文化之间的差异对于语言的交流和沟通具有很明显的制约作用:(1)不同的文化给语言表达打上各自不同的印记。(2)不同的文化背景影响对语句意义上的理解。(3)不同文化之间的差异造成语义的非对应性。(4)不同的文化价值观念会造成沟通中的误解。

二、跨文化沟通中的语言运用

1. 见面语

见面打招呼是最常见的礼仪。与西方人打招呼时,不要用中国人见面时习惯说的"你吃饭了吗?"、"你上哪儿去呀?"或者"你去干吗?"等问候语。这会被他们认为:"你可能发出对他(她)的吃饭邀请"、"你是想探听别人的隐私",因此,往往会造成误解。

与外国人(西方人)见面时,简单而又合适的打招呼是说:"早上好"、"下午好"、"晚上好"、"您好"。同日本人打招呼,比较普遍的是说:"拜托了"、"请多多关照"。

一般情况下,英语国家人打招呼通常以天气、健康状况、交通、体育以及兴趣爱好为话题。

泰国人会把双手合起来放在胸前、口前或额前中间的位置,微微点头并说"Sawadika"(中文"您好"的意思);信奉伊斯兰教的国家人士之间打招呼,第一句话就是"愿真主保佑",以表示祝福。如果你找合适的机会按穆斯林的宗教礼节向他们打招呼,对方会认为这是对他们最真诚的祝福;缅甸、斯里兰卡及印度等信奉佛教的国家人士之间打招呼时,则普遍说"愿菩萨保佑"。

2. 称呼语

称谓礼仪用以指代亲戚、朋友、熟人或其他有关人员等,是表达人的不同思想感情的重要手段。人际交往,礼貌为先;与人交谈,称呼在前。正确、恰当地掌握和运用称呼语,是公关交际中不可忽视的一个重要环节。表示尊敬的亲切、儒雅的称呼,可以使交往的双方感情融洽、心灵沟通,并会缩短彼此间的距离。

无论在英国还是在中国,人们的政治地位及身份是有所差别的。不同地位、身份的人在日常的工作生活中不可避免地会碰到一起,这就产生了不同地位、身份的人们之间的交际问题。在英美国家,人们相互间称呼与我国的习惯相差极大。有些称呼在中国人看来有悖情理,不礼貌,没教养。如:小孩子不把爷爷奶奶称作 Grandpa 和 Grandma,而是直呼其名,却是得体、亲切的;年轻人称老年人,可在其姓氏前加 Mr.、Mrs. 或 Miss。比如:Mr. Smith、Mrs. Smith、Miss Alice 等。在汉语里,我们可以用"老师、书记、经理、工程师、厂长"等词与姓氏连用作称呼语,而在英语中却不能,我们不能说"Teacher Zhang"(张老师)、"Engineer Wu"(吴工程师)等。正确的说法是,应按照英美人的习惯把 Mr.、Mrs.、Miss 与姓(名)连用表示尊敬或礼貌。对军人则一般称军衔或军衔加"先生",也可加姓氏。如"上校先生"、"艾伦中尉"等。对高级军官,如将军、元帅等,还可称"阁下"。

中国人称呼家庭成员、亲戚或邻居时,往往用"大哥"、"二姐"、"大嫂"、"李大伯"之类,这些称呼不可用于英语。用英语称呼时,不论男人还是女人,一般直呼其名就行了。

3. 受礼语

中国人受礼往往表现出不好意思,说些"不敢当"、"您太客气了"、"您太见外了"之类的客套话,并再三推却,其实也未必不有不受之意。礼品不当送礼人的面打开,更表示赞赏,否则将被视为无礼。

而西方人受礼时如果不当面赞赏及说些表示感谢的话,送礼者就会认为这份礼物不受欢迎,或对方拒绝接受自己的情谊。所以,不管受礼者是否真正喜欢别人送的礼物,一般都要边看边说些感谢或赞赏的话。

4. 赞扬与祝贺

当英美国家的人向我们中国人表示赞扬或祝贺时,我们即使心里高兴,嘴上难免要谦虚一番。这大概是我们中国人认为"谦虚"是一种美德的缘故,认为不这样,就是对别人的不敬。例如,一位外国旅游者对导游小姐说:"Your English is quite fluent."(你英语说得很流利),这位导游小姐谦虚地回答:"No, no. My English is very poor."(不,不,我的英语讲得不好)。对于中国人的谦虚回答,英美人会误解为对方对自己的判断力表示怀疑。又如:在一次舞会上,一位美国人赞扬一位中国女士说:"You look beautiful today"(你今天很漂亮)。这位中国女士谦虚地说:"Where(哪里)、Where(哪里)"。幸亏这位美国人懂一点汉语习惯,非常巧妙地说了一句:"Everywhere"(到处)。根据英美人的习惯,当他们赞扬别人时,总希望别人以道谢或爽快接受的方式作答,而不希望以谦虚、客气的方式作答。对于上面两位的赞扬、恭维话,英美人的回答是:"Thank you!""Thank you for saying so!"

5. 道别语

中西方语言中有多种不同的道别语,其告别时使用语言的方式也不大相同。中国人道别时,把客人送到门口或楼下大门口,甚至马路上,客人对主人说:"请留步",主人最后要说:"走好"、"慢走"、"再来啊"等等。这些话都不能直译成英语,不仅听起来不顺耳,也不符合英美人的习惯,其实,微微一笑并作个表示再见的手势,或说:Good-bye(再见)、See you later(回头见)、So long、Take care(再见、保重)就可以了。

在和病人告别时,中国人常说"多喝点开水"、"多穿点衣服"、"早点休息"之类的话,表示对病人的关怀。但西方人绝不会说此类的话,因为这样说会被认为有指手画脚之嫌。比如,他们会说"多保重"或"希望你早日康复"等等。

可见,尽可能多地掌握对方的文化背景知识,并在言谈中适当地利用,能增加跨文化沟通的效果。

三、跨文化沟通中的语言禁忌

1. 内容的禁忌

在西方国家,年龄、婚姻、体重、工资收入等,都是应该避免主动提起的问题,否则,会被认为干涉别人的隐私。在亚洲的一些宗教国家,应避免谈论中东历史问题。在犹太人中,不要谈及有关集中营的事。

2. 数词的禁忌

在跨文化沟通、传播中,要注意三种类型的数词运用:13、4 和 9、偶数。13 是欧美人认为很不吉利的数。4 和 9 是日本人的忌讳。原因是日语发音中的"4"与"死"相似,而"9"与"苦"发音相近。偶数也是日本人忌讳的数。

3. 动植物和色彩的禁忌

在不同的国家和地区,不同的动植物和色彩有不同的象征意义。因此,也就产生了不同国家和地区对这些方面的禁忌。这些要求我们在涉外活动中必须注意。

(1) 动物。美国人忌蝙蝠,认为它是凶神的象征。欧美人忌大象和孔雀,认为它们是蠢笨和祸鸟的标志。英国人忌山羊,认为它是不正经男人的象征。英国人最忌讳用白象作图案,白象的英文是 white elephant,象征好吃懒做,有大而无用之意。同时,还忌讳孔雀这种图案,认为孔雀是祸鸟、淫鸟,认为孔雀开屏是一种自我炫耀的不良习惯。日本人对饰有狐狸或獾图案的物品很反感,认为二者是贪婪狡猾的象征。法国人忌仙鹤,认为它是蠢汉和淫妇的象征,匈牙利人忌黑猫,认为它是不详之物。在东南亚一些国家中,人们十分讨厌鹤和龟两种动物,它们的图案很被忌讳。在西方人面前不要随意贬低和诅咒狗和猫,因为它们常是备受宠爱的。

(2)植物。植物以花卉最具代表性,一般来说,红色的花代表爱情,粉红色的花代表友谊,白色的花象征纯真,橙黄色的花意味着希望,浅色的花象征温柔,深色的花表示坚贞。所以,送花时要因人因地而异。在这方面尤其要注意不同国家和民族对一些花的不同忌讳。英国人认为白色的百合花象征死亡,而菊花只用于万圣节或葬礼。而在法国,黄色的花被认为是不忠诚的象征,菊花代表哀伤,只在葬礼上送。康乃馨也被法国人视为不祥的花朵。荷花在日本也被视为不祥之物,意味着祭奠。菊花在拉丁美洲被视为"妖花"。在墨西哥,黄色的花代表死亡,红色的花代表符咒,另外,墨西哥人也不喜欢紫色的花。在国际交往中忌用菊花、杜鹃花、山竹或一些黄色的花送给客人。

(3)色彩。色彩同我们的生活息息相关,不同的色彩能给我们带来不同的感受,因而色彩具有调节情绪、反映个性的作用。然而,在不同的国家,人们对各种色彩的态度却是不一样的。由此色彩在人们眼中就有了社会的和文化的意义,对于不同色彩的忌讳也就随之而来。许多欧美国家以黑色为丧礼的颜色,认为黑色使人庄重,可表示对死者的悼念。此外,德国人忌讳用黑色、白色或咖啡色的包装纸包扎礼物。意大利则忌讳紫色。在拉美国家,巴西人以棕色为凶丧之色,紫色表示悲伤,黄色表示绝望,所以特别忌讳棕黄色。墨西哥人不喜欢黄色或红色的花,也不喜欢紫色的物品。日本人忌讳用绿色。巴基斯坦人忌用黄色,叙利亚和埃塞俄比亚也忌用黄色,泰国人忌用褐色。蓝色在埃及被视为恶兆,比利时也忌用蓝色,土耳其人忌用花色。

案例分析 >>>

一个有趣的故事[①]

一位50多岁的美国妇女在中国任教。有一位年轻的中国同事请她到自己家里来吃饭。一进门,女主人就把4岁的女儿介绍给客人。小姑娘用英语说:

[①] 资料来源:http://cache.baidu.com,有改动。

"阿姨好"！她妈妈跟她说过,见了成年妇女要这样问好。"不对,不能叫阿姨",妈妈连忙纠正说,"要叫奶奶。""不要叫奶奶,就叫我阿姨好了。""那太没有礼貌了。您比我年纪大多了。"美国妇女脸红了,笑笑说:"就叫我阿姨吧。我喜欢这样。"

问题：

1. 为什么美国妇女在这种场合会感到尴尬呢？

本章小结

本章讲述了公共关系语言艺术的原则、公共关系语言艺术的类型、公共关系语言艺术的方法、公共关系活动中的非自然语言、跨文化沟通中的语言等内容。应掌握的知识点如下：

1. 公共关系语言的基本形式。

2. 公共关系语言运用的制约因素、非自然语言和自然语言的关系、公关活动中运用非自然语言应注意的问题。

3. 公共关系语言的表达技巧；公共关系语言艺术的一般原则。

4. 接近的语言艺术、说服的语言艺术、应急的语言艺术、拒绝的语言艺术、赞美的语言艺术、批评的语言艺术。

5. 公关活动中非自然语言的运用、跨文化沟通中的语言禁忌。

复习思考题

1. 简要回答公共关系语言艺术的含义、特点和作用。

2. 简要回答公共关系语言艺术的基本原则。

3. 简要回答公关活动中非自然语言和自然语言的关系,以及运用非自然语言时应注意的问题。

第十一章 公共关系交际与礼仪

本章提要

本章讲述公共关系交际、公共关系礼仪等内容及与之相关的基础知识。

本章学习目标

- 掌握公共关系交际的功能、类型和原则;公共关系交际的艺术。
- 掌握公共关系礼仪的基本概念和特征;公共关系礼仪的功能与礼仪修养。

案例导入

人际关系也是战斗力[①]

第二次世界大战期间,盟军统帅艾森豪威尔统率着一支由多国军队组成的大部队,手下有英国的蒙哥马利元帅、法国的戴高乐将军和美国的巴顿将军等一批著名的军事将领,他们都久经沙场,自视高明,互不服气。艾森豪威尔的指挥才能实在并不比他们高明多少,但是他却有一种高于他们的才能——善于处理错综复杂的人际关系,因而他能驾驭这样一批桀骜不驯的将领,统率这样一支庞杂的军队,并获得大家的尊重。

美国公共关系专家道顿写道:艾森豪威尔是了解和处理好人际关系的重要

---

① 资料来源:http://cache.baidu.com,有改动。

性的少数人之一,我们此生不大可能再见到在这方面能与他相比的人了。

有关公共关系交际的知识,正是本章要讲述的内容。

第一节 公共关系交际

一、公共关系交际的含义、特点与作用

1. 公共关系交际的含义

交际,即人与人之间的交往,通常指两人及两人以上通过语言、行为等表达方式交流意见、情感、信息的过程。简单地说,交际就是社会交际与人际交往。

社会交际,是指人们在社会生活中为了满足某种需要或者达到特定的目的而进行的信息交流、联系和相互作用。

所谓的人际交往,就是指人们在共同活动中相互交流不同的思想、观念、感情和志向等,简单地说,就是交流信息。就人际交往的实质来讲,它是社会上人与人、群体与群体之间通过各种媒介而进行的相互沟通的行为过程。

公共关系交际是指在公关活动中人与人之间、组织与组织之间、组织与个人之间、组织与公众之间,借助各种媒介和语言传递信息、交流思想和感情、交换物品,并产生相应行为的一种社会活动。

2. 公共关系交际的特点

社会交往的一般特点是:讲求实惠,注重效能,讲究技巧,接触广泛,缺乏深度,选择面宽,层次提高,方式多元。

公共关系交际除了具有一般社交的特点外,还有以下几个独有的特点:(1)关注公众需求,树立组织形象。(2)强化角色意识,明确交往对象。(3)立足长远利益,坚持互惠互利。(4)精心组织活动,周密安排实施。

3. 公共关系交际的作用

公关交际是公共关系不可分割的重要组成部分,在组织的发展中发挥着重要的作用,这主要体现在以下几个方面:

(1)塑造形象作用。良好的社会形象是组织生存和发展的重要条件,是公共关系的最终目标。组织社会形象包括组织的产品形象、理想形象、职工形象和整体形象等许多方面,公关交际的塑造形象作用主要是通过个人形象的塑造促进组织形象的塑造。

（2）桥梁作用。公关交际中人际交往的双重性特征，往往不是同时发生作用的，有时是先由组织交往关系开始，逐渐产生融洽的个体交往关系，进而使交往顺利发展；有时却是由于个体间融洽的交往关系，导致组织交往的产生和发展。

（3）协调作用。这又具体体现在上下协调、内外沟通与化解矛盾三个方面。① 上下协调。一方面，要经常向领导者反映下级员工的情绪、意见和要求，并提出如何根据实际情况调动下级员工积极性的建议；另一方面，要及时向员工介绍、宣讲上级的目标和管理方针政策，消除可能产生的误会。② 内外沟通。积极传播信息，做好组织与外部公众的协调沟通工作，不断增进双方的了解和感情，以建立起相互信任、相互合作的融洽合作关系。③ 化解矛盾。任何组织在其运行过程中都必然会产生各种摩擦，公关交际活动不仅表现在"预先调节"，以防止某些矛盾纠纷的发生上，而且也表现在当摩擦或纠纷发生后，能及时地防止矛盾的扩大，最大限度地减少摩擦或纠纷给组织带来的危害。

（4）凝聚作用。公关交际是组织"内求团结，外求发展"的重要手段，这一手段主要体现在通过公关交际活动的安排和实施，强化组织全体成员的公关意识，从而使组织内部上下一心，团结一致，凝心聚力。因此，这方面公关交际的重点是如何使员工奋斗的目标与组织目标相一致。

二、公共关系交际的功能、类型和原则

1. 公共关系交际的功能

（1）传递信息。这是公共关系交际的首要功能，传递信息的功能主要通过两种手段，即语言交际手段和非语言交际手段进行的。

（2）交流感情。在交际过程中，伴随着对所交流的信息内容的理解和对象个性特征的认识，双方都会产生一定的情绪体验。它表现为两种情感状态：一是感情共鸣；二是情感排斥。

（3）调节行为。公共关系交际是确定自我形象（包括组织形象和个人形象）的主要途径，在公关交际过程中，人们会根据众人对自己的评价不断调整自己的行为（包括组织行为和个人行为），使之符合社会群体、交际伙伴对自己（包括组织和个人）的期望，从而树立完美的自我形象。

2. 公共关系交际的类型

在现实生活中，公共关系交际的方式和类型多种多样。许多专家和学者从不同角度，进行了各种分类，主要的有：

（1）根据公关交际双方的紧密程度，有直接的公关交际与间接的公关交际两种不同的类型。所谓直接的公关交际,是指运用人类交际手段,如生动的语言、面部表情或体态进行"面对面"的交往;所谓间接的公关交际,是指借助书面语言、大众传播或技术设备所形成的"交往"。直接的公关交际具有迅速而又清楚的反馈联系系统,间接的公关交际反馈联系就有一定的困难,而且在时间上比较延缓。一般来说,直接的公关交际必须具备以下条件:一是交际的双方中有一方想发出某种信息,另一方也想接受这种信息;二是交际双方都期望获得一定的效果;三是交际双方都有意或无意地支配着对方的反应,力争达到相互了解的目的。总之,交际双方各自交替地扮演着客体和主体的角色,我们应尽可能地利用这种直接交际方式进行社会交往。

(2)根据公关交际中交际主体和交际对象的不同,可分为个人与个人之间的交际、个人与组织的交际、组织之间的交际三种。

(3)根据交际双方不同的人际关系特征可分为:血缘关系的交际、地缘关系的交际、业缘关系的交际;组织关系的交际与私人关系的交际;利害关系的交际与非利害关系的交际;可置换关系的交际与不可置换关系的交际。

(4)根据交际的方向,可把交际分为上行交际、平行交际和下行交际三类。上行交际指交际一方对领导、家长、老师及其他长辈尊者的交往;平行交际指交际一方与同龄人、同辈人、同学、同事之间的交往;下行交际指交际一方与下级、年龄较小的同事、亲属等的交往。

此外,一些研究者还根据人们交际的信息流向分为单向交际和双向交际;根据交际时间分为长期交际、间断交际、偶然交际;根据交际时使用的符号分为口头交际和书面交际等等。值得注意的是,实际交际中往往是多种类型交叉、融合,共同发生作用,而不是简单割裂的。

3. 公共关系交际的原则

(1)忠诚原则。对国家、民族,对组织,对公众,对朋友,对事业等,忠诚、热爱、诚实,为之尽心尽力。要做到:坦诚相告;在行为上要公正,不偏不倚。

(2)信用原则,也叫信誉原则。交往离不开信用。信用指一个人诚实、不欺、信守诺言、以诚实为本。要做到:守时守约;诚实自信;不轻易许诺。

(3)平等原则。要尊重公众人格,要掌握平等交往的方法和技巧。坚持平等的原则,无论是公务还是私交,都没有高低贵贱之分,要以朋友的身份进行交往,才能深交。切忌自卑和自傲。

(4)互利原则,即互惠互利。追求共同的价值和利益,以不损害第三者为前提。只有单方获得好处的人际交往是不能长久的,所以交往双方都要讲付出和奉献。

(5) 尊重原则。要做到礼遇适当、寒暄热情、赞美得体、话题投机。注意三点：让公众保住面子；要给公众表现的机会；对公众表现出最大的热情。

(6) 宽容原则。在对非原则性问题不斤斤计较，能够以德报怨，宽容大度。宽则得众，将心比心，不苛求他人，站在对方立场考虑问题。以宽容精神和态度处理公众投诉。严于律己，宽以待人，有包容万象之胸襟。

(7) 协调原则。整体协调，加强组织指导，提高整体意识。把公关目标、内容、理念告诉员工，使全体员工配合。组织内外协调一致，和谐发展。

(8) 相容原则。主要是心理相容，即人与人之间的融洽关系，与人相处时的容纳、包含，以及宽容、忍让。主动与人交往，广交朋友，交好朋友，不但交与自己相似的人，还要交与自己性格相反的人，求同存异、互学互补，处理好竞争与相容的关系，更好地完善自己。

三、公共关系交际的艺术

1. 人际吸引的艺术

人际吸引是个体对他人给予积极和正面的认知和评价的倾向。要增强自己或组织的吸引力，就要掌握人际吸引的艺术。（1）尊重吸引。尊重交往的对象，赞扬交往对象的优点，肯定交往对象的成绩和对自己的帮助，让交往对象感觉到他对你或者你的组织是重要的，从而产生吸引力。（2）光环吸引。光环吸引是指一个人由于在能力、特长、成就、性格和品质等方面十分突出，从而泛化到这个人的其他方面，产生晕轮效应，使人感到他的一切均极富魅力，导致他人乐意与之交往的现象。公关人员出众的能力或特长，是导致吸引的重要因素。同时，热情的待人态度，忠诚信任的交友原则，宽容大度的胸襟也会增强人际吸引。（3）互补吸引。互补吸引是指当交往双方在个性或需要及满足需要的途径方面正好呈互补状态时，彼此就可能产生强烈的吸引力。这是因为交往双方在气质、性格等方面取长补短，互相满足了自我完善的需要。公关人员可以利用互补吸引，协调组织内外的关系。（4）接近吸引。接近吸引是指人们在交往过程中，如果和交往对象在年龄、学历、民族、职业、兴趣、态度或价值观上有某种一致性或相似性，即存在着"接近点"时，就容易产生心理共鸣和相互吸引。公关人员可以灵活应用以下主要接近因素产生接近吸引：一是利用邻居、同乡、同事、战友、同学等密切接近形成良好的关系；二是利用类似的职业、家庭、经历和背景上的接近寻找共同语言和共同的心理体验；三是利用和交往对象持有共同的兴趣、爱好、相近的思想观念或价值取向形成志同道合的良好关系。

此外，还有异性吸引、熟悉吸引、诱发吸引等，公关人员应掌握并利用这些艺术,以促进良好关系的形成,从而实现组织的目标。

2. 交往时间的艺术

(1)学会珍惜时间,树立正确的时间观。鲁迅先生曾说过,浪费别人的时间等于谋财害命;浪费自己的时间,等于慢性自杀。因此,我们在处理社交时间上应该树立正确的时间观。一是准时赴约,讲究时间的道德准则。二是合理安排,讲究时间效益。三是注重机遇,讲究时间紧迫性。(2)学会尊重他人的私有时间。人们在自己的私有时间范围内,干着自己想干的事情,他不希望别人在这一时间范围内打扰,如不愿接受他人的约会或邀请。如果有人占用和花费他的私有时间,就会引起他的不满甚至愤怒,从而导致双方交往关系的不和或恶化。(3)学会在特殊的时间内适时交往。一是注意在交往对象遇到喜事时主动交往。二是注意在交往对象遇到不幸时主动交往。若能抓住各种特殊时机真诚交往,则能增加交往对象对你的感激和友情,取得事半功倍的交往效果。(4)学会把握适当的交往频率与时间。一般情况下,交往频率越密,越容易建立交往关系,彼此相悦的程度越高;但是,交往频率、时间与相互间的关系深度并不一定成正比。在亲密关系中,制造暂时分离或有意缩短交往时间也有利于增加相互之间的吸引力。

3. 交往空间的艺术

(1)学会空间大小的应用。一般情况下,空间的大小和地位的高低成正比。即认为谁占有的空间越大、越好,就表明谁的地位越高,"分量"越重,越是会得到人们的尊重。因此,许多单位都会在空间较大的场所举行重要的活动,让参加活动的人员对活动的举办组织产生一种敬畏感和信任感。这也就是为什么大多数国家的政府都在特定的大厅里接见外国来宾。

(2)学会空间远近的利用。近则亲、远则疏,这是人际交往中的一种惯常的现象。空间方位意义学的创始人,美国学者爱德华·霍尔,曾在他的成名作《无声的空间》中,对人际交往时双方的一般方位和距离作过大致的划分(见表11-1)。这也说明,空间并不真的是"无声"的,距离的远近影响着人们的交往。

(3)学会空间内外的运用。内部空间和外部空间是"内外有别"的,每个人都有自己的"内部空间"或"个人空间",一般情况下,只有交际关系达到一定程度后,人们才允许别人进入自己的"内部空间"或"个人空间"。如果你邀请别人谈话,地点是选择"外部空间"如办公室或是咖啡厅,还是选择"内部空间"如自己家里,其意义大不相同。

表 11-1　交往距离与交往情况

空间类别	距离(厘米)	语言声音	交往情况
亲密	0	无声	家庭成员、恋人
	15—46	低声	
个人	46—76	亲切	相当亲近的人员
	76—122	温和	
社交	122—213	温和、一般	一般的同事、朋友
	213—610	较高、客气	社交、公务、谈判
公共	610—	响亮	演讲者与听众、观众

（4）学会半固定空间的利用。所谓半固定空间，是指一个固定空间内的设施为不固定设置或可移动设置。如房间内的家具陈设、墙壁装饰、会场的布置等，人们可以根据个人的要求和具体情境来改变它们。人们常常利用半固定空间来影响同交往人员的沟通。例如，心理咨询医生在心理治疗中，为了不让病人在主诉病情时紧张，在咨询室内不放置门诊桌，医生和病人平等地坐在一起。根据会议的不同需要，会场中座位可以采用不同的设置方式，如表 11-2 显示了不同的座位安排方式，表达了不同的交往意义和作用。

表 11-2　座位安排方式与交往关系一览表

意义＼类型	听众型	主席型	谈判型	平等型
作用	报告、演讲、教学、信息发布	领导安排检查工作、下级汇报工作	谈判	座谈会、茶话会
特点	听众多，单向交流为主，缺少与会人员之间的信息交流	树立领导权威，不利于与会人员相互交流	有利于双方交流，但是缺少友好气氛	相互地位平等、有利于与会人员信息交流、感情融洽

（5）了解社交空间的影响因素。首先是国家、民族和文化背景因素。不同的国家、不同的民族，由于其文化背景不同，往往对交往的空间范围具有不同的习惯。其次是性别差异。男女之间除了生理上的明显差异外，在心理上也有所不同，并且由此而产生了异性间社交空间的差异。一般来说，女性最反感陌生人坐在自己旁边，往往靠在她喜欢的人旁边，而男性则选择在他喜欢的人对面坐着，最不喜欢陌生人占据自己对面的位置。除了上述两方面主要影响因素外，人们的社会地位、年龄、性格、气质、情绪和交往场所的差异，也会对社交空间产生作用。公关人员应该学会在实践中摸索总结出既能适合对方，又能适合

场景、适合自己的社交空间的三维标准。

四、公共关系交际的要求

公共关系交际的特点和作用表明,它与一般的社会交往既有联系又有区别,要搞好公关交际工作,必须在"德"、"能"、"情"、"行"四个方面下工夫,这也是公共关系交际的基本要求。

(1)"德"。"德"是指在公关交际活动中,公关人员要有良好的道德风尚,自觉地遵守道德规范,认真做到:① 尊重他人。注意尊重他人的正当权利,满足他人的合理要求。尊重他人的生活方式和志趣爱好,多发现别人的优点,正面表扬激励,少抓别人的缺点不放,不伤害别人的自尊心。敬老爱幼,女士优先,是我国社会生活中的一种美德。社交场所,上下楼梯、进出电梯、出门进门、上下车辆等,要有次序地进行。要主动谦让并帮助同行的老人、女士、儿童。同时要尊重各民族的风俗习惯,认真做到入乡随俗。② 关心他人。要有社会责任心,力所能及地帮助他人解决实际困难。③ 谦虚待人。不自吹自擂,不贬低他人,抬高自己,要与人为善、谦虚待人。④ 理解别人。要宽容大度,理解别人,容忍别人的过失,允许别人有不同意见,不在背后议论别人。

(2)"能"。良好健康的精神风貌和强烈的社交意识是公共关系人员"能"的体现。① 良好健康的精神风貌既是公关交际成功的基础,也是公共关系人员能否胜任公关交际工作的重要条件。良好健康的精神风貌主要体现在以下几个方面:一是自尊心和自信心强烈,充满交往成功的信心。二是性格乐观开朗,能够主动热情地与人交往。三是精力充沛和思维敏捷,能使交往气氛浓厚和活跃。② 社交能力的提高是公共关系人员不可缺少的素质,公共关系人员要不断提高交往的能力和水平,把参与各种社交活动作为获得信息、协调关系、广交朋友、取信公众的渠道和机会,积极参与各种社交活动。

(3)"情"。"情"是指公关交际要充满感情。社会交往过程不仅是认识上的相互沟通,行为上的相互影响,而且是感情上的相互交流。因而,公关社交的过程,是联络感情的过程,公关人员应该倾注感情。① 对内关心职工要用"情"。例如,看望慰问抗震救灾、抗洪抢险等一线人员,为战斗在最前沿的人员及时解决各种各样的困难和问题等。② 对外加强联系不忘"情"。对需要加强联系的有关公众,在逢年过节之时要不忘"情",如寄送贺卡、慰问信或去看望、慰问、拜访等。在条件许可又确有必要的情况下,亦可邀请有关公众到组织来参观、座谈,力求使有关公众感觉到你对他有"情"。

(4)"行"。"行"是指公关人员在交际场合体现出的得体、良好的言谈、仪表、举止。① 言谈。在社交场合言谈,必须认真做到言必有礼、讲话文明,言必有的、因人施语,言必有益、话题健康,言必有情、通情达理,言必有物、客观实际,言必有度、谦恭得体,言必有信、量力而语。总之,言谈要以礼相待、开诚相见、谦虚为怀、团结为重。不要高谈阔论、言之无物、道听途说、强词夺理、一言堂、言而无信。② 仪表。在社交场合中,穿着打扮要合体、合适、合度,要注意时节、地点、场合。③ 举止。公关人员在社交场合的举止要文雅、有风度、稳重、大方。

第二节 公共关系礼仪

一、公共关系礼仪的基本概念和特征

1. 公共关系礼仪的基本概念

礼仪是人类文明的产物,是人们进行社会交往的行为规范与准则。人们相互往来,要讲究礼节,注意礼貌,遵循一定的礼仪规范行事,使人际交往更有秩序地、和谐地进行。礼仪具体表现为礼貌、礼节、仪表、仪式等。

礼貌是指人们在交往过程中表示敬重、友好的行为规范,如尊老爱幼、热情待客等。礼节是指人们在交际活动中待人接物的形式,如拜会、回访、挥手致意等。仪表是指人的外表,如容貌、服饰、表情、姿态等。仪式是指在一定场合举行的具有专门程序的活动,如开业典礼、迎送仪式等。

公共关系礼仪,是社会组织的公共关系工作人员或其他人员,在公共关系活动中,为了塑造个人和组织的良好形象而应当遵循尊重他人,讲究礼节,注意仪表、仪式等等的规范和程序。

2. 公共关系礼仪的特征

(1) 公关礼仪行为具有规范性。规范性是礼仪的本质特征。它告诉人们应该怎样做,不应该怎样做;怎样做是对的,怎样做是错的。

(2) 公关礼仪规范具有普遍性。一方面,从古至今,礼仪始终贯穿于人们的一切交往活动中,并且普遍地被人们所接受和确认。另一方面,礼仪不仅在一个地区、一个部门,而且在全世界范围被确认。

(3) 公关礼仪形式具有多样性。无论是日常交际活动还是正式的社交场合,公关礼仪都是丰富多样的。形成礼仪多样性的基本原因是各国历史发展的背景不同。各地区、各民族的风俗习惯不同,也是形成礼仪多样性的主要原因。

(4) 公关礼仪具有情境性。礼仪的情境性,是指人们的礼仪行为要自然、和谐、恰到好处。该什么时候施礼,施以什么样的礼,都要因人、因时、因地而宜,否则就不能达到增进感情、交流思想的目的。

3. 公共关系礼仪与一般礼仪的区别

(1)一般礼仪注重体现自身修养、素质;公关礼仪更注重宣传性和扩大影响。(2)一般礼仪注重传统性;公关礼仪注重时代性。(3)一般礼仪主要在于塑造自身形象;公关礼仪的主要目的在于树立组织形象。(4)一般礼仪具有民族性;公关礼仪不仅具有民族性,还有国际性。

二、公共关系礼仪的功能与礼仪修养的规律和特征

1. 公共关系礼仪的功能

(1)从个人的角度来看,一是有助于提高人们的自身修养;二是有助于美化自身、美化生活;三是有助于促进人们的社会交往,改善人们的人际关系;四是有助于净化社会风气。

(2)从组织的角度来看,可以塑造组织形象,提高顾客满意度和美誉度,并最终达到提升组织经济效益和社会效益的目的。

(3)从企业的角度来看,礼仪是企业文化、企业精神的重要内容,是企业形象的主要附着点。大凡国际化的企业,对于礼仪都有高标准的要求,都把礼仪作为企业文化的重要内容,同时也是获得国际认证的重要软件。所以,学习礼仪,不仅是时代潮流,更是提升企业竞争力的现实所需。

2. 礼仪修养的规律和特征

(1)以学识为基础。公关人员应具备一定的人文科学知识,特别是公共关系学方面的学识;还应有广泛的兴趣爱好,力求做一名"杂"家,只有这样,才能感悟各种礼仪规范和程序的内在含义,对社会文化和社会关系达到一定层次的认识和理解。

(2)以组织的长远利益为计。公关人员的礼仪修养可以为组织带来经济利益,但不是直接的、立竿见影的,其礼仪表现和由此带来的经济效益的出现总有一定的时间差。所以,有远见的领导人或公关人员在处理各种关系时,以长远为计,注重长时效,不为眼前的利益而错过发展的契机。

(3)以公众为对象。在所有显在或潜在的公众面前注重自己的仪表仪态、礼节礼貌。

(4)以美誉为目标。公关礼仪主要是为树立组织良好形象,获得公众美誉服务的。

(5)以自觉为桥梁。整个礼仪的规范和程序都离不开公关人员的主体自

觉性或主观能动性,即用心学习、钻研、感悟、实践各种礼仪规范和程序。

(6)以灵活为原则。公关礼仪的规范既是具体的、严肃的,又是可变的、灵活的。任何公关礼仪都不是僵死的教条,需要根据时间、地点、场合、对象的不同而灵活运用。

(7)以真诚为信条。公关礼仪的核心在于,从根本上体现公关人员对公众的真诚、尊重与关心,理解与重视,并不在于追求外在形式的完善。

三、仪表礼仪

仪表是指人的综合外表,包括人的形体、容貌、健康状况、姿态、举止、服饰、风度等方面,是人举止风度的外在体现。风度是指人的举止行为,即接人待物时一个人的德才学识等方面的内在修养的外在表现。风度是构成仪表的核心要素。

1. 仪表修饰的原则

(1)适体性原则。要求仪表修饰与个体自身的性别、年龄、容貌、肤色、身材、体型、个性、气质及职业身份等相适宜和相协调。

(2)时间、地点、场合原则。要求仪表修饰因时间、地点、场合的变化而相应变化,使仪表与时间、环境氛围、特定场合相协调。

(3)整体性原则。要求仪表修饰先着眼于人的整体,再考虑各个局部的修饰,促成修饰与人自身诸多因素之间的协调一致,使之浑然一体,营造出整体风采。

(4)适度性原则。要求仪表修饰无论在修饰程度,还是在饰品数量和修饰技巧上,都应把握分寸,自然适度。

2. 仪表方面的注重事项

(1)仪表的协调。所谓仪表的协调,是指一个人的仪表要与他(她)的年龄、体形、职业和所在的场合吻合,表现出一种和谐,这种和谐能给人以美感。

(2)色彩的搭配。暖色调(红、橙、黄等)给人以温和、华贵的感觉,冷色调(紫、蓝、绿等)往往使人感到凉爽、恬静、安宁、友好,中和色(白、黑、灰等)给人平和、稳重、可靠的感觉,是最常见的工作服装用色。

(3)着装。服装不但要与自己的具体条件相适应,还必须时刻注意客观环境、场合对人的着装要求,即着装打扮要优先考虑时间、地点和目的三大要素,并努力在穿着打扮的各方面与时间、地点、目的保持协调一致。

(4)卫生。清洁卫生是仪容美的关键,也是礼仪的基本要求。不管长相多好,服饰多华贵,若满脸污垢,浑身异味,那必然破坏一个人的美感。

四、日常交际礼仪

握手和介绍是公关人员日常交际礼仪的第一步,接下来才是交谈、互相交换名片。这些环节看似简单,实际运用中却有很多学问,巧妙得当的介绍与交谈,能使双方交往得以迅速深入。握手和名片是社交场合不可缺少的礼节,在我国是最常用的表示友好的会面礼,运用得当,有利于公共关系交往的顺利进行。

（一）握手的礼仪

学习握手礼,应掌握的重要内容有:握手的场合、握手时伸手的先后次序、握手的方式、握手的禁忌等等。

1. 握手的场合

下述场合应特别重视,不要疏忽:(1)遇到较长时间未曾谋面的熟人,应与其握手,以示久别重逢而万分欣喜。(2)在被介绍与人相识,双方互致问候时,应握手致意,表示为相识而感到荣幸与高兴,愿与对方建立友谊与联系。(3)当对方取得很大的成绩或重大成果,获得奖赏,被授予荣誉称号或有其他喜事时,见面应与之握手,以表示祝贺。(4)在自己领取奖品时,应与发奖者握手以表示感谢。(5)当有人向自己赠送礼品、发表祝词讲话时,应与其握手以表示感谢。(6)在社交场合突然遇见友人或领导时,应握手问候和表示欣喜之情。(7)当拜托别人为自己做某件事后准备告别时,应握手表示感谢和恳切企盼之情。(8)当别人为自己和自己的家人做了某件好事或帮了忙时,应握手表示感谢。(9)在参加宴请后,应和主人握手表示感谢。(10)在拜访友人、同事或上司等之后辞别时,应握手以表示希望再见之意。(11)邀请客人参加活动,在告别之时,主人和所有的客人握手,以表示感谢对方的支持与光临。(12)参加友人、同事或上下级的家属追悼会,在离别时,应和死者的主要亲属握手,表示安慰。

2. 不必握手的场合

在下面一些情况下,不宜同交际对象握手为礼:(1)对方手部负伤和负重。(2)对方手中忙于他事,如打电话、用餐、喝饮料、主持会议,或与他人交谈等等。(3)对方与自己距离较远。(4)对方所处环境不适合握手。

3. 握手的先后次序

一般由年长的先向年轻的伸手,身份地位高的先向身份地位低的伸手,女士先向男士伸手,老师先向学生伸手。如果两对夫妻见面,先是女士互相致意,然后男士分别向对方的妻子致意,最后才是男士互相致意。拜访时,一般是主人先伸手,表示欢迎;告别时,应由客人先伸手,以表示感谢,并请主人留步。不应先伸手的就不要先伸手,见面时可先行问候致意,待对方伸手后再与之相握,否则是不礼貌的。许多人同时握手时,要顺其自然,最好不要交叉握手。

4. 握手的方式

握手的标准方式是:行礼时行至距握手对象的1米处,双腿立正,上身略向前倾,伸出右手,四指并拢,拇指张开与对方相握。握手时应用力适度,上下稍许晃动三四次,随后松开手来,恢复原状。具体来说,握手时应注意的问题有以下几点:(1)神态。与人握手时,理当神态专注,热情、友好、自然。(2)姿势。向他人行握手礼时,只要有可能,就应起身站立,坐着与人握手是不合适的。(3)手的位置。握手时,手的位置至关重要。常见的手位有两种:其一,单手相握。以右手单手与人相握,是最常见的握手方式。不过,进而言之,单手与人相握时,手掌垂直于地面最为适当。它称为"平等式握手",表示自己不卑不亢。与人握手时掌心向上,表示自己谦恭、谨慎,这一方式称作"友善式握手"。与人握手时掌心向下,则表示自己感觉甚佳,自高自大,这一方式称作"控制式握手"。其二,双手相握,即用右手握住对方右手后,再以左手相握住对方右手的手背。这种方式,适用于亲朋旧故之间,可用以表达自己的深厚情谊。一般而言,此种方式的握手不适用于初识者与异性,因为它有可能被理解为讨好或失态。这一方式,有时亦称"手套式握手"。(4)力度。握手之间,为了向交际对象表示热情、友好,应当稍许用力。与亲朋故旧握手时,所用的力量可以稍大一些;而在与异性以及初次相识者握手时,则千万不可用力过猛。(5)时间。在普通情况下,与他人握手的时间不宜过短或过长。大体来讲,握手的全部时间应控制在3秒钟以内,握一两下即可。时间过短,好似在走过场。握手时,如果两手稍稍一接触即分,就像是双方心存戒备。而握手时间过久,尤其是拉住异性或初次见面者的手久久不放,则显得虚情假意,甚至会被误解。

(二)介绍的礼仪

所谓介绍,就是自己主动沟通或通过第三方从中沟通,使双方建立关系的社交形式。根据介绍者的不同,介绍可以分为自我介绍和他人介绍两种。

1. 自我介绍

自我介绍是一种公共关系社交礼节,也是一种社交能力,应该很好地掌握。自我介绍的内容很多,一般来说,有姓名、籍贯、年龄、职业、工作单位、毕业学校、工作经历、特长爱好等;必要时,还要介绍家庭情况、工作能力、成就与贡献等等。

(1)自我介绍的方式方法大致有五种:① 应酬式。应酬式的自我介绍,适用于某些公共场合和一般性的社交场合,如旅行途中、宴会厅里、舞场之上、通电话时。故此种自我介绍,内容要少而精,往往只包括姓名一项即可。例如:"您好!我的名字叫孙敏。""我是桑福"。② 工作式。工作式的自我介绍,主要运用于工作之中。因工作而交际,有时它也叫公务式的自我介绍。其内容包括本人姓名、供职的单位及其部门、担负的职务或从事的具体工作等三项。例如:"你好!我叫刘君,是新民市政府外办的交际处处长。"③ 交流式。交流式的自我介绍,主要适用于社交活动中,它是一种刻意寻求与交往对象进一步交流与沟通,希望对方认识自己、了解自己、与自己建立联系的自我介绍。有时也叫社交式自我介绍。其内容大体应当包括介绍者的姓名、工作、籍贯、学历、兴趣以及与交往对象的某些熟人的关系等等。它们不一定非要面面俱到,而应依照具体情况而定。例如:"我叫孟丽,在新民万达有限公司工作。我是清华大学汽车工程系90级的,我想咱们是校友,对吗?"再如,"我的名字叫杜强,天津人,我刚刚听见你在唱蒋大为的歌,他是我们天津人,我特喜欢他唱的歌,你也喜欢吗?"④ 礼仪式。礼仪式的自我介绍,适用于讲座、报告、演出、庆典、仪式等正规而隆重的场合。它是一种表示对交际对象友好、敬意的自我介绍。其内容亦包含姓名、单位、职务等项,但是还应多加入一些适宜的谦辞、敬语,以示自己礼待交际对象。例如:"各位来宾,大家好!我叫姚娜,是远博公司的副总经理。现在,由我代表本公司热烈欢迎大家光临我们的开业仪式,谢谢大家的支持!"⑤ 问答式。问答式的自我介绍,一般适用于应试、应聘和公务交往。在普通的交际应酬场合,也较为常见。其内容讲究问什么答什么,有问必答。例如,甲问:"这位小姐,你好!不知你应该怎么称呼?"乙答:"先生您好!我叫方菲。"

(2) 自我介绍的礼仪涉及两方面:① 及时、坦然。人们初次相见,彼此都有一种了解对方的愿望,都有一种渴望得到尊重的心理。如果你能在这个时候及时、准确地作自我介绍,使对方的愿望得到满足,是对对方的尊重。因此,作自我介绍,及时把自己"袒露出来",在公关社交中是很必要的。② 掌握分寸。作自我介绍不仅仅是对自己的基本情况的客观陈述,也包括对自己的自我评价。自我评价既不能过高,让对方产生高高在上、自傲的感觉,也不必过低而显得自卑,应掌握好分寸。

2. 他人介绍

他人介绍,又称第三者介绍,它是经第三者为彼此不相识的双方引见、"搭桥"的一种介绍方式。公共关系人员在介绍他人时,要热情大方地承担介绍人的职责。

(1) 他人介绍的内容和方式:① 标准式。它适合于正式场合,内容以双方的姓名、单位、职务等为主。例如:"我来给两位介绍一下。这位是恒运公司公关部部长王鹏先生,这位是东方集团副总经理林志先生。"② 简介式。它适用于一般的社交场合,其内容往往只有双方姓名一项,接下来,则要由被介绍者见机行事。例如:"我来介绍一下,这位是老黄,这位是小李,你们认识一下吧。"③ 强调式。它适合于各种交际场合,其内容除被介绍者的姓名外,往往还会刻意强调一下其中某位被介绍者与介绍者之间的特殊关系,以便引起另一位被介绍者的重视。例如:"这位是北方软件公司的副总经理赵海先生,这位是白洁女士,她在区文化局工作,是我的同学,请赵总多多关照!"④ 引见式。它适合于普通的社交场合。这种介绍,只需介绍者将被介绍者双方引导到一起。例如:"两位认识一下如何?大家其实都是校友,只不过以前不认识,现在请你们自报家门吧。"⑤ 推荐式。它适合于比较正规的场合,多是介绍者有备而来,有意要将某人举荐给某人,因此在内容方面,通常会对前者的优点加以重点介绍。例如:"这位是戴鑫先生,这位是我们公司的马钢总经理。戴先生是一位管理方面的专业人士,他还是北大的博士。马总,我想您一定很高兴认识他吧?"

(2) 他人介绍的礼仪:① 要注意介绍的先后。先将男子介绍给女子;先把地位低的人介绍给地位高的人;先把未婚女子介绍给已婚女子;先把年轻的介绍给年长的;先把主人介绍给客人;先把后来者介绍给先到者。② 介绍时要注意称呼。在社交场合,"先生"是对男性成年人的尊称,"夫人"是对已婚妇女的尊称,"女士"是对一般妇女的尊称,"小姐"是对未婚女子的尊称,不可混淆。如果有官衔或职称(如局长、教授等),则称呼其官衔、职称更显尊敬。男方介绍自己的妻子或女方介绍自己的丈夫,一般不要互称"爱人",因为在国外"爱人"就是"情人"的意思。而应直呼其姓名,可以说:"这是我妻子刘娟";或"张小姐,让我来介绍我丈夫朱大军给你认识"。③ 在介绍以后,被介绍的双方应该互相问候,并重复一遍对方的姓名和称谓。如"您好,唐教授";"您好,刘洪先生"。这样既合乎礼节,使人愉快,又可使自己加深印象。介绍后介绍人不要马上走开,要等双方谈得比较融洽后才可借故离去。④ 在作介绍时,如果你不知道某人的名字,应委婉地问:"对不起,不知该怎么称呼您。"

(三) 交谈的礼仪

介绍之后就进入交谈。交谈是指两个或两个以上的人进行的一种平等、和谐的对话方式。交谈礼仪涉及三个方面:(1) 谈吐要优雅。怎样才能算作优雅的谈吐呢?那就要做到下面十句话的要求:① 讲究文明,不说脏话;② 控制情绪,不说气话;③ 注重修养,不说大话;④ 具体真实,勿说空话;⑤ 坦诚相见,不说假话;⑥ 新鲜活泼,不说套话;⑦ 谦让随和,不说官话;⑧ 要言不烦,不说废话;⑨ 力求简洁,不宜多话;⑩ 明白通畅,勿说胡话。

（2）说话要礼貌。礼貌，是待人接物的风度，它反映出一个人有无良好的家庭教育、个体修养和文化素质。正如歌德所说：一个人的礼貌，就是一面照出他肖像的镜子。文明礼貌的交谈，总的来说，就是要做到和气、文雅、谦逊。

（3）话题要恰当。交谈的话题是指交谈的中心内容。一般而论，交谈的话题多少可以不定，但在某一特定时刻宜少不宜多，最好只有一个。话题过多、过散，将会使交谈者无所适从。在交谈之中，以下五类话题都是适宜选择的：① 既定的话题。即交谈双方业已约定，或者其中一方先期准备好的话题。② 高雅的话题。即内容文明、优雅，格调高尚、脱俗的话题。③ 轻松的话题。即谈论起来令人轻松愉快，身心放松，饶有情趣，不觉劳累厌烦的话题。④ 时尚的话题。即以此时此刻此地正在流行的事物作为谈论的中心，它适合于各种交谈。⑤ 擅长的主题。指交谈双方，尤其是交谈对象有研究、有兴趣，有可谈之处的话题。

（四）名片的礼仪

名片，是当代社会私人交往和公务交往中一种最为经济实用的介绍性媒介。它作为一种自我的"介绍信"和社交的"联谊卡"，在公共关系交往中可用以证明身份，广结良缘，联络老朋友，结交新朋友。然而，如何递送、接受名片，其中的礼节大有讲究。

交换名片的方法：（1）递上自己的名片。递名片给他人时，应郑重其事。最好是起身站立，走上前去，使用双手或者右手，将名片正面面对对方，交于对方。切勿以左手递交名片，不要将名片背面面对对方或是颠倒着面对对方，不要将名片举得高于胸部，不要以手指夹着名片给人。（2）接受他人的名片。当他人表示要递名片给自己或交换名片时，应立即停止手中所做的一切事情，起身站立，面带微笑，目视对方。接受名片时，宜双手捧接，或以右手接过，切勿只用左手接过。"接过名片，首先要看"，这一点尤为重要。（3）索取他人的名片。如果没有必要，最好不要强索他人的名片。若索取他人名片，则不宜直言相告，而应采取以下几种方法：向对方提议交换名片；主动递上本人名片，此所谓"将欲取之，必先与之"；询问对方："今后如何向您请教？"此法应适于向尊长索取名片；询问对方，"以后怎样与您联系？"此法适于向平辈或晚辈索要名片。（4）委婉拒绝他人索取名片。当他人索取本人名片而不想给对方时，不宜直接回绝，而应以委婉的方法表达此意。可以说："对不起，我忘了带名片。"或者说，"抱歉，我的名片用完了。"不过，不要忘记加上一句"改日一定补上"。

第十一章 公共关系交际与礼仪

案例分析 >>>

有趣的对话①

在一次小型联欢会上,观众席上有一位女士问赵本山:"听说你在全国笑星中出场费是最高的,一场要一万多元,是吗?"这个问题让人为难:如果赵本山作出肯定性的回答,那会有许多不便;如果确有其事,他也不好作出否定的回答。

面对这样一个尴尬的问题,赵本山说:"您的问题提得很突然,请问您是哪个单位的?"

"我是大连一个电器经销公司的,"那位女士说。

"你们经营什么产品?"赵本山问。

"有录像机、电视机、录音机……"女子答道。

"一台录像机卖多少钱?"

"四千元。"

"那有人给你四百元你卖吗?"

"那当然不能卖,一种商品的价格是由它的价值决定的,"那女士非常干脆地回答他。

"那就对了,演员的价值是由观众决定的。"

问题:

1. 面对女士的尴尬问题,赵本山采用了何种方法巧妙应答?请结合案例谈一下,在日常生活中遇到言语方面的因素而使自己处于不利境地时该如何解脱?

本章小结

本章讲述了公共关系交际、公共关系礼仪等相关的基础知识,应掌握的知识点如下:

1. 公共关系交际的功能、类型和原则;公共关系交际的艺术。
2. 公共关系礼仪的基本概念和特征。

---

① 资料来源:http://zhidao.baidu.com,有改动。

复习思考题

1. 简要回答公共关系交际的含义、特点与作用。
2. 简要回答公共关系礼仪的功能。

参考文献

1. 常青:《完美沟通》,机械工业出版社 2005 年版。
2. 陈培爱:《广告学概论》,高等教育出版社 2004 年版。
3. 崔东红、戴卫东:《经济学原理》,电子工业出版社 2007 年版。
4. 戴卫东、刘鸽:《消费心理学》,北京大学出版社 2011 年版。
5. 戴卫东、刘新姝:《管理学》,电子工业出版社 2007 年版。
6. 杜创国:《公共关系实用教程》,清华大学出版社 2007 年版。
7. 何修猛:《现代广告学》,复旦大学出版社 2002 年版。
8. 纪华强:《公共关系的基本原理与实务》,高等教育出版社 2006 年版。
9. 李良荣:《新闻学概论》,复旦大学出版社 2009 年版。
10. 陆予圻、郭莉:《秘书礼仪》,复旦大学出版社 2002 年版。
11. 吕维霞:《公共关系学》,对外经济贸易大学出版社 2009 年版。
12. 彭华民:《社会学概论》,高等教育出版社 2006 年版。
13. 邵培仁:《传播学》(修订版),高等教育出版社 2007 年版。
14. 宋宁:《新闻传播学》,新华出版社 2001 年版。
15. 孙春祥:《秘书实用写作》,湖南大学出版社 2005 年版。
16. 王长征:《消费者行为学》,武汉大学出版社 2003 年版。
17. 邢伟、熊国铭:《旅游公关礼仪》,电子工业出版社 2008 年版。
18. 张洒英:《公共关系学》(第二版),同济大学出版社 2007 年版。
19. 章志光:《社会心理学》,人民教育出版社 2007 年版。

21世纪公共管理学系列教材

(已出书目)

公共行政学(第三版)(普通高等教育"十一五"国家级规划教材)	张国庆 主编
公共政策分析(第二版)(普通高等教育"十一五"国家级规划教材)	陈庆云 主编
人力资源开发与管理——在公共组织中的应用(第二版)	萧鸣政 主编
公共经济学(第二版)(普通高等教育"十一五"国家级规划教材)	黄恒学 主编
现代行政领导学	李成言 著
城市管理学(北京市高等教育精品教材)	张 波 刘江涛 编著
地方政府管理学(第二版)	李四林 曾 伟 主编
西方公共行政学思想与流派	谭功荣 著
西方管理思想史(第二版)	姜 杰 等编著
现代绩效考评技术及其应用(第二版)	萧鸣政 著
中国民族自治地方公共管理导论(北京市高等教育精品教材立项)	李俊清 著
中国管理思想史	姜 杰 等编

新编公共行政与公共管理学系列教材

（已出书目）

公共行政学	张康之 李传军	著
公务员制度概论	谭功荣	编著
公共事业管理概论	徐双敏	主编
公共政策学	冯　静	主编
社会救助学（普通高等教育"十一五"国家级规划教材）	乐　章	主编
政府公共关系（北京市高等教育精品教材立项）	唐　钧	著
公共部门管理学（北京市高等教育精品教材立项）	程惠霞	编著
政府工具导论（公共管理与公共服务系列）	陈振明	等著
行政伦理学（国家精品课程教材）	李建华 左高山	主编
城市社区建设与管理	郭学贤	著
理解电子政务：从理论到实践	黄　璜	编著
公共服务导论（公共管理与公共服务系列）	陈振明	等著

新编公共行政与公共管理学系列教材·文秘专业

（已出书目）

管理学原理	汪　溢	林则宏	主编
秘书学	姜　爽	赵　莹	主编
人力资源管理与企业文化	汪　溢	谷卓越	主编
广告策划	贾洪芳	韩　鹏	主编
文书与档案管理	汪　溢	赵　莹	主编
电子商务	孙　义	方　真	主编
消费心理学	戴卫东	刘　鸽	主编
法律与法规	邱　旸	董　悦	主编
公共关系学	刘崇林	邢淑清	主编

　　读者朋友如有使用上述教材的意向或意见，或有编写出版教材的意向，请直接与北京大学出版社社会科学编辑室联系。联系地址：北京市海淀区成府路205号，北京大学出版社社会科学编辑室（100871）。

　　联系电话：010 - 62753121/62765016（编辑部）；62752015（邮购部）。

　　如欲查询我社更多相关图书信息，可登录我社网站（www.pup.cn）或我社市场营销中心网站（www.pupbook.cn）。谢谢！